Diethard Lübke

Lernwortschatz Deutsch
Imparare le parole tedesche

Deutsch-Italienisch

Hueber Verlag

10. 9. 8. | Die letzten Ziffern
2030 29 28 27 26 | bezeichnen Zahl und Jahr des Druckes.
Alle Drucke dieser Auflage können, da unverändert, nebeneinander benutzt werden.
1. Auflage

Umschlaggestaltung: creative partners gmbh, München
Satz: Design-Typo-Print, Ismaning; Petra Obermeier, München
GPSR-Kontakt: Hueber Verlag GmbH & Co. KG, Baubergerstraße 30, 80992 München, kundenservice@hueber.de
Druck und Bindung: Friedrich Pustet GmbH & Co. KG, Gutenbergstraße 8, 93051 Regensburg, technik@pustet.de
Printed in Germany
ISBN 978-3-19-006402-1
(früher erschienen im Verlag für Deutsch, ISBN 3-88532-619-1)

Art._530_06120_001_08

Prefazione

Lernwortschatz Deutsch – Imparare le parole tedesche è un sussidio per apprendere con grande facilità la lingua tedesca:

1. Un dizionario dell'importanza del *Wahrig* contiene più di 100.000 parole. Non è possibile apprenderle tutte: nel *Lernwortschatz Deutsch* troverete solo quelle parole che fanno parte del linguaggio corrente, che tutti utilizzano.
2. Vi è mai capitato di studiare i vocaboli in ordine alfabetico? Saprete allora quanto sia difficile! È molto più semplice apprendere insieme le parole che appartengono ad un medesimo campo lessicale: traffico, pedone, bicicletta, macchina, tassì, autobus ecc.
   È per questo motivo che tale dizionario non prevede liste alfabetiche, ma è suddiviso per temi. Se volete cercare un singolo vocabolo, potete consultare i due glossari alla fine del libro.
3. Studiare singole parole è già qualcosa, ma è molto meglio impararne l'utilizzo, visto che volete servirvene per parlare, discutere e redigere dei testi in tedesco. Per illustrarvi l'uso di ciascun vocabolo abbiamo introdotto una terza colonna con gli esempi, le espressioni e i composti.

Come utilizzare questo dizionario?
Ogni pagina è suddivisa in tre colonne:
- in quella di sinistra appaiono i vocaboli in tedesco
- al centro la corrispondente traduzione italiana
- a destra alcuni esempi in tedesco, dove il vocabolo in questione è stato sostituito dalla tilde (~).

Tale suddivisione vi permetterà di apprendere il lessico tedesco nel seguente modo.
Innanzitutto leggete attentamente i vocaboli, poi ...

1. coprite con un foglio la colonna centrale e, leggendo i vocaboli in tedesco, cercate di tradurli in italiano;
2. coprite poi la colonna di sinistra e, con l'aiuto della lista in italiano, traducete in tedesco le varie parole;
3. con la colonna di sinistra sempre coperta, leggete ad alta voce gli esempi della colonna di destra dove i vocaboli tedeschi sono stati sostituiti da una tilde.

Questo è il metodo più efficace per apprendere i vocaboli ed il loro uso.

Vorwort

Lernwortschatz Deutsch – Imparare le parole tedesche ist ein Hilfsmittel, das das Lernen der deutschen Sprache wesentlich erleichtert:

1. Ein großes Wörterbuch, zum Beispiel der *Wahrig*, enthält mehr als 100.000 Wörter. Es ist ganz unmöglich, alle zu lernen! *Lernwortschatz Deutsch* enthält nur die deutschen Wörter, die zum modernen Deutsch gehören, das jedermann verwendet.
2. Haben Sie schon einmal versucht, Vokabeln nach einer alphabetischen Liste zu lernen? Dann wissen Sie, dass das große Mühe macht! Es ist viel einfacher, immer die Wörter gemeinsam zu lernen, die zum selben Sachgebiet gehören: Verkehr, Fußgänger, Fahrrad, Auto, Taxi, Bus, Lkw ... Aus diesem Grund enthält dieses Lernwörterbuch keine alphabetischen Listen, sondern Sachgebiete. Wenn Sie ein einzelnes Wort suchen, helfen Ihnen die beiden Register am Ende weiter.
3. Einzelwörter zu lernen ist schon ganz gut; wenn man den Gebrauch der Wörter lernt, ist das viel besser, weil Sie ja die Wörter beim Sprechen, Diskutieren und Verfassen deutscher Texte verwenden wollen. Um Ihnen zu verdeutlichen, wie man ein Wort richtig gebraucht, wurde eine dritte Spalte eingefügt, die Beispiele, Ausdrücke und Wortverbindungen enthält.

So verwenden Sie dieses Lernwörterbuch:
Sie finden auf jeder Seite drei Spalten:

- links die deutschen Vokabeln
- in der Mitte die italienische Übersetzung
- rechts die deutschen Beispiele.

In der dritten Spalte wird die deutsche Vokabel immer durch eine Tilde (~) ersetzt.

Diese Anordnung erlaubt Ihnen, so die deutschen Vokabeln zu lernen:
Zunächst lesen Sie aufmerksam die Vokabeln durch, dann ...

1. verdecken Sie die italienischen Wörter mit einem Blatt Papier und sagen aus dem Gedächtnis die Bedeutung der deutschen Vokabeln.
2. verdecken Sie die deutschen Vokabeln links und wiederholen aus dem Gedächtnis, indem Sie auf die italienischen Wörter sehen.
3. verdecken Sie die deutschen Vokabeln in der linken Spalte und lesen – laut – die Beispiele der dritten Spalte vor, wo die deutschen Vokabeln durch eine Tilde ersetzt worden sind.

Dies ist die wirksamste Methode, Wörter und Wortgebrauch zu lernen.

Diethard Lübke

Inhalt
Indice

Vorwort
Prefazione 3

Nicht verwechseln!
Attenzione ai falsi amici! 11

Allgemeine Begriffe
Nozioni generali 13

1 Hauptwörter/Nomen, Verben
Sostantivi, verbi 13
2 Fürwörter/Pronomen
Pronomi 14

Der Mensch
Uomo 16

Körper
Corpo 18
3 Kopf, Gesicht
Testa, viso 18
4 Ohr
Orecchio 18
5 Nase
Naso 19
6 Auge
Occhio 19
7 Farben
Colori 20
8 Mund
Bocca 20
9 Haare
Capelli 21
10 Körper
Corpo 21
11 Organe
Organi 21
12 Gliedmaßen
Membra 22
13 Körperpflege
Igiene del corpo 22
14 Schlafen
Dormire 23
Test 24

Ernährung
Alimentazione 26
15 Essen
Pasti 26
16 Brot, Gebäck
Pane, pasta (dolci) 26
17 Fleisch, Geflügel
Carne, pollame 27
18 Fisch
Pesce 28
19 Gemüse
Verdura 28
20 Obst
Frutta 29
21 Nachtisch, Süßigkeiten
Dessert, dolciumi 29
22 Getränke
Bevande 30
23 Geschmack
Gusti 30
24 Küche
Cucina 31
25 Geschirr
Stoviglie 32
26 Restaurant
Ristorante 32
27 Rauchen
Fumo 33
Test 34

Gesundheit, Krankheit
Salute, malattia 36
28 Gesundheit
Salute 36
29 Krankheit
Malattia 36
30 Erkältung, Verletzung
Raffreddore, ferita 37
31 Arzt, Krankenhaus
Medico, ospedale 37
32 Apotheke
Farmacia 38
Test 39

Kleidung
Abbigliamento ***41***

33 Kleidung (I)
Abbigliamento (I) ***41***

34 Kleidung (II)
Abbigliamento (II) ***41***

35 Anziehen, ausziehen
Vestirsi, svestirsi ***42***

36 Wäsche
Biancheria ***42***

37 Nähen
Cucire ***43***

38 Schmuck
Gioielli ***43***

Test ***44***

Wohnen
Abitare ***45***

39 Wohnort
Luogo di residenza ***45***

40 Haus
Casa ***45***

41 Tür, Fenster
Porta, finestra ***46***

42 Wohnung
Appartamento ***47***

43 Möbel
Mobile ***47***

44 Heizung
Riscaldamento ***48***

45 Haushalt
Andamento domestico ***48***

46 Hausbau
Costruzione della casa ***49***

47 Mieter
Inquilino ***49***

48 Brand, Feuerwehr
Incendio, pompieri ***50***

Test ***50***

Seelischer und geistiger Bereich, Gefühle
Sfera psichica e spirituale, sentimenti ***52***

49 Charakter
Carattere ***52***

50 Angenehme Gefühle
Sentimenti piacevoli ***52***

51 Unangenehme Gefühle
Sentimenti spiacevoli ***53***

52 Gefahr
Pericolo ***53***

53 Angst, Mut
Paura, coraggio ***54***

Test ***55***

Ethik, Religion
Etica, religione ***56***

54 Ethik, Moral
Etica, morale ***56***

55 Religion
Religione ***56***

56 Kirche
Chiesa ***57***

Test ***57***

Wille
Volontà ***59***

57 Entschluss
Decisione ***59***

58 Bitte, Befehl
Richiesta, ordine ***60***

59 Zustimmung, Gehorsam
Consenso, obbedienza ***61***

60 Ablehnung
Rifiuto ***62***

Test ***63***

Denken
Pensiero ***64***

61 Geist
Spirito ***64***

62 Aufmerksamkeit, Interesse
Attenzione, interesse ***65***

63 Meinung
Opinione ***66***

64 Beweis
Prova ***67***

65 Zweifel
Dubbio ***68***

66 Erklärung
Spiegazione ***69***

67 Bedingung, Folgerung
Condizione, conseguenza ***69***

68 Vergleich
Confronto ***70***

69 Regel, Ausnahme
Regola, eccezione ***72***

Test ***72***

Sprache
Lingua ***74***

70 Sprache
Lingua ***74***

71 Sprechen
Parlare ***74***

72 Frage, Antwort
Domanda, risposta ***75***

73 Bejahung, Verneinung
Risposta affermativa, negazione ***76***

74 Mitteilung
Comunicazione ***76***

75 Übertreibung
Esagerazione ***77***

76 Wahrheit sagen, lügen
Dire la verità, mentire ***78***

77 Geheimnis
Segreto ***78***

78 Diskussion
Discussione ***79***

79 Telefon
Telefono ***79***

80 Schreiben
Scrivere ***80***

81 Briefwechsel
Corrispondenza ***81***

82 Text, Lesen
Testo, lettura ***82***

83 Zeitung
Giornale ***83***

Test ***84***

Gesellschaft
Società ***86***

Privatleben
Vita privata ***88***

84 Personalien
Dati personali ***88***

85 Lebenslauf
Corso della vita ***89***

86 Tod
Morte ***90***

87 Hochzeit
Matrimonio ***90***

88 Familie
Famiglia ***91***

89 Bekannte, Zusammensein
Conoscente, stare insieme ***92***

90 Begrüßung, Abschied
Saluto, commiato ***93***

91 Gutes Benehmen
Buone maniere ***94***

92 Schlechtes Benehmen
Cattive maniere ***94***

93 Sympathie
Simpatia ***95***

94 Liebe
Amore ***95***

95 Abneigung
Antipatia ***96***

96 Streit, Wut
Litigio, rabbia *96*

97 Rache, Verzeihung
Vendetta, perdono *97*

98 Ansehen
Reputazione *97*

Test *98*

Öffentliches Leben
Vita pubblica ***101***

99 Staat
Stato *101*

100 Regierungsformen
Forme di governo *101*

101 Parlament, Regierung
Parlamento, governo *102*

102 Parteien
Partiti *102*

103 Verwaltung
Amministrazione *103*

104 Ausland
Estero *104*

105 Militär
Esercito *104*

106 Bewaffnung
Armamento *104*

107 Krieg
Guerra *105*

108 Verbrechen
Crimine *106*

109 Polizei
Polizia *106*

110 Gericht
Tribunale *107*

111 Urteil
Sentenza *107*

Test *108*

Arbeitswelt, Freizeit
Mondo del lavoro, tempo libero ***110***

Schulwesen
Organizzazione scolastica ***112***

112 Schule
Scuola *112*

113 Prüfung
Esame *113*

114 Universität
Università *114*

Test *115*

Beruf
Professione ***117***

115 Beruf
Professione *117*

116 Arbeitgeber, Arbeitnehmer
Datore di lavoro, dipendente *118*

117 Arbeit
Lavoro *119*

118 Anstrengung, Erholung
Fatica, riposo *120*

119 Zusammenarbeit
Collaborazione *120*

120 Erfolg, Misserfolg
Successo, insuccesso *121*

Test *122*

Wirtschaft
Economia ***124***

121 Produktion
Produzione *124*

122 Technik, Werkzeuge
Tecnica, attrezzi *124*

123 Rohstoffe
Materie prime *126*

124 Energie
Energia *126*

125 Handel
Commercio *127*

126 Geschäft
Negozio **128**
127 Verpackung
Confezione **129**
128 Gewicht
Peso **130**
129 Preis
Prezzo **130**
130 Geld
Soldi **131**
131 Einkommen
Reddito **132**
132 Besitz
Proprietà **132**
133 Armut
Povertà **133**
134 Geben, nehmen
Dare, prendere **134**
Test **135**

Verkehr
Traffico **136**
135 Straßen
Strade **136**
136 Verkehr
Traffico **136**
137 Auto fahren
Andare in automobile **137**
138 Panne, Unfall
Guasto, incidente **138**
139 Schienenverkehr
Traffico ferroviario **139**
140 Luftverkehr
Traffico aereo **140**
141 Schifffahrt
Viaggio in nave **140**
142 Transport
Trasporto **141**
143 Reise
Viaggio **142**
144 Hotel, Camping
Hotel, campeggio **142**
Test **143**

Freizeit
Tempo libero **145**
145 Spielen
Giocare **145**
146 Sport
Sport **145**
147 Musik
Musica **146**
148 Malerei
Pittura **147**
149 Literatur
Letteratura **147**
150 Theater
Teatro **147**
151 Kino, Fernsehen, Rundfunk
Cinema, televisione, radio **148**
152 Fotografie
Fotografia **149**
153 Geschmack
Gusti **149**
Test **150**

Umwelt
Ambiente **152**

Wetter
Tempo **154**
154 Schönes Wetter
Bel tempo **154**
155 Schlechtes Wetter
Cattivo tempo **154**
156 Kaltes Wetter
Freddo **155**
Test **155**

Natur
Natura **157**
157 Himmel
Cielo **157**
158 Geographie
Geografia **157**

159 Meer
Mare **157**
160 See, Fluss
Lago, fiume **158**
161 Gebirge
Montagne **158**
162 Flachland
Pianura **158**
163 Landwirtschaft
Agricoltura **159**
Test **160**

Tiere, Pflanzen
Animali, piante **161**
164 Tiere
Animali **161**
165 Haustiere
Animali domestici **161**
166 Wilde Tiere
Animali selvatici **162**
167 Vögel
Uccelli **162**
168 Sonstige Tiere
Altri animali **162**
169 Pflanzen
Piante **163**
170 Garten, Blumen
Giardino, fiori **164**
Test **165**

Zeit, Raum, Menge
Tempo, spazio, quantità **166**

Zeit
Tempo **168**
171 Zeit
Tempo **168**
172 Tag, Woche
Giorno, settimana **169**
173 Jahr
Anno **170**
174 Ereignis
Avvenimento **171**
175 Zeitliche Reihenfolge
Ordine cronologico **171**
176 Häufigkeit
Frequenza **173**
177 Vergangenheit
Passato **174**
178 Gegenwart
Presente **175**
179 Zukunft
Futuro **175**
Test **176**

Raum
Spazio **178**
180 Raum
Spazio **178**
181 Standort
Posizione **179**
182 Suchen, finden, zeigen
Cercare, trovare, mostrare **180**
183 Entfernung
Distanza **180**
184 Bewegung
Movimento **181**
185 Geschwindigkeit
Velocità **182**
186 Richtung
Direzione **182**
187 Höhe, Tiefe
Altezza, profondità **183**
Test **184**

Menge
Quantità **185**
188 Menge
Quantità **185**
189 Zahlen
Numeri **186**
190 Maße
Misure **189**
Test **190**

Register Deutsch
Indice dei nomi in tedesco **191**
Register Italienisch
Indice dei nomi in italiano **215**
Lösungsschlüssel
Soluzioni **242**

Nicht verwechseln!
Attenzione ai falsi amici!

alt	vecchio	
apart	insolito	
das Apartment [a'partmənt], **-s**	il monolocale	sich ein kleines ~ mieten
der Artist, -en	l'artista di circo o varietà	der ~ im Zirkus
die Balance [ba'lã:s(ə)]	l'equilibrio	die ~ halten um nicht zu fallen
das Benzin	la benzina	~ tanken
die Bluse, -n	la camicetta	Die Frau zieht sich eine ~ an.
brav	buono, ubbidiente	das ~ Kind
das Café, -s	il bar	ins ~ gehen, um Kuchen zu essen
die Dose, -n	il barattolo, la lattina	
egal	indifferente	
der Etat, -s	il budget	der ~ der Stadt
fidel	allegro, di buon umore	~ sein / ~e Studenten
die Firma, Firmen	la ditta	
kalt	freddo	
der Kompass, -e	la bussola	Die ~nadel zeigt nach Norden.
das Lexikon, Lexika	il dizionario	im ~ nachschlagen
die List	l'astuzia	
das Menü, -s	il pasto a prezzo fisso	
die Messe, -n	la fiera	
nett	gentile, carino, simpatico	
die Notiz, -en	l'appunto	
ordinär	volgare	~e Ausdrücke verwenden
die Phrase, -n	la frase fatta, il luogo comune	Das sind nur leere ~n.
der Professor, Professoren	il professore universitario	

das Rega̲l, -e	lo scaffale	
der Scha̲l, -s	la sciarpa	sich einen ~ um den Hals binden
der Studẹnt, -en	lo studente universitario	
die Tape̲te, -n	la carta da parati	
der Treso̲r, -e	la cassaforte, il caveau	den wertvollen Schmuck in den ~ legen
die Wẹste, -n	il gilet, il panciotto	Der Herr trägt eine ~.

Allgemeine Begriffe
Nozioni generali

Hauptwörter/Nomen, Verben 1

die Sache, -n	la cosa	zur ~ kommen / bei der ~ sein / Das ist meine ~. / Morgen hole ich meine ~n ab.
die Angelegenheit, -en	la faccenda, la situazione, la questione	eine schwierige ~ / „In welcher ~ kommen Sie?“
das Verhalten	il comportamento	sein ~ ist merkwürdig / das ~ der Tiere beobachten
sich verhalten[1]	comportarsi	sich ruhig ~
die Tat, -en	l'azione	eine gute ~ / die Helden~ / Lasst den Worten ~en folgen!
der Zustand, ¨-e	lo stato, la condizione	der Gesundheits~ / der ~ des Hauses
der Umstand, ¨-e	la circostanza	alle ~̈e kennen
der Sachverhalt, -e	i fatti	den ~ klären / den ~ kennen / jdn. über den ~ informieren
das Ding, -e	la cosa	Im Zimmer lagen viele ~e herum. / Über diese ~e will er nicht sprechen.
der Gegenstand, ¨-e	la cosa, l'oggetto	Die ~̈e liegen herum. / „Was sind das für ~̈e?“
das Merkmal, -e	la caratteristica	ein typisches ~ / ein wichtiges ~
die Art, -en	il tipo, il modo di fare	Ersatzteile aller ~ / Ihre ~ gefällt mir.
die Form, -en	la forma	die äußere ~ / die ~ der Blätter / eine Mitteilung in schriftlicher ~
sein[2]	essere	krank ~ / hier ~ / Schüler ~
die Existenz, -en	l'esistenza	die ~ eines Briefes / sich eine ~ aufbauen
existieren	esistere	Beweise ~ / ein Testament existiert
herrschen	esserci	Es herrscht dichter Nebel.

1 sich verhalten: ich verhalte mich, er verhält sich – verhielt sich – hat sich verhalten

2 sein: ist – war – ist gewesen

irgend-	qualsiasi	~wer / ~was / ~ein / ~jemand / ~wo / ~wann
man	si (impersonale)	~ kennt sie / „~ kann nie wissen.“
jemand	qualcuno	„Ist dort ~?“ / ~ anders
jeder, jedes, jede	ogni	~ einzelne / zu ~ Zeit / jeden Tag / auf jede Bedingung eingehen
jener, jenes, jene Plural: **jene**	quello	diese sind blau, jene grau / an dies und jenes denken
all-	tutto, ogni	~e Menschen / ~e beide / wir ~e Ich weiß ~es. / „~es Gute!“ / ~es Mögliche
aller-	il più ...	der ~beste / der ~schönste
manch-	qualcuno, qualche	~er / ~mal / ~e Menschen
etwas	qualcosa	~ Schönes / ~ anderes
nichts	niente	Ich weiß ~ davon. / Es ist ~ zu sehen. / Ich habe ~ anzuziehen. / Das nützt uns ~.
niemand	nessuno	~ ist da / ich sehe ~en / Das kann ~ anderes sein als mein Freund.

Personalpronomen

ich	io	wir	noi
du	tu	ihr/Sie	voi
er	lui	sie	loro
sie	lei	Sie	Lei, Loro
es	esso/essa (neutro)		

Der Mensch
Uomo

Körper
Corpo

3 Kopf, Gesicht
Testa, viso
4 Ohr
Orecchio
5 Nase
Naso
6 Auge
Occhio
7 Farben
Colori
8 Mund
Bocca
9 Haare
Capelli
10 Körper
Corpo
11 Organe
Organi
12 Gliedmaßen
Membra
13 Körperpflege
Igiene del corpo
14 Schlafen
Dormire
Test

Ernährung
Alimentazione

15 Essen
Pasti
16 Brot, Gebäck
Pane, pasta (dolci)
17 Fleisch, Geflügel
Carne, pollame
18 Fisch
Pesce
19 Gemüse
Verdura
20 Obst
Frutta
21 Nachtisch, Süßigkeiten
Dessert, dolciumi
22 Getränke
Bevande
23 Geschmack
Gusti
24 Küche
Cucina
25 Geschirr
Stoviglie
26 Restaurant
Ristorante
27 Rauchen
Fumo
Test

Gesundheit, Krankheit
Salute, malattia

28 Gesundheit
Salute
29 Krankheit
Malattia
30 Erkältung, Verletzung
Raffreddore, ferita
31 Arzt, Krankenhaus
Medico, ospedale
32 Apotheke
Farmacia
Test

Kleidung
Abbigliamento

33 Kleidung (I)
Abbigliamento(I)
34 Kleidung (II)
Abbigliamento (II)
35 Anziehen, ausziehen
Vestirsi, svestirsi
36 Wäsche
Biancheria
37 Nähen
Cucire
38 Schmuck
Gioielli
Test

Wohnen
Abitare

39 Wohnort
Luogo di residenza
40 Haus
Casa
41 Tür, Fenster
Porta, finestra
42 Wohnung
Appartamento
43 Möbel
Mobile
44 Heizung
Riscaldamento
45 Haushalt
Andamento domestico
46 Hausbau
Costruzione della casa
47 Mieter
Inquilino

48 Brand, Feuerwehr
Incendio, pompieri
Test

Seelischer und geistiger Bereich, Gefühle
Sfera psichica e spirituale, sentimenti
49 Charakter
Carattere
50 Angenehme Gefühle
Sentimenti piacevoli
51 Unangenehme Gefühle
Sentimenti spiacevoli
52 Gefahr
Pericolo
53 Angst, Mut
Paura, coraggio
Test

Moral, Religion
Morale, religione
54 Moral
Morale
55 Religion
Religione
56 Kirche
Chiesa
Test

Wille
Volontà
57 Entschluss
Decisione
58 Bitte, Befehl
Richiesta, ordine
59 Zustimmung, Gehorsam
Consenso, obbedienza
60 Ablehnung
Rifiuto
Test

Denken
Pensiero
61 Geist
Spirito
62 Aufmerksamkeit, Interesse
Attenzione, interesse
63 Meinung
Opinione
64 Beweis
Prova
65 Zweifel
Dubbio
66 Erklärung
Spiegazione
67 Bedingung, Folgerung
Condizione, conseguenza
68 Vergleich
Confronto
69 Regel, Ausnahme
Regola, eccezione
Test

Sprache
Lingua
70 Sprache
Lingua
71 Sprechen
Parlare
72 Frage, Antwort
Domanda, risposta
73 Bejahung, Verneinung
Risposta affermativa, negazione
74 Mitteilung
Comunicazione
75 Übertreibung
Esagerazione
76 Wahrheit sagen, lügen
Dire la verità, mentire
77 Geheimnis
Segreto
78 Diskussion
Discussione
79 Telefon
Telefono
80 Schreiben
Scrivere
81 Briefwechsel
Corrispondenza
82 Text, Lesen
Testo, lettura
83 Zeitung
Giornale
Test

Körper
Corpo

3 Kopf, Gesicht

▼ 9 Haare

der Kopf, ¨-e	la testa	den ~ schütteln (= „Nein!") / von ~ bis Fuß / die ~schmerzen
das Gesicht, -er	il viso	die ~s·züge / der ~s·ausdruck
die Stirn	la fronte	die hohe ~ / Falten auf der ~ haben
die Wange, -n	la guancia	die rechte ~ / die linke ~ / auf die ~ küssen
blass	pallido	~ aussehen / ~ werden
bleich	pallido	er ist kreide~
rot werden[1]	arrossire	vor Verlegenheit ~ ~
der Hals, ¨-e	il collo	die ~schmerzen / jdm. um den ~ fallen

1 rot werden: wird rot – wurde rot – ist rot geworden

4 Ohr

▼ 147 Musik

das Ohr, -en	l'orecchio	das rechte ~ / das linke ~ / jdm. etw. ins ~ sagen / die ~en·schmerzen
hören	sentire, sentirci	die Stimme ~ / jdn. kommen ~ / im Alter schlecht ~ / Das habe ich noch nie gehört. / Ich habe gehört, dass ... / Er lässt nichts von sich ~.
schwerhörig	duro d'orecchi	~ sein
taub	sordo	~ sein / ~stumm sein
das Geräusch, -e	il rumore	ein ~ machen / ein leises ~ hören
der Krach	il rumore, il chiasso	die Kinder machen viel ~
der Lärm	il rumore	der Verkehrs~ / viel ~ um nichts
laut	forte, ad alta voce, rumoroso	~ sprechen / ~ lachen / der ~e Motor
leise	piano, a bassa voce, silenzioso	~ sprechen / die ~e Maschine / die Musik ~r stellen
ruhig	calmo, tranquillo	~ sein / ~ bleiben / eine ~e Straße
die Ruhe	la calma, la tranquillità, la pace	die Nacht~ / ich brauche ~ / jdn. in ~ lassen / die Un~
still	silenzioso	~ sein / „Sei ~!" / sich ~ verhalten
die Stille	il silenzio	die feierliche ~ / in aller ~

die Nase, -n	il naso	die ~n·spitze / die ~n·löcher
riechen[1]	sentire (con l'olfatto), odorare	ich rieche etw. / „Wonach riecht es hier?" / Der Kaffee riecht gut.
der Geruch, ¨-e	l'odore	der schlechte ~ / die Küchen-¨e
der Duft, ¨-e	il profumo	der ~ der Rose
duften	profumare, aver un buon odore	die Rose duftet
stinken[2]	puzzare	Der Käse stinkt. / Hier stinkt es.
atmen	respirare	durch die Nase ~ / ein~ / aus~
der Atem	il respiro, il fiato	der reine ~ / außer ~ sein
die Luft	l'aria	die frische ~ / die schlechte ~
das Taschentuch, ¨-er	il fazzoletto	das Papier~ / sich mit dem ~ die Nase putzen

1 riechen: riecht – roch – hat gerochen
2 stinken: stinkt – stank – hat gestunken

Auge 6

das Auge, -n	l'occhio	gute ~n haben / blaue ~n / braune ~n
der Blick, -e	lo sguardo	ein neugieriger ~ / auf den ersten ~ / mit einem ~ die Lage erfassen
sehen[1]	vedere, guardare	aus dem Fenster ~ / hin~ / weg~ / zu~
gucken	guardare	Guck mal her! / jemanden an~
beobachten	osservare	die Sterne ~ / jdn. aus der Ferne ~
schauen	guardare	„Schau mal!" / jdn. an~
ansehen[1]	guardare	Sie sah mich durch die Brille an. / sich den Film ~
anschauen	guardare, osservare	ein altes Gemälde ~
der Anblick	la veduta, il panorama	ein schöner ~
erkennen[2]	riconoscere	etw. genau ~ / nichts ~ können
die Brille, -n	gli occhiali	die ~ aufsetzen / eine ~ tragen / die ~ abnehmen / die Sonnen~
kurzsichtig	miope	~ sein und eine Brille tragen
blind	cieco, orbo	~ sein / auf einem Auge ~ sein

1 sehen: ich sehe, er sieht – sah – hat gesehen
2 erkennen: erkennt – erkannte – hat erkannt

7 Farben

▼ 124 Beleuchtung ▼ 148 Malerei ▼ 172 Nacht

die Farbe, -n	il colore	die rote ~ / die helle ~ / eine Tube ~ / die dunkle ~ / die frische ~
mischen	mescolare	verschiedene Farben ~
bunt	colorato, variopinto	ein ~er Blumenstrauß / das ~e Kleid
farbig	a colori	ein ~es Foto / mehr~
gelb	giallo	die Zitrone ist ~ / die Ampel schaltet auf Gelb / im Herbst werden alle Blätter ~
orange [o'rã:ʒə]	arancio	ein ~s Band
rot	rosso	die ~en Rosen / ~e Lippen
rosa	rosa	ein ~ Nachthemd
braun	marrone, castano	~e Haare / in der Sonne ~ werden
blau	blu	der ~e Himmel / das ~e Meer
grün	verde	Die Blätter sind ~. / das ~e Gras / Die Beeren sind noch ~.
weiß	bianco	die ~en Haare / schnee~ / Sie wurde ganz ~ im Gesicht.
grau	grigio	der ~e Himmel / ~e Haare bekommen / die ~e Bluse
schwarz	nero	~, rot, gold / tief~
der Schatten, -	l'ombra	25 Grad im ~ / die ~seite / im ~ sitzen
dunkel	scuro	Im Winter wird es früh ~. / ~rot / ~blond / dunkles Haar / dunkle Schatten
die Dunkelheit	l'oscurità	in der ~ nichts sehen können
das Licht, -er	la luce	das Tages~ / helles ~ / das ~ anmachen
hell	chiaro	~blau / ~blond / ein ~es Zimmer / draußen ist es schon ~

8 Mund

▼ 15 Essen ▼ 22 Trinken ▼ 71 Sprechen

der Mund, ¨er	la bocca	den ~ aufmachen / den ~ halten (= still sein)
die Lippe, -n	il labbro	die Ober~ / die Unter~ / die roten ~n
die Zunge, -n	la lingua	die ~ herausstrecken / die ~ zeigen
der Zahn, ¨e	il dente	schöne, weiße ¨e haben / sich die ¨e putzen / die ~schmerzen

Haare 9

das Haar, -e	i capelli	die ~farbe / dunkle ~e haben / helles ~ haben / blonde ~e
blond	biondo	~e Haare haben / Sie ist ~.
der Kamm, ¨-e	il pettine	der Taschen~
kämmen	pettinare	die Haare ~ / sich ~
der Bart, ¨-e	la barba	sich einen ~ wachsen lassen / einen ~ tragen / der Schnurr~ / der Voll~
jdn./sich rasieren	radere, farsi la barba	sich ~ lassen / sich nass ~
der Rasierapparat, -e	il rasoio elettrico	sich mit dem ~ rasieren
der Friseur, -e [-zø:r] / **die Friseurin, -nen**	il barbiere, il parrucchiere, la parrucchiera	zum ~ gehen / der ~salon / Der ~ schneidet die Haare.
der Coiffeur, -e (schweiz.)	il parrucchiere	Der ~ schneidet mir die Haare.

Körper ▼ 28 Gesundheit 10

der Körper, -	il corpo	die ~pflege / der ~teil
die Figur, -en	il corpo, la linea	eine gute ~ haben / die schlanke ~
die Haut	la pelle	die ~farbe / die ~creme / der ~arzt
der Muskel, -n	il muscolo	die ~kraft / der ~kater (= Schmerzen nach großer Anstrengung)
der Knochen, -	l'osso	der ~bruch
die Schulter, -n	la spalla	jdm. auf die ~ klopfen
die Brust, ¨-e	il petto	der ~korb / dem Baby die ~ geben
der Bauch, ¨-e	la pancia, il ventre	der dicke ~ / die ~schmerzen
der Rücken, -	la schiena	auf dem ~ liegen

Organe 11

das Organ, -e	l'organo	die Sinnes~e / die Verdauungs~e
das Herz, -en	il cuore	der ~schlag / das ~ schlägt
das Blut, ¨-e	il sangue	das ~ fließt / der ~druck / die ~gruppe
der Kreislauf	la circolazione sanguigna	~störungen haben
bluten	sanguinare	aus der Nase ~ / Die Wunde blutet.
inner-	interno	~e Organe / ~e Verletzungen

Organe

der Magen, ¨	lo stomaco
die Leber, -n	il fegato
der Darm, ¨e	l'intestino
die Galle, -n	la bile
der Blinddarm, ¨e	l'appendice
die Lunge, -n	il polmone

12 Gliedmaßen

▼ 34 Kleidung ▼ 136 Gehen

das Glied, -er	il membro	die ~maßen / die ~er·schmerzen
der Arm, -e	il braccio	der rechte ~ / der linke ~ / sich den ~ brechen / das Kind auf den ~ nehmen
die Hand, ¨e	la mano	die rechte ~ / die linke ~ / jdm. die ~ geben (Begrüßung, Abschied) / die ~arbeit
der Finger, -	il dito (della mano)	der Zeige~ / der Mittel~ / der Ring~ / der kleine ~
der Daumen, -	il pollice	jdm. die ~ drücken (= Glück wünschen)
anfassen[1]	toccare, afferrare	etw. ~ / die Tasse ~
das Bein, -e	la gamba	beide ~e / das rechte ~
das Knie [kni:], -[kni:ə]	il ginocchio	sich am ~ verletzen / auf die ~ fallen
der Fuß, ¨e	il piede	zu ~ gehen / jdm. auf den ~ treten
die Zehe, -n	il dito (del piede)	die große ~ / auf ~n·spitzen gehen
der Nagel, ¨	l'unghia	der Finger~ / der Fuß~ /sich die ¨~ schneiden

1 anfassen: ich fasse an, er fasst an – fasste an – hat angefasst

13 Körperpflege

▲ 9 Haare ▼ 153 Schönheit

das Badezimmer, -	il bagno (la stanza da ~)	sich im ~ waschen
die Badewanne, -n	la vasca da bagno	die ~ reinigen / in der ~ liegen
das Bad, ¨er	il bagno	ein warmes ~ nehmen / ein Hotelzimmer mit ~
baden	fare il bagno	in der Wanne ~ / im Fluss ~ / ~ gehen / das Kind ~
die Dusche, -n	la doccia	ein Zimmer mit ~
(sich) duschen	fare la doccia	(sich) ~ gehen / (sich) kalt ~

sich waschen[1]	lavarsi	sich die Hände ~ / sich das Gesicht ~
die Seife, -n	il sapone, la saponetta	ein Stück ~ / sich mit ~ waschen
das Wasser	l'acqua	das kalte ~ / das warme ~ / Das ~ läuft.
der Wasserhahn, ¨-e	il rubinetto	den ~ aufdrehen / den ~ zudrehen
das Waschbecken, -	il lavandino	Wasser ins ~ laufen lassen
das Handtuch, ¨-er	l'asciugamano	das frische ~ / das saubere ~
abtrocknen	asciugarsi	sich waschen und ~ / sich mit dem Handtuch ~
die Zahnbürste, -n	lo spazzolino da denti	sich mit der ~ die Zähne putzen
die Zahnpasta, -pasten	il dentifricio	eine Tube ~ kaufen
schminken	truccare	sich ~ / sich vor dem Spiegel ~
die Zahncreme, -s	il dentifricio	
der Lippenstift, -e	il rossetto	einen ~ benutzen / ein roter ~
der Spiegel, -	lo specchio	vor dem ~ stehen / in den ~ sehen
das Parfüm, -s	il profumo	das französische ~ / das teure ~
die Toilette [toa'lɛtə], **-n**	la toilette, i servizi igienici	die Herren~ / die Damen~ / das ~n·papier
das WC [ve:'tse:], **-s**	il WC	Bad und ~
das Klo, -s	il bagno, il gabinetto	aufs ~ gehen
das Klopapier	la carta igienica	eine Rolle ~
besetzt	occupato	Die Toilette ist ~.

1 (sich) waschen: ich wasche, er wäscht – wusch – hat (sich) gewaschen

Schlafen ▼ 172 Tageszeiten 14

das Bett, -en	il letto	zu ~ gehen / im ~ liegen / das Doppel~
die Matratze, -n	il materasso	die harte ~ / die Luft~
weich	morbido	die ~e Matratze / das ~e Kissen
das Laken, -	il lenzuolo	ein sauberes ~ / das ~ wechseln
die Decke, -n	la coperta	die Bett~ / sich mit der ~ zudecken
das Kopfkissen, -	il cuscino, il guanciale	ein dickes ~
müde	stanco	Ich bin ~. / ~ werden / ~ aussehen
der Schlafanzug, ¨-e	il pigiama	einen ~ anziehen
das Nachthemd, -en	la camicia da notte	ein ~ anhaben
sich hinlegen	coricarsi	sich über Mittag ~
liegen[1]	essere coricato, essere steso, giacere	im Bett ~ / auf der Couch ~ / im Krankenhaus ~ / Nach der Operation musste er eine Woche ~.

einschlafen[2]	addormentarsi	schnell ~ / nicht ~ können
schlafen[2]	dormire	gut ~ / schlecht ~ / ~ gehen
der Schlaf	il sonno	der tiefe ~ / der Mittags~ / die ~tablette / der ~sack
träumen	sognare	von etw. ~ / von jdm. ~
der Traum, ¨-e	il sogno	einen schönen ~ haben / der Alp~ / der ~beruf
der Wecker, -	la sveglia	den ~ auf 6 Uhr stellen / Der ~ klingelt.
wecken	svegliare	jdn. ~ / um 6 Uhr geweckt werden
aufwachen	svegliarsi	früh ~ / zu spät ~ / von etw. ~
wach	sveglio	~ sein / ~ werden
aufstehen[3]	alzarsi	morgens früh ~ / um 7 Uhr ~

1 liegen: liegt – lag – hat gelegen

2 (ein)schlafen: ich schlafe (ein), er schläft (ein) – schlief (ein) – ist eingeschlafen/hat geschlafen

3 aufstehen: steht auf – stand auf – ist aufgestanden

TEST

1 Definitionen

1. Die Verbindung von Kopf und Körper: ______________

2. Die Oberfläche des Körpers: ______________

3. Die Rückseite des Körpers: ______________

4. Haare unten am Kopf: ______________

5. Rote Flüssigkeit im Körper: ______________

6. Der Raum, in dem man sich wäscht: ______________

7. Stück Stoff zum Abtrocknen: ______________

8. Stück Stoff zum Putzen der Nase: ______________

9. Damit putzt man sich die Zähne: ______________

10. Bilder, die man im Schlaf sieht: ______________

11. Jemand, der nichts sehen kann, ist ______________.

12. Jemand, der nichts hören kann, ist ______________.

② Körperteile

Welche Körperteile benutzt man

1. zum Sprechen? ______________ 2. zum Hören? ______________

3. zum Sehen? ______________ 4. zum Riechen? ______________

5. zum Laufen? ______________

③ Farben

Welche Farben haben normalerweise

1. die Blätter? ______________ 2. die Lippen? ______________

3. die Zitronen? ______________ 4. der Himmel ohne Wolken? ______________

5. die Apfelsinen? ______________ 6. der Kaffee? ______________

④ Gegensätze

1. Helligkeit: __________ 2. weiß: __________ 3. laut: __________

4. duften: __________ 5. wach sein: __________ 6. sich hinlegen: __________

7. rot werden: __________ werden. 8. die schlechte Luft: __________

⑤ Die 5 Finger heißen:

______________, ______________, ______________, ______________, ______________

⑥ Fügen Sie den Artikel hinzu.

1. ________ Stirn 2. ________ Nase 3. ________ Brille 4. ________ Mund

5. ________ Zahn 6. ________ Bart

Ernährung
Alimentazione

15 Essen ▲ 8 Mund

(sich) ernähren	nutrir(si), mantenere	sich richtig ~ / die Familie ~
das Nahrungsmittel, -	l'alimento	die ~industrie / die Grund~
die Speise, -n	il cibo, il piatto	die ~karte / die Vor~ / die Süß~
die Lebensmittel (Pl.)	i generi alimentari	das ~geschäft / die ~abteilung im Supermarkt
der Hunger	la fame	~ haben / großen ~ haben
hungrig	affamato, che ha fame	~ sein / ich bin ~
der Appetit	l'appetito	„Guten ~ !" / mit ~ essen / ~ haben
essen[1]	mangiare	viel ~ / zu Mittag ~ / gerne Brot ~
satt	sazio	Ich bin ~. / sich ~ essen
die Mahlzeit, -en	il pasto	täglich drei ~en / die warme ~
das Essen, -	il pasto, il cibo, il mangiare	das ~ vorbereiten / das ~ auf den Tisch bringen / zum ~ einladen
das Menu	il menu	ein festliches ~
das Frühstück	la colazione	ein Butterbrot zum ~ essen
das Morgenessen (schweiz.)	la colazione	
frühstücken	fare colazione	um 9 Uhr ~
das Mittagessen	il pranzo	jdn. zum ~ einladen / ein gutes ~
das Abendbrot	la cena	~ essen / „Was gibt es zum ~ ?"
anbieten[2]	offrire	etw. zum Trinken ~
vegetarisch	vegetariano	~ essen / sich ~ ernähren

1 essen: ich esse, er isst – aß – hat gegessen
2 anbieten: bietet an – bot an – hat angeboten

16 Brot, Gebäck

das Brot, -e	il pane	das Weiß~ / das Schwarz~ / eine Scheibe ~ mit Wurst / ~ backen / Butter aufs ~ streichen
das Brötchen, -	il panino	zum Frühstück ~ essen / ein ~ mit Butter und Marmelade
die Semmel, -n (süddt./österr.)	il panino	
das Hörnchen, -	il cornetto	es gibt heute ~ / ~ essen

das Kipferl, -n (österr.)	lo chifel	
die Butter	il burro	frische ~ / ungesalzene ~ / ein Brot mit ~ bestreichen
die Margarine	la margarina	~ statt Butter essen / halbfette ~
die Marmelade, -n	la marmellata	die Kirsch~ / ein Glas Erdbeer~
die Konfitüre, -n	la confettura	~ kaufen
der Honig	il miele	der Bienen~ / ein Glas ~
die Wurst, ¨-e	l'affettato, i salumi	die Leber~ / die Blut~ / die Mett~
der Käse	il formaggio	verschiedene ~sorten / der Schweizer ~ / der holländische ~ / der Weiß~
das Gebäck	la pasta (dolce)	eine Tasse Kaffee und ~
der Kuchen, -	la torta, il dolce	der Käse~ / der Apfel~ / der Nuss~ / ein Stück ~ essen
die Torte, -n	la torta	die Sahne~ / die Obst~ / die Butter-creme~ / die Schwarzwälder Kirsch~
die Sahne	la panna	die Schlag~ / die Kaffee~
der Rahm (süddt.)	la panna, la crema (del latte)	
der Pfannkuchen, -	la frittella	~ essen / ~ mit Marmelade
das Mehl	la farina	das Weizen~ / ein Kilo ~
backen[1]	cucinare (al forno)	Brot ~ / Kuchen ~
die Bäckerei, -en	il panificio	Brot und Kuchen in der ~ kaufen

1 backen: bäckt/backt – backte – hat gebacken

Fleisch, Geflügel ▼ 165 Haustiere 17

das Fleisch	la carne	das Schweine~ / das Rind~ / mageres ~ / fettes ~
der Braten, -	l'arrosto	der Schweine~ / der Rinder~ / Der ~ ist gar. / ein Stück ~ mit Soße
das Steak [ste:k], **-s**	la bistecca	das gut durchgebratene ~
das Kotelett [kɔ'tlɛt], **-s**	la braciola	das Schweine~ / das ~ braten
das Schnitzel, -	la fettina, la scaloppina	das Kalbs~ / das Schweine~
das/der Gulasch	il gulasch, lo spezzatino	~ mit Zwiebeln
das Hackfleisch	la carne macinata	heute gibt es ~
die Soße/Sauce, -n	la salsa	~ über das Fleisch gießen

der Schinken, -	il prosciutto	der geräucherte ~ / der rohe ~ / der gekochte ~ / eine Scheibe ~
das Würstchen, -	il würstel	Frankfurter ~ / Wiener ~ / ~ mit Senf
das Geflügel	il pollame	das ~ schlachten / ~ essen
das Huhn, ⸚er	il pollo, la gallina	das Suppen~ / ~ mit Reis
das Hähnchen, -	il pollo, il galletto	das Brat~ / ein halbes ~ essen
das Hendel, - (süddt./österr.)	il pollo	das Brat~
das Poulet, -s (schweiz.)	il pollo	
das Ei, -er	l'uovo	frische ~er / das gekochte ~ / das ~gelb / das ~weiß
das Fett	il grasso	das Schweine~ / das Pflanzen~
fett	grasso	~es Essen / ~es Fleisch / zu ~
die Brühe	il brodo	die Hühner~ / die heiße ~
die Suppe, -n	la minestra	die Nudel~ / die Hühner~ / das ~n·fleisch / der ~n·teller
die Nudel, -n	la pasta	die ~suppe / ~n essen
der Kloß, ⸚e	lo gnocco, la polpetta	
der Knödel, -	il canederlo (grosso gnocco)	Schweinebraten mit Kartoffel~
die Fleischerei, -en / die Metzgerei, -en	la macelleria	in der ~ Suppenfleisch und Wurst kaufen

18 Fisch

der Fisch, -e	il pesce	frische ~e / freitags ~ essen / das ~filet
die Forelle, -n	la trota	~ blau / ~ „Müllerin Art" (gebraten)
der Karpfen, -	la carpa	der fette ~ / der ~teich
der Hering, -e	l'aringa	der Salz~ / der ~s·salat
die Ölsardine, -n	la sardina sott'olio	eine Dose ~n

19 Gemüse

das Gemüse	la verdura	~ kochen / die ~suppe
die Bohne, -n	il fagiolo	die grünen ~n
die Fisole, -n (österr.)	il fagiolino, il fagiolo	
die Erbse, -n	il pisello	grüne ~n / die ~n·suppe mit Speck
die Mohrrübe, -n / die Möhre, -n / die Karotte, -n	la carota	~n putzen / ~n kochen
die Kartoffel, -n	la patata	~n schälen / ~n kochen / die Salz~n

der Reis	il riso	Huhn mit ~ / der Milch~
der Kohl	il cavolo	der Sauer~ / die ~köpfe
das Kraut	il cavolo	das Weiß~ / das Rot~
die Tomate, -n	il pomodoro	die ~n·soße / die ~n·suppe
die Zwiebel, -n	la cipolla	Leber mit ~n braten / die ~suppe
der Salat, -e	l'insalata	der grüne ~ / der Kopf~ / der Tomaten~ / der Geflügel~
die Gurke, -n	il cetriolo	die sauren ~n / der ~n·salat

Obst **20**

das Obst	la frutta	~ essen / der ~kuchen / der ~garten
die Frucht, ¨-e	il frutto	der ~saft / die Süd~¨e (z.B. Banane)
reif	maturo	eine ~e Tomate / das Obst ist ~ / ≠ un~
der Apfel, ¨	la mela	einen ~ essen / der ~saft / der ~baum
die Birne, -n	la pera	die saftige ~ / die weiche ~ / der ~n·baum
die Kirsche, -n	la ciliegia	saure ~n / süße ~n
die Pflaume, -n	la prugna	der ~n·baum / die reifen ~n
die Zwetschke, -n	la susina	der ~n·kuchen
der Pfirsich, -e	la pesca	einen ~ essen
die Aprikose, -n	l'albicocca	die ~n schmecken süß
die Marille, -n	la susina	
die Johannisbeere, -n	il ribes	die roten ~n / die schwarzen ~n
die Erdbeere, -n	la fragola	~n pflücken / die Erdbeermarmelade
die Nuss, ¨-e	la noce	die Wal~ / die Erd~ / ~¨e knacken
die Apfelsine, -n	l'arancia	eine ~ essen / die ~n·schale
die Orange, -n	l'arancia	süße ~n / die Blut~n
die Zitrone, -n	il limone	der ~n·saft / Tee mit ~ trinken

Nachtisch, Süßigkeiten **21**

▼ 23 Zucker

der Nachtisch	il dolce	Pudding zum ~ essen
das Dessert, -s	il dessert	es gibt noch ein ~
die Nachspeise, -n (süddt.)	il dessert, il dolce	
der Pudding, -s/-e	il budino	der Vanille~ / der Schokoladen~
das Eis	il gelato	das Speise~ / das Sahne~ / ~ am Stiel
das/der Bonbon [bɔŋ'bɔŋ], **-s**	la caramella	das Pfefferminz~ / ein(en) ~ lutschen
die Schokolade	la cioccolata	eine Tafel ~ / ein Stück ~ essen / eine heiße ~ trinken
das Konfekt	il pasticcino	eine Schachtel ~ / ein Stück ~
das Marzipan	il marzapane	die ~schokolade

22 Getränke

▼ 25 Geschirr

der Durst	la sete	~ haben / seinen ~ löschen
durstig	assetato	~ sein / sehr ~
trinken[1]	bere	Saft ~ / eine Tasse Kaffee ~ / Bier ~
das Getränk, -e	la bevanda, la bibita	eine kaltes ~ / ein warmes ~ / die ~e·karte
das Mineralwasser	l'acqua minerale	~ trinken / ein Glas ~
die Kohlensäure	l'anidride carbonica	Mineralwasser mit/ohne ~
die/das Cola	la coca-cola	eine Flasche ~ / eine ~ trinken
der Saft, ¨-e	il succo	der Apfel~ / der Kirsch~ / ein Glas ~
die Limonade, -n	la limonata, la gassosa	süße ~ trinken
die Milch	il latte	die Voll~ / die Butter~
der Kaffee	il caffè	ein Päckchen ~ / eine Tasse ~ trinken / ~ mit Sahne / die ~kanne
der Tee	il tè	ein Päckchen ~ / ~ mit Zucker und Zitrone / der ~löffel / die ~kanne
das Bier	la birra	~ trinken / die ~flasche / das ~glas / ein ~ bestellen
der Schnaps, ¨-e	l'acquavite, la grappa	eine Flasche ~ / ein Glas ~
der Weinbrand, ¨-e	il brandy	~ trinken
der Wein, -e	il vino	der Weiß~ / der Rot~ / das ~glas / die ~flasche / der ~berg / der ~keller
der Sekt	lo spumante	die ~flasche / den ~korken knallen lassen
nüchtern	sobrio	~ sein / nicht mehr ~ sein / ~ bleiben
der Alkohol	l'alcool	~ im Blut haben / der ~gehalt des Bieres
betrunken	ubriaco	~ sein / völlig ~ sein
Prost!	cin cin!, alla salute!	„Prost!"
Gesundheit!	salute!	

1 trinken: trinkt – trank – hat getrunken

23 Geschmack

probieren	assaggiare	den Wein ~ / „~ Sie mal!"
kosten	assaggiare, provare	den Käse ~
der Geschmack	il gusto	der gute ~ / der süßliche ~
schmecken	piacere, avere il gusto di, sapere di	gut ~ / schlecht ~ / die Soße ab~ / Das hat mir gut geschmeckt.
ausgezeichnet	eccellente	Das Essen war ~. / Der Wein schmeckt ~.

fein	fino, fine	~ gewürzt / der ~e Zucker / ~e Küche
das Gewürz, -e	la spezia	das scharfe ~ / Pfeffer ist ein ~.
das Salz	il sale	das Koch~ / der ~streuer
salzig	salato	Die Suppe ist zu ~.
der Zucker	lo zucchero	~ in den Tee tun / der Würfel~
süß	dolce	~ schmecken / zu ~ / ~e Sachen
der Essig	l'aceto	eine Flasche ~
sauer	agro, aspro, acido	Der Apfel schmeckt ~. / saure Gurken / Die Milch ist ~ geworden.
bitter	amaro	Das schmeckt ~.
der Senf	la senape	der scharfe ~ / Würstchen mit ~
der Pfeffer	il pepe	weißer ~ / schwarzer ~ / ~ und Salz

Küche 24

die Küche, -n	la cucina	in der ~ arbeiten / der ~n·tisch / die deutsche ~
der Herd, -e	la cucina elettrica/a gas	der moderne ~ / der Elektro~
der Topf, ¨-e	la pentola	den ~ auf den Herd stellen
der Kochtopf, ¨-e	la casseruola, la pentola	
kochen	cucinare, cuocere, bollire	Kaffee ~ / eine Suppe ~ / Das Wasser kocht. / Sie kocht ganz ausgezeichnet.
die Bratpfanne, -n	la padella	Fleisch in der ~ braten
braten[1]	cucinare (al forno, in padella)	das Kotelett ~
grillen	grigliare	Fleisch ~ / Fisch ~
roh	crudo	~es Fleisch / Das Gemüse ist noch ~.
gar	cotto	~ kochen / Das Gemüse ist ~.
weich	tenero	das Fleisch ~ kochen / ein ~es Ei
warm	caldo	~es Wasser / ~es Essen / ~ essen
heiß	bollente	der ~e Kaffee / ~er Tee
der Kühlschrank, ¨-e	il frigorifero	etw. in den ~ legen
die Dose, -n	la lattina, il barattolo	die Konserven~ / die ~n·milch / eine ~ Mais / eine ~ Erbsen
die Büchse, -n (schweiz.)	il barattolo	
haltbar (sein)	inalterabile, che si conserva	„Wie lange ist die Ware ~?“
das Kochbuch, ¨-er	il ricettario, il libro di cucina	ein ~ mit vielen guten Rezepten
das Rezept, -e	la ricetta	ein ~ ausprobieren

1 braten: brät – briet – hat gebraten

25 Geschirr ▲ 13 Waschen

das Tuch, ¨er	il panno	das weiße Tisch~ / das Geschirr~
das Geschirr	le stoviglie	das ~ abwaschen / die ~spülmaschine
der Teller, -	il piatto	der flache ~ / der tiefe ~ / der Kuchen~ / ein ~ Suppe
das Besteck, -e	le posate	das ~ auf den Tisch legen
das Messer, -	il coltello	mit dem ~ etw. schneiden / das Taschen~
scharf	tagliente	das ~e Messer
stumpf	senza filo, che non taglia	das ~e Messer
(sich) schneiden[1]	tagliar(si)	das Fleisch ~ / ein Stück Wurst ab~ / sich in den Finger ~ / Das stumpfe Messer schneidet schlecht.
die Gabel, -n	la forchetta	mit der ~ essen / die Kuchen~
der Löffel, -	il cucchiaio	der Ess~ / der Tee~
die Kanne, -n	il bricco	die Kaffee~ / die Tee~
die Flasche, -n	la bottiglia	die Wein~ / die Bier~ / der ~n·öffner
gießen[2]	versare (liquidi)	Kaffee in die Tasse ~ / ein~ / aus~
voll	pieno	ein ~es Glas / Die Flasche ist ~ Wein.
leer	vuoto	eine ~e Flasche / ~ machen / ~ sein
die Tasse, -n	la tazza	eine Kaffee~ / die Unter~ / eine ~ Tee trinken
das Glas, ¨er	il bicchiere	das Wein~ / „Ein ~ Bier, bitte!“ / das ¨~chen
die Schüssel, -n	la scodella, la ciotola	die Suppen~
abwaschen[3]	lavare	das Geschirr ~ / die Teller ~
spülen	lavare, sciacquare	das Geschirr in klarem Wasser ~
abtrocknen	asciugare	das Geschirr ~

1 schneiden: schneidet – schnitt – hat geschnitten

2 gießen: gießt – goss – hat gegossen

3 abwaschen: ich wasche ab, er wäscht ab – wusch ab – hat abgewaschen

26 Restaurant ▼ 144 Hotel

das Restaurant [rɛsto'rã:], **-s**	il ristorante	ins ~ gehen / im ~ essen / ein gutes ~
das Gasthaus, ¨er	il ristorante	im ~ Mittag essen / das Land~
die Gaststätte, -n	il ristorante, l'albergo	
das Café [ka'fe:], **-s**	il bar, il caffè	ins ~ gehen / im ~ Kuchen essen

das Kaffeehaus, ¨-er (österr.)	il caffè, il bar	
das Lokal, -e	il locale, il bar	in ein ~ gehen / im ~ Bier trinken
die Kneipe, -n	l'osteria, la taverna	sich mit Bekannten in der ~ treffen
die Bar, -s	il locale notturno	sich in die ~ setzen / der ~hocker / an der ~ sitzen
der Biergarten, ¨-en	giardino dove si beve birra all'aperto	abends in den ~ gehen / im ~ sitzen
die Kantine, -n	la mensa	in die ~ essen gehen
der Wirt, -e	il proprietario/ gestore del locale	der Gast~ // die Wirtin
der Ober, -	il cameriere	„Herr ~! " / Der ~ bringt das Essen.
der Kellner, -	il cameriere	
die Bedienung, -en	il cameriere, la cameriera	als ~ in einem Restaurant arbeiten
der Gast, ¨-e	il cliente	Die ¨~e sitzen an den Tischen.
bedienen	servire	Der Kellner bedient die Gäste.
die Speisekarte, -n	la lista delle vivande, il menu	„Die ~, bitte!" / Was steht auf der ~?
bestellen	ordinare	das Essen ~ / Wein ~ / einen Tisch ~
zahlen	pagare	„Herr Ober, bitte ~!"
das Trinkgeld, -er	la mancia	~ geben / 10 % ~

Rauchen 27

der Raucher, -	il fumatore	ein starker ~ / ≠ der Nicht~
die Zigarette, -n	la sigaretta	~n rauchen / eine Schachtel ~n / jdm. eine ~ anbieten
die Zigarre, -n	il sigaro	die dicke ~ / die ~n·kiste
die Pfeife, -n	la pipa	eine ~ rauchen
der Tabak	il tabacco	ein Paket ~ / der Pfeifen~
das Streichholz, ¨-er	il fiammifero	eine Schachtel ¨~er / das ~ anzünden
das Zündholz, ¨-er (süddt.)	il fiammifero	
das Feuerzeug, -e	l'accendino	das Taschen~
anzünden	accendere	sich eine Zigarette ~
rauchen	fumare	eine Zigarette ~ / Pfeife ~
der Aschenbecher, -	il portacenere	den ~ leeren
der Nichtraucher, -	il non fumatore	~ sein / nur für ~
die Droge, -n	la droga, lo stupefacente	~n nehmen / ~n·abhängig sein / der ~n·süchtige

TEST

❶ Wörter zusammenstellen

1. Die Hauptmahlzeiten: ______________ , ______________ , ______________

2. Südfrüchte: ______________ , ______________

3. Geschirr: ______________ , ______________ (aus Glas:) ______________

4. Technische Einrichtungen in der Küche (zum Kochen:) ______________,

______________ (zum Frischhalten:) ______________

❷ Definitionen

1. Das Fett der Milch: ______________

2. Gewürzte, fette Flüssigkeit, die man über das Fleisch gießt: ______________

3. Dem Ober sagen, was er bringen soll: ______________

4. Zusätzliches Geld für den Ober: ______________________

5. Getrocknete Blätter, die man in die Pfeife stopft: ______________________

❸ Synonyme

1. Essen wollen: ______________ haben

2. Gern essen: mit ______________ essen

3. Konfitüre: ______________

4. Trinken wollen: ______________ haben

④ Sätze ergänzen

1. Im Hotel fragt der Ober beim Frühstück, was der Gast trinken möchte:

„Möchten Sie ______________ (aus Bohnen gemacht) oder ______________

(aus getrockneten Blättern gemacht)?“

2. Honig schmeckt ______________ , Essig schmeckt ______________

3. Man isst die Suppe mit einem ______________ , den Braten mit

______________ und ______________ , den Pudding mit einem ______________

4. Zum Anzünden einer Zigarette kann man ein ______________ oder ein

______________ verwenden.

⑤ Ordnen Sie die Wörter.

Wurst, Honig, Torte, Marmelade, Brühe, Kotelett, Marzipan, Pudding,

Hähnchen, Forelle

Schmeckt süß: ______________ , ______________ , ______________ ,

______________ , ______________

Schmeckt salzig: ______________ , ______________ , ______________ ,

______________ , ______________

Gesundheit, Krankheit
Salute, malattia

28 Gesundheit

die Gesundheit	la salute	bei guter ~ sein / der ~s·zustand
gesund	sano, in buona salute	~ sein / ~e Zähne haben / sich ~ ernähren / ≠ un~
fit	in forma	~ sein / sich ~ halten
schlank	snello	~ sein / ~ werden wollen
zunehmen[1]	ingrassare	2 Kilo ~
dick	grasso, grosso	~ sein / ein ~er Bauch
die Diät, -en	la dieta	die strenge ~ / eine ~ einhalten
abnehmen[1]	dimagrire	~ müssen / ~ wollen
mager	magro, scarno	~ sein / ~ aussehen / ~es Fleisch
dünn	magro, sottile, gracile	nach der Operation ist er ganz ~ geworden
die Kraft, ¨e	la forza	wieder zu ¨en kommen
kräftig	robusto	~e Arme / ~ sein
stark	forte	groß und ~ sein
schwach	debole	~ sein / sich ~ fühlen

1 zunehmen: ich nehme zu, er nimmt zu – nahm zu – hat zugenommen

29 Krankheit

die Impfung, -en	la vaccinazione	eine ~ gegen Grippe
die Krankheit, -en	la malattia	an einer ~ leiden / die schwere ~ / die Kinder~
krank	ammalato	sich ~ fühlen / ~ werden / schwer ~ sein / Der Arzt schreibt den Patienten ~. / sich ~ melden
der/die Kranke, -n	il malato, la malata	das ~n·bett / der ~n·wagen
die Krankenkasse, -n	la cassa malattia	die Privat~ / bei einer ~ versichert sein
fehlen	avere qualcosa (non sentirsi bene)	„Was fehlt Ihnen?“
der Schmerz, -en	il dolore	~en haben / die Kopf~en / Magen~en
weh tun[1]	far male	Der Kopf tut mir ~. / Tue dir nicht ~!
leiden[2]	soffrire	an einer Krankheit ~ / viel ~ müssen
Aids	AIDS	~ haben / an ~ sterben
das Kondom, -e	il preservativo	Das ~ ist ein sicherer Schutz vor Aids.

1 weh tun: tut weh – tat weh – hat weh getan
2 leiden: leidet – litt – hat gelitten

Erkältung, Verletzung ▼ 138 Unfall ▼ 156 Wetter 30

die Erkältung, -en	il raffreddore	eine ~ bekommen
sich erkälten	prendere il raffreddore	sich im Winter ~ / erkältet sein
sich verkühlen (österr.)	prendersi un raffreddore	
husten	tossire	~ müssen / ~ und niesen
der Husten	la tosse	~ haben / das ~bonbon
niesen	starnutire	~ müssen / ins Taschentuch ~
der Schnupfen, -	il raffreddore	~ bekommen / ~ haben
die Grippe	l'influenza	~ bekommen / ~ haben / die Virus~
das Fieber	la febbre	~ bekommen / ~ haben / Das ~ steigt. / das ~thermometer
die Verletzung, -en	la ferita	die leichte ~ / die schwere ~
(sich) verletzen	ferir(si)	sich den Fuß ~ / bei einem Unfall verletzt werden
der Verletzte, -n	il ferito	der Schwer~ / Tote und ~
(sich etwas) brechen[1]	romper(si)	sich den Arm ~ / sich das Bein ~
die Wunde, -n	la ferita, la piaga	Die ~ blutet. / die ~ verbinden
bluten	sanguinare	aus der Nase ~ / am Kopf ~

1 brechen: ich breche, er bricht – er brach – er hat gebrochen

Arzt, Krankenhaus ▲ 14 Bett ▼ 86 Tod 31

die Medizin	la medicina	~ studieren
der Arzt, ¨-e	il medico	zum ~ gehen / der praktische ~ / der Haus~ / der Fach~ / der Zahn~ / der Frauen~ // die Ärztin
der Doktor- ,en	il dottore	Das Kind wollte nicht zum ~ gehen.
die Praxis, Praxen	l'ambulatorio	die Arzt~ / in die ~ gehen
die Arztpraxis	lo studio medico	
die Ordination, -en (österr.)	la ricetta, la prescrizione medica	
die Sprechstunde	l'orario di visita	Der Arzt hat von 9–12 Uhr ~.
das Wartezimmer, -	la sala d'attesa	im ~ sitzen
der Patient [pa'tsiɛnt], **-en**	il paziente	Die ~en werden vom Arzt behandelt. / der Privat~ // die Patientin
untersuchen	visitare	sich vom Arzt ~ lassen / die Lunge ~

die Untersuchung, -en	la visita medica	die ~ beim Facharzt / das ~s·ergebnis
das Röntgenbild, -er	la radiografia	das ~ auswerten
die Behandlung, -en	la cura, il trattamento, l'assistenza	die ~ im Krankenhaus
behandeln	curare, trattare	den Kranken ~ / sich ~ lassen
der Verband, ¨-e	la fasciatura	einen ~ anlegen / den ~ erneuern
verbinden[1]	fasciare	die Wunde ~ / den Arm ~
die Spritze, -n	l'iniezione	jdm. eine ~ geben / eine ~ bekommen
der Krankenwagen,	l'ambulanza	einen ~ rufen
das Krankenhaus, ¨-er	l'ospedale	ins ~ kommen / im ~ liegen
das Spital, ¨-er (süddt./österr.)	l'ospedale	ins ~ müssen
die Klinik, -en	la clinica	die Privat~ / in die ~ eingeliefert werden
operieren	operare	sich ~ lassen / am Magen operiert werden
die Operation, -en	l'operazione	die schwere ~ / eine Magen~ / der ~s·saal / der ~s·tisch
die Krankenschwester, -n	l'infermiera	die ~ pflegt die Kranken / die ~ rufen
der Krankenpfleger, -	l'infermiere	
pflegen	curare	den Kranken ~
sich verschlechtern	peggiorare	Der Gesundheitszustand verschlechtert sich.
die Besserung	il miglioramento	eine leichte ~ / „Gute ~!"
sich erholen	rimettersi	sich langsam von einer Krankheit ~
aussehen[2]	avere l'aspetto (di), sembrare	krank ~ / wieder viel besser ~ / gut ~
der Rollstuhl, ¨-e	la sedia a rotelle	im ~ fahren

1 verbinden: verbindet – verband – hat verbunden

2 aussehen: sieht aus – sah aus – hat ausgesehen

32 Apotheke

▼ 125 Geschäft

die Apotheke, -n	la farmacia	Medikamente in der ~ kaufen
das Rezept, -e	la ricetta medica	ein Medikament nur auf ~ bekommen
verschreiben[1]	prescrivere	ein Medikament ~
das Mittel, -	il farmaco, il rimedio	ein ~ gegen Grippe / ein ~ für die Verdauung
das Medikament, -e	la medicina	ein ~ einnehmen / das ~ ist wirksam
die Tablette, -n	la pastiglia, la compressa	die Schlaf~ / eine ~ einnehmen

die Pille, -n	la pillola	die ~ nach dem Essen einnehmen / Viele Frauen nehmen die ~.
wirken	essere efficace	Die Tablette wirkt gegen Kopfschmerzen.
die Salbe, -n	la pomata	die Wund~ / die ~ dünn auftragen
die Creme [kre:m], **-s**	la crema	die Sonnen~ / die Haut~
das Pflaster, -	il cerotto	ein ~ auf die Wunde kleben
die Drogerie [drogə'ri:], **-n** [-ri:ən]	la drogheria	Seife in der ~ kaufen

1 verschreiben: verschreibt – verschrieb – hat verschrieben

TEST

1 Definitionen

1. Jemand, der Medizin studiert hat und Kranke behandelt: ______________

2. Jemand, der zum Arzt geht: ______________

3. Dort warten die Patienten: ______________

4. Ein Stück Papier, auf das der Arzt die Medikamente schreibt: ______________

5. Dort kauft man Medikamente: ______________

6. Haus, wo Kranke längere Zeit im Bett liegen: ______________

7. Sie pflegt die Kranken: ______________

8. Wieder zu Kräften kommen nach einer Krankheit: ______________

2 Gegensätze

1. gesund: ______________ 2. stark: ______________

3. schlank: ______________ 4. zunehmen: ______________

③ Kreuzworträtsel

Waagerecht:

1. Dort sind Kranke längere Zeit.
2. Das tut der Arzt, um die Krankheit festzustellen.
3. Er behandelt Zähne.
4. Gegensatz zu „Krankheit“.
5. Chemisches Mittel, das der Gesundheit dient.

Senkrecht:

6. Nicht gesund.

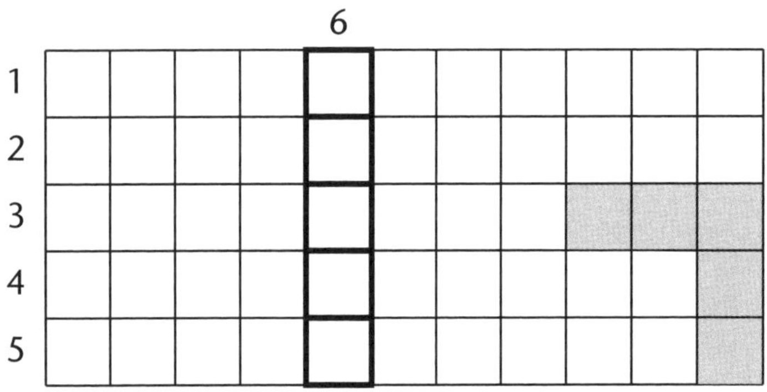

④ Synomyme (Wörter mit ähnlicher Bedeutung)

1. mager: ___________

2. sich erkälten: ___________

3. der Arzt: ___________

4. das Krankenhaus: ___________ / ___________

Kleidung
Abbigliamento

Kleidung (I) 33

die Kleidung	il vestiario	die Ober·be~ / ein ~s·stück / die Winter~
der Anzug, ¨-e	il vestito da uomo	der Herren~ / der dunkle ~
die Jacke, -n	la giacca	die ~ anziehen / die ~ ausziehen / die Leder~
die Hose, -n	i pantaloni	die lange ~ / die kurze ~ / die Unter~ / die ~n·tasche
die Jeans [dʒi:nz] (Pl.)	i jeans	die ~hose / die ~ anziehen
der Gürtel, -	la cintura	der Leder~ / den ~ umbinden
das Hemd, -en	la camicia da uomo	ein weißes ~ / das Ober~ / das Unter~
das T-Shirt, -s [ti -]	la t-shirt	ein ~ anziehen
die Krawatte, -n	la cravatta	sich eine ~ umbinden / eine ~ tragen
das Kostüm, -e	il tailleur	ein Damen~ / das Karnevals~
das Kleid, -er	il vestito da donna	ein schönes ~ anhaben / das Sommer~ / ~er machen Leute.
der Rock, ¨-e	la gonna	einen ~ anhaben / der Mini~
die Bluse, -n	la camicetta	eine ~ aus reiner Baumwolle
der Pullover, -	il pullover	ein warmer ~ / der Rollkragen~
der Kragen, -	il collo	der Roll~ / der Hemd~ / der Mantel~
der Ärmel, -	la manica	der lange ~ / der kurze ~
der Knopf, ¨-e	il bottone	den ~ zumachen / das ~loch / einen ~ annähen
die Tasche, -n	la tasca	die Hosen~ / etw. in die ~ stecken
die Handtasche, -n	la borsetta	die ~ unterm Arm haben

Kleidung (II) 34

der Hut, ¨-e	il cappello	den ~ aufsetzen / einen ~ aufhaben / den ~ abnehmen
die Mütze, -n	il berretto	die Basken~ / die Pudel~
der Mantel, ¨	il cappotto	der warme Winter~ / der Regen~
der Schal, -s	la sciarpa	einen ~ umbinden
der Handschuh, -e	il guanto	ein Paar ~e / die Leder~e
die Unterwäsche	la biancheria intima	saubere ~
das Unterhemd, -en	la maglia intima, la maglietta intima	ein weißes ~
die Unterhose, -n	le mutande	eine warme ~

der Slip, -s	lo slip	einen ~ anziehen
der Unterrock, ¨-e	la sottoveste, la sottana	einen ~ tragen
der Strumpf, ¨-e	la calza	ein Paar ¨-e / die ~hose
die Socke, -n	il calzino	die Söckchen / wollene ~n
der Schuh, -e	la scarpa	der Halb~ / die ~größe / bequeme ~e
der Stiefel, -	lo stivale	ein Paar ~ / die Reit~ / die Ski~
das Leder, -	il cuoio, la pelle	das weiche ~ / die ~hose / die ~jacke
der Schuhmacher, -/ der Schuster, -	il calzolaio	die Schuhe beim ~ reparieren lassen

35 Anziehen, ausziehen

▲ 14 Schlafen

die Garderobe, -n	il guardaroba, il vestiario	den Mantel an der ~ abgeben / auf seine ~ achten
anziehen[1]	vestir(si), indossare, mettere	sich ~ / die Jacke ~ / warme Schuhe ~
anhaben[2]	avere addosso, portare	einen Regenmantel ~ / einen Pullover ~ / ein Kleid ~
(sich) umziehen[1]	cambiar(si)	sich zum Weggehen ~
(sich) ausziehen[1]	togliere, levarsi, svestirsi	den Mantel ~ / die Schuhe ~ / sich ~
nackt	nudo	~ sein / sich ~ ausziehen / ~ baden

1 anziehen: zieht an – zog an – hat angezogen
2 anhaben: hat an – hatte an – hatte angehabt

36 Wäsche

die Wäsche	la biancheria	~ waschen / die saubere ~ / die Bett~
die Waschmaschine, -n	la lavatrice	die ~ anstellen / die ~ ausstellen
das Waschpulver	il detersivo	ein Paket ~ kaufen
schmutzig	sporco	die ~e Wäsche / das ~e Handtuch / sich die Hände ~ machen
der Fleck, -en	la macchia	einen ~ in der Jacke haben / den ~ entfernen
sauber / rein	pulito	~e Wäsche / ~e Strümpfe
waschen[1]	lavare	die Wäsche ~ / gründlich ~
spülen	sciacquare, lavare	die Wäsche ~ / kalt ~
trocknen	asciugare	die Wäsche ~ lassen
bügeln	stirare	die Unterwäsche ~ / die Hosen ~
das Bügeleisen, -	il ferro da stiro	das ~ einschalten / Das ~ ist heiß.

die Reinigung, -en	la lavanderia	die Hose zur ~ bringen
reinigen	smacchiare, lavare	den Anzug ~ lassen
die Bürste, -n	la spazzola	die Kleider~ / die Schuh~

1 waschen: wäscht – wusch – hat gewaschen

Nähen 37

nähen	cucire	einen Rock ~ / den Knopf an~
die Näh-maschine, -n	la macchina per cucire	die elektrische ~
die Nadel, -n	l'ago	~ und Faden / die Näh~
die Handarbeit, -en	il lavoro d'ago	Frauen machen gern ~en
die Schere, -n	le forbici	mit der ~ den Stoff schneiden
der Stoff, -e	la stoffa	der Kleider~ / der Woll~
die Baumwolle	il cotone	ein Unterhemd aus ~
die Wolle	la lana	ein Pullover aus ~ / die Schur~
anprobieren	provare	den Anzug ~ / die Jacke ~
eng	stretto	Die Jacke ist zu ~.
passen	andar bene	Die Jacke passt. / Die Schuhe ~.
das Loch, ¨-er	il buco	das Knopf~ / ein ~ im Strumpf
die Mode, -n	la moda	die neueste ~ / die ~n·schau
der Trend, -s	la tendenza	der neue ~ / dem ~ folgen
chic/schick	chic	eine ~e Lederjacke / sich ~ anziehen
elegant	elegante	eine ~e Dame / ein ~er Mantel
hübsch	carino	ein ~es Kleid / die ~e Bluse, ein ~es Mädchen

Schmuck 38

▼ 153 Geschmack

der Schmuck	il gioiello	das ~stück / der Mode~
der Ring, -e	l'anello	einen ~ am Finger haben / der Trau~
das Armband, ¨-er	il braccialetto	das goldene ~ / ein ~ tragen
die Kette, -n	la catenina, la collana	eine ~ tragen / die schöne ~
das Gold	l'oro	der ~schmuck / ein Ring aus ~
das Silber	l'argento	ein Ohrring aus ~
die Perle, -n	la perla	die ~n·kette
der Edelstein, -e	la pietra preziosa	ein Ring mit einem ~
der Diamant, -en	il diamante	ein wertvoller ~ / der ~ring
der Juwelier, -e	il gioielliere	das ~geschäft / beim ~ Schmuck kaufen

TEST

❶ Ergänzen Sie.

1. Zum Schneiden des Stoffes benutzt man eine ______________.

2. Einen Pullover macht man aus ______________.

3. Im Theater lässt man den Mantel an der ______________.

4. Schmuck kauft man beim ______________.

5. Der Ring ist aus einem gelben Metall: der Ring ist aus ______________.

❷ Gegensätze

1. sauber: ______________

2. anziehen: ______________

3. Die Hose muss geändert werden: die Hose ______________

❸ Ordnen Sie in der richtigen Reihenfolge.

bügeln, waschen, trocknen, spülen

______________ – ______________ – ______________ – ______________

Wohnen
Abitare

Wohnort 39

der Ort, -e	il luogo	der Wohn~ / der ~s·name / der Vor~
der Vorort, -e	il sobborgo	im ~ wohnen, die ~e von Berlin
wohnen	abitare	in München ~ / „Wo ~ Sie?“ / Sie wohnt im Hotel „Bayerischer Hof“.
die Stadt, ¨-e	la città	die Groß~ / die Klein~ / die Alt~ / die Innen~ / der ~teil / in die ~ gehen
städtisch	comunale	das ~e Krankenhaus
der Stadtplan, ¨-e	la pianta della città	ein ~ von Berlin
das Zentrum, Zentren	il centro	im Stadt~ wohnen
die Innenstadt, ¨-e	il centro della città	in der ~ einen Parkplatz suchen
zentral	centrale	~ gelegen
die Umgebung, -en	i dintorni	die ~ der Stadt / die schöne ~ von Berlin
das Dorf, ¨-er	il paese	auf dem ~ wohnen / ein kleines ~
die Zone, -n	l'area, la zona	die Fußgänger~

Haus 40

das Gebäude, -	l'edificio	ein großes ~ / das Fabrik~
der Wohnblock, -s	l'isolato	in einem ~ wohnen
das Haus, ¨-er	la casa	das Wohn~ / das Hoch~ / ein Einfamilien~ kaufen / nach ~e gehen
der Balkon [bal'ko:n], **-e**	il balcone	auf dem ~ sitzen / der Süd~
die Terrasse, -n	la terrazza	auf der ~ Kaffee trinken
das Erdgeschoss, -e	il pianterreno	im ~ wohnen / Die Wohnung befindet sich im ~.
das Parterre (süddt.)	il pianterreno	
die Etage [e'ta:ʒə], **-n**	il piano	die erste ~ / die zweite ~
der Stock/ das Stockwerk, -e	il piano	im ersten ~ wohnen / Das Haus ist neun Stockwerke hoch.
die Treppe, -n	le scale	die ~ hinaufgehen / die Roll~
die Stiege, -n (österr.)	le scale	
die Stufe, -n	il gradino	die ~n hinabgehen / Vorsicht ~!
der Aufzug, ¨-e	l'ascensore	den ~ benutzen / mit dem ~ in den fünften Stock fahren

der Lift, -e	l'ascensore	den ~ nehmen
das Dach, ¨-er	il tetto	das spitze ~ / das flache ~ / ein Zimmer unter dem ~ / die ~kammer
der Keller, -	la cantina	in den ~ gehen / die ~treppe
der Hof, ¨-e	il cortile	der Hinter~ / Kinder spielen im ~.
der Hausmeister, -	il portinaio	den ~ holen / Der ~ repariert den Wasserhahn.

41 Tür, Fenster

die Tür, -en	la porta	vor der ~ stehen / die ~ aufmachen / die ~ zumachen / die Haus~ / die Zimmer~
die Türklinke, -n	la maniglia (della porta)	auf die ~ drücken
offen	aperto	die ~e Tür / die Tür steht ~ / Das Geschäft ist bis 18 Uhr ~.
auf sein[1]	essere aperto	Die Tür ist auf. / Das Fenster ist auf.
geschlossen	chiuso	Die Tür ist ~. / Das Geschäft ist ~.
draußen	fuori	~ stehen / ~ warten
klopfen	bussare	an die Tür ~ / an~ / Es hat geklopft.
klingeln	suonare	an der Tür ~ / Es hat geklingelt.
läuten	suonare	dreimal ~
die Klingel, -n	il campanello	auf die ~ drücken
die Glocke, -n (süddt.)	il campanello	
aufmachen / öffnen	aprire	die Tür ~ / das Fenster ~
zumachen / schließen[2]	chiudere	die Tür ~ / das Fenster ~
zusperren (österr.)	chiudere (a chiave)	das Tor ~
der Schlüssel, -	la chiave	der Haus~ / der Auto~
abschließen[2]	chiudere a chiave	die Tür ~
zu sein[1]	essere chiuso	Die Tür ist ~.
das Schloss, ¨-er	la serratura	das Tür~ / das Sicherheits~
stecken	infilare, introdurre	den Schlüssel ins Schloss ~ / Der Schlüssel steckt (im Schloss).
der Eingang, ¨-e	l'ingresso, l'entrata (persone)	der Haupt~ / am ~ / der ~ zum Museum
die Einfahrt, -en	l'ingresso, l'entrata (automezzi)	~ freihalten! / die ~ zur Garage
hereinkommen[3]	entrare	ins Zimmer ~
der Ausgang, ¨-e	l'uscita	den ~ suchen / der Not~

verlassen[4]	lasciare	das Zimmer ~ / das Haus ~
das Fenster, -	la finestra	durch das ~ sehen
das Glas, ¨-er	il vetro	die ~scheibe / das Fenster~ / „Vorsicht, ~!" / Das ~ ist kaputt.
die Gardine, -n	la tendina	die ~n zuziehen / neue ~n aufhängen
drinnen	dentro	Er sah zum Fenster hinein, konnte aber ~ nichts erkennen.

1 auf sein: ist auf – war auf – ist auf gewesen

2 schließen: schließt – schloss – hat geschlossen

3 hereinkommen: kommt herein – kam herein – ist hereingekommen

4 verlassen: ich verlasse, er verlässt – verließ – hat verlassen

Wohnung 42

die Wohnung, -en	l'appartamento	die 2-Zimmer-~ / die Miet~
der Gang, ¨-e	il corridoio	der lange ~ / der ~ zum Badezimmer
das Zimmer, -	la stanza	das Wohn~ / das Kinder~ / ein ~ mit Dusche und Kochnische
der Raum, ¨-e	il locale, il vano, la stanza	ein großer ~
die Halle, -n	il salone, la sala	die Eingangs~ / die Turn~
der Fußboden, ¨-	il pavimento	den ~ fegen
der Teppich, -e	il tappeto	der wertvolle ~ / der Perser~
die Decke, -n	il soffitto	die Zimmer~ / die hohe ~
die Wand, ¨-e	la parete	die vier ¨-e / Bilder an die ~ hängen
die Ecke, -n	l'angolo	Das Regal steht in der ~.
die Tapete, -n	la carta da parati	die bunte ~ / neue ~n ankleben
einrichten	arredare	die Wohnung ~ / sich schön ~
gemütlich	accogliente	eine ~e Wohnung / sich ~ einrichten / ≠ un~
das Zuhause	la propria casa	mein ~

Möbel 43

das Möbel, -	il mobile	das ~stück / moderne ~ / die Stil~
der Tisch, -e	il tavolo	am ~ sitzen / der runde ~ / der Schreib~
der Hocker, -	lo sgabello	der Bar~ / auf einem ~ sitzen
der Stuhl, ¨-e	la sedia	auf dem ~ sitzen / der Küchen~
der Sessel, -	la poltrona	der bequeme ~
die Couch [kautʃ], **-s**	il divano	auf der ~ sitzen / der ~tisch
das Kissen, -	il cuscino	das weiche ~ / das Kopf~
die Bank, ¨-e	la panca	die Küchen~ / die Ofen~ / die Park~
der Sitz, -e	il sedile	der Vorder~ im Auto / der Rück~

der Platz, ¨-e	il posto	~ nehmen / der Sitz~ / Ist dieser ~ noch frei?
sich hinsetzen	sedersi, prender posto	sich einen Moment ~
(sich) setzen	sedersi	sich auf den Stuhl ~ / sich in den Sessel ~
sitzen[1]	essere seduto	auf dem Stuhl ~ / bequem ~
bequem	comodo	es sich ~ machen / ein ~er Sessel
aufstehen[2]	alzarsi	~ und sich verabschieden
stehen[2]	stare (in piedi)	vor der Tür ~ / am Fenster ~
der Schrank, ¨-e	l'armadio	der Wohnzimmer~ / der Kleider~
der Kasten, ¨ (süddt.)	l'armadio, il cassone	
das Regal, -e	lo scaffale	das Bücher~ / ein ~ aufstellen
möbliert	arredato	das ~e Zimmer

1 sitzen: sitzt – saß – hat gesessen

2 aufstehen: steht auf – stand auf – ist aufgestanden

44 Heizung

▼ 156 Kaltes Wetter

die Heizung, -en	il riscaldamento	die Zentral~ / die Gas~ / die Öl~
der Ofen, ¨	la stufa	die ~heizung / am ~ sitzen
der Schornstein, -e	il camino	Der ~ raucht. / der ~feger
heizen	riscaldare	die Wohnung ~ / mit Öl ~
warm	caldo	das Zimmer ~ machen / Es ist ~.
die Wärme	il caldo, il calore	eine angenehme ~
die Klimaanlage, -n	l'aria condizionata	die ~ einschalten
kalt	freddo	Es ist ~. / Mir ist ~. / sehr ~ / ~e Füße
frieren[1]	aver freddo	an den Füßen ~ / er~

1 frieren: friert – fror – hat gefroren

45 Haushalt

▲ 24 Küche ▲ 36 Waschen

der Haushalt, -e	l'andamento domestico, il governo della casa	die ~s·geräte / den ~ führen
die Hausfrau, -en	la casalinga	eine gute ~
schmutzig	sporco	Der Teppich ist ~. / etw. ~ machen
der Staub	la polvere	mit dem ~tuch ~ wischen
sauber machen	pulire	die Wohnung ~ ~ / das Badezimmer ~~
putzen	pulire	die Fenster ~
wischen	pulire (con un panno)	den Fußboden ~ / den Tisch ab~
der Besen, -	la scopa	mit dem ~ fegen / der ~stiel

fegen	scopare	die Küche aus~
sauber	pulito	Die Wohnung ist ~. / die Küche ~ machen
der Müll	le immondizie	der ~eimer / etw. in den ~ werfen
der Abfall, ¨-e	i rifiuti	den ~ in die Mülltonne werfen
der Mülleimer, -	il bidone/ secchio delle immondizie	Abfälle in den ~ werfen
durcheinander	in disordine	Alles liegt ~.
aufräumen	mettere in ordine	das Zimmer ~ / den Schreibtisch ~
ordentlich	ordinato, in ordine	~ sein / Alles ist ~.
die Ordnung	l'ordine	~ halten / ~ machen / die ~s·liebe
ordnen	sistemare, ordinare	die Papiere ~ / die Wäsche ~

Hausbau 46

der Architekt, -en	l'architetto	Der ~ plant das Haus.
der Grundriss, -e	la pianta (disegno)	der ~ des Hauses
der Bau, die Bauten	la costruzione	mit dem ~ beginnen / die ~stelle / der ~herr / der ~arbeiter / ein ~ aus den 70er Jahren
bauen	costruire	ein Haus ~ / das alte Haus um~
die Mauer, -n	il muro	die dicke ~
der Beton [be'tɔŋ]	il calcestruzzo	eine Mauer aus ~
der Ziegel, -	il mattone	die ~steine / die Dach~

Mieter 47

das Mietshaus, ¨-er	la casa d'affitto	ein großes ~ / in einem ~ wohnen
der Makler, -	l'agente immobiliare	die Wohnung über einen ~ bekommen
die Vermittlungsgebühr, -en	la commissione per la mediazione	Der Makler verlangt eine hohe ~.
vermieten	dare in affitto	eine Wohnung ~ / „Haus zu ~"
der Vermieter,-	il locatore	mit dem ~ sprechen
der Mieter, -	l'inquilino, il locatario	alle ~ des Hauses // die Mieterin
der Bewohner, -	l'abitante, l'inquilino	der Haus~ / die Mit~ grüßen
mieten	prendere in affitto	eine Wohnung ~ und beziehen

der Mietvertrag, ¨-e	il contratto d'affitto	einen ~ abschließen / den ~ kündigen
die Miete, -n	l'affitto	„Wie hoch ist die ~?" / die ~ bezahlen
wohnen	abitare	in Köln ~ / im Hochhaus ~
der Nachbar, -n	il vicino	ein freundlicher ~ // die Nachbarin
einziehen[1]	andare ad abitare	in die Wohnung ~
ausziehen[1]	lasciare l'appartamento	aus der Wohnung ~
umziehen[1]	traslocare	nach München ~ / in eine Neubauwohnung ~
der Umzug, ¨-e	il trasloco	der ~ nach Hannover
die Unterkunft, ¨-e	l'alloggio	eine ~ finden / jdm. ~ gewähren

1 einziehen: zieht ein – zog ein – ist eingezogen

48 Brand, Feuerwehr

der Brand, ¨-e	l'incendio	in ~ geraten / den ~ löschen
brennen[1]	bruciare	Das Feuer brennt. / Das Haus brennt.
das Feuer, -	il fuoco	das ~ löschen / Das ~ vernichtete viele Häuser.
der Rauch	il fumo	die ~wolke / Der ~ steigt auf.
die Feuerwehr, -en	i pompieri	die ~ alarmieren / der ~mann
löschen	spegnere	das Feuer ~ / den Brand ~

1 brennen: brennt – brannte – hat gebrannt

TEST

1 Ergänzen Sie.

1. Köln hat 1 Million Einwohner; Köln ist eine ______________, Wiesbach hat nur 1 000 Einwohner; Wiesbach ist ein ______________. 2. Im Kaufhaus braucht man keine Treppen zu steigen; man benutzt entweder den ______________ oder die ______________. 3. Der Teppich liegt auf dem ______________; die Lampe hängt an der ______________; die Tapeten kleben an der ______________. 4. Der Rauch kommt aus dem ______________.

5. Wenn die Heizung an ist, ist das Zimmer _____________. 6. In einem kalten Zimmer wird man bald _____________.

❷ Definitionen

1. Haus mit Wohnungen: _____________ 2. Geld, das der Mieter jeden Monat an den Hauseigentümer bezahlt: _____________ 3. Heller, durchsichtiger Stoff vor den Fenstern: _____________ 4. Buntes Papier an den Wänden: _____________ 5. Teppiche in die neue Wohnung legen, Tapeten ankleben, Möbel aufstellen: _____________ 6. In eine andere Wohnung ziehen: _____________ 7. Leute, die in der Nebenwohnung wohnen: _____________

❸ Gegensätze

1. der Eingang: der _____________ 2. sich hinsetzen: _____________

3. warm: _____________ 4. schmutzig machen: _____________

5. aufmachen: _____________ 6. draußen: _____________

7. einziehen: _____________

❹ Plurale

1. eine Stadt, zwei _____________	5. ein Raum, zwei _____________
2. ein Dorf, zwei _____________	6. ein Stuhl, zwei _____________
3. ein Haus, zwei _____________	7. ein Schrank, zwei _____________
4. ein Hof, zwei _____________	8. ein Ofen, zwei _____________

Seelischer und geistiger Bereich, Gefühle
Sfera psichica e spirituale, sentimenti

49 Charakter

der Charakter [ka'raktɐ]	il carattere, l'indole	der ~ eines Menschen / einen guten ~ haben
die Eigenschaft, -en	la qualità	eine Charakter~ / eine gute ~
die Gewohnheit, -en	l'abitudine	etw. aus ~ tun / eine ~ haben
(sich) gewöhnen	abituarsi	sich an etw. ~ / gewöhnt sein etw. zu tun
das Gefühl, -e	il sentimento, la sensazione	seine ~e zeigen / ein gutes ~ / das ~ haben, dass etw. passieren wird
fühlen	sentire, provare	einen Schmerz ~ / sich glücklich ~ / sich schlecht ~
die Stimmung, -en	lo stato d'animo	in guter ~ sein / die schlechte ~
die Laune	l'umore	die gute ~ / schlechte ~ haben / Sie ist heute guter ~.
die Psychologie	la psicologia	~ studieren

50 Angenehme Gefühle

▼ 94 Liebe ▼ 120 Erfolg ▼ 179 Hoffnung

angenehm	piacevole	~e Reise! / ein ~er Mensch
das Glück	la fortuna, la felicità	jdm. ~ wünschen / zum ~ / das ~s·gefühl
glücklich	felice	~ sein / jdn. ~ machen / „Ein ~es neues Jahr!" / ≠ un~
froh	felice	Ich bin ~ darüber. / ein ~es Ereignis
zufrieden	contento, soddisfatto	~ sein / Ich bin damit ~. / einen ~en Eindruck machen
wohl	bene	sich ~ fühlen / ~tätig
das Wohl	il bene, il benessere, la salute	das ~ der Familie / „Zum ~e!"
sich freuen	essere contento di, aver piacere per	sich über die Geschenke ~ / sich auf die Ferien ~ / Es freut ihn, dass ...
die Freude, -n	la gioia	eine große ~ / jdm. eine ~ machen / Das macht mir ~.
sich amüsieren	divertirsi	sich gut ~ / sich auf dem Fest ~
fröhlich	allegro	ein ~es Kind / ~ singen / ~ sein
der Humor	l'umore	Sinn für ~ haben / viel ~ haben
lächeln	sorridere	freundlich ~ / jdm. zu~ / ironisch ~ / ~d grüßen / über jdn. ~
lustig	allegro, divertente	~ sein / sich über jdn. ~ machen / ein ~er Clown

lachen	ridere	laut ~ / über etw. ~ / sich tot~ über etw. / über jdn. ~
das Vergnügen	il piacere, il divertimento	Das bereitet mir ~. / „Viel ~!“
der Spaß, ¨-e	lo scherzo, il divertimento	einen ~ machen / Das Spiel macht ~. / „Viel ~!“ / Das macht mir ~.
der Witz, -e	la barzelletta	einen ~ erzählen / über einen ~ lachen
komisch	comico, strano	ein ~er Einfall / ein ~er Kerl
albern	sciocco	ein ~es Mädchen / sehr ~ sein
lächerlich	ridicolo	sich ~ machen / Das finde ich ~.

Unangenehme Gefühle ▼ 86 Tod ▼ 96 Streiten ▼ 120 Misserfolg 51

enttäuschen	deludere	jdn. ~ / von etw. enttäuscht sein / eine ~de Erfahrung
das Unglück	l'incidente, la sfortuna	ein großes ~ / Bei einem Zug~ kamen zwei Menschen ums Leben.
das Pech	la sfortuna	~ haben / der ~vogel
die Sorge, -n	la preoccupazione	~n haben / sich ~n um die Zukunft machen / jdm. ~n machen
sorgen	preoccuparsi, pensare, far sì	sich um jdn. ~ / sich um die Kinder ~ / für jdn. ~ / dafür ~, dass alles klappt
ernst	serio	ein ~es Gesicht machen / ein ~es Problem / etw. ~ nehmen
traurig	triste	~ sein / ein ~es Gesicht machen / ~ aussehen / eine ~e Nachricht
weinen	piangere	~ müssen / um jdn. ~ / jdn. be~
die Träne, -n	la lacrima	~n in den Augen haben / die ~n fließen / sich die ~n abwischen
klagen	lamentar(si)	jdm. sein Leid ~ / Die Patientin klagt über Schmerzen.
ach!	oh!	„~ Gott!“ / „~, das tut mir leid!“
schade	peccato	es ist ~ / „~, dass sie nicht kommt!“
bedauern	essere spiacente di, compatire	etw. ~ / jdn. ~ / „Du bist zu ~ !“
trösten	consolare	jdn. ~ wollen / das weinende Kind ~
die Verzweiflung	la disperazione	etw. aus ~ tun / jdn. zur ~ bringen

Gefahr ▼ 107 Krieg ▼ 109 Polizei 52

die Gefahr, -en	il pericolo	sich in ~ bringen / außer ~ sein / Sein Vorhaben ist in ~. / in Lebens~ sein / etw. auf eigene ~ tun
gefährlich	pericoloso	sehr ~ / Das ist mir zu ~. / ein ~es Abenteuer
die Lebensgefahr	il pericolo di morte	sich in ~ bringen / in ~ sein

der Alarm, -e	l'allarme	~ auslösen / den ~ hören
schlimm	brutto, grave	Die Wunde sieht ~ aus. / Das ist ~.
das Risiko, Risiken	il rischio	Das ~ ist zu groß. / das ~ auf sich nehmen / jedes ~ vermeiden
drohen	minacciare	jdm. ~ / mit Strafe ~ / sich bedroht fühlen
das Opfer, -	la vittima	den ~n helfen / viele ~ sind zu beklagen
warnen	avvertire	jdn. vor einer Gefahr ~ / „Ich möchte Sie ~!"
Achtung!	attenzione!	„~, Lebensgefahr!" / „~, fertig, los!"
aufpassen	fare attenzione	„Pass auf!" / „Du sollst ~!" / auf die Kinder ~ / beim Radfahren gut ~
vorsichtig	prudente	~ sein / ~ fahren / ≠ un~
die Vorsicht	la prudenza	~s·maßnahmen treffen / ~! Die Straße ist glatt.
der Notruf, -e	la chiamata d'emergenza, il pronto intervento	Der ~ hat die Nummer 110.
der Notausgang, ¨-e	l'uscita di sicurezza	Wo ist hier der ~?
die Hilfe	l'aiuto, il soccorso	um ~ rufen / „~!" / die ~leistung / erste ~ leisten
retten	salvare	jdn. aus Lebensgefahr ~ / sich ~
die Rettung, -en	il salvataggio	das ~s·boot
schützen	proteggere	sich vor Kälte ~ / jdn. be~
der Schutz	la protezione	~ suchen / ~ finden / die ~farbe
sicher	sicuro	~ sein / sich ~ sein / ~ fahren /der ~ste Weg zum Erfolg / ≠ un~
die Sicherheit	la sicurezza	sich in ~ bringen / in ~ sein / ≠ die Un~
sichern	mettere al sicuro, proteggere, chiudere	sich ~ / die Tür ~

53 Angst, Mut

die Angst, ¨-e	la paura	vor etw. ~ haben / vor ~ zittern / „Du brauchst keine ~ zu haben!"
ängstlich	pauroso	~ sein / sich ~ verstecken / ein ~es Kind
(sich) fürchten	temere, aver paura	sich vor etw. ~ / Er fürchtet, dass er zu spät kommt.
unheimlich	inquietante, sospetto	das ist mir ~
furchtbar	terribile	ein ~es Unglück / Das ist ~. / Das ist ~ traurig.

schrecklich	terribile	eine ~e Nachricht / eine ~e Katastrophe
der Schreck, -en	lo spavento	einen ~ bekommen / vor ~
erschrecken	spaventare	jdn. ~ / „Du hast mich erschreckt!“
zittern	tremare	vor Angst ~ / Die Hände ~ ihm.
der Feigling, -e	il vigliacco	Er ist ein ~. / sich wie ein ~ benehmen
wagen	osare, rischiare	etw. ~ / zu viel ~
aufs Spiel setzen	rischiare	sein Leben ~ ~ ~
das Selbstvertrauen	la fiducia in se stessi	das nötige ~ haben / kein ~ haben
mutig	coraggioso	~ sein / eine ~e Tat
der Mut	il coraggio	~ zeigen / ~ haben / jdm. ~ machen
tapfer	forte, coraggioso, valoroso, eroico	~ sein / die Krankheit ~ ertragen

TEST

1 Welche Wörter passen zusammen?

vorsichtig, weinen, sich freuen, ängstlich

1. lachen: ______________ 2. Gefahr: ______________

3. Tränen: ______________ 4. Feigling: ______________

2 Gegensätze

1. Gute Laune: ______________ 2. Glück: ______________ 3. zufrieden: ______________ 4. lachen: ______________ 5. glücklich: ______________

6. ängstlich: ______________ 7. vorsichtig: ______________

8. Gefahr: ______________ 9. tapfer sein: ein ______________ sein.

3 Definitionen

1. Übertrieben lustig: ______________ 2. Übertrieben mutig: ______________

3. Sehr lachen: sich ______________ 4. Nur wenig lachen: ______________

5. Eine kurze Geschichte zum Lachen: ______________ 6. Viel Spaß haben: sich ______________ 7. Die größte Gefahr für einen Menschen: ______________

Ethik, Religion
Etica, religione

54 Ethik, Moral

▼ 91 Gutes Benehmen ▼ 94 Liebe ▼ 108 Verbrechen ▼ 119 Helfen, schaden

die Ethik	l'etica	die christliche ~
die Moral	la morale	die christliche ~ / die strenge ~
das Gewissen	la coscienza	ein gutes ~ haben / ein schlechtes ~ / ein ruhiges ~ / ~s-bisse haben
die Pflicht, -en	il dovere	seine ~ erfüllen / Das ist meine ~. / das ~bewusstsein
gut/besser/der beste	buono/ migliore/ il migliore	eine ~e Tat / ein ~er Mensch / ~mütig sein
edel	nobile, nobile d'animo	ein edler Mensch / das ist ~
menschlich	umano	sich ~ zeigen / irren ist ~ / ≠ un~
das Mitleid	la compassione	~ haben mit jdm. / ~ zeigen
tolerant	tollerante	~ sein / ~ gegenüber jdm. / ≠ in~
schlecht	cattivo, brutto	in ~er Gesellschaft sein / Das finde ich ~.
böse	cattivo, malvagio	eine ~e Tat
die Schuld	la colpa	Das ist meine ~. / jdm. die ~ geben / die ~ auf sich nehmen / das ~gefühl / schuld sein / Schuld haben
bereuen	pentirsi, rimpiangere	eine Sünde ~ / die böse Tat ~ / bitter ~

55 Religion

die Religion, -en	la religione	die christliche ~ / der ~s-unterricht
christlich ['krɪstlɪç]	cristiano	der ~e Glaube / die ~e Nächstenliebe
das Christentum	il cristianesimo	das ~ ist über 2000 Jahre alt
fromm	religioso, pio	ein ~er Christ / ein ~er Mensch
glauben	credere	an Gott ~ / an das Gute im Menschen ~
die Bibel, -n	la Bibbia	in der ~ lesen / eine ~stelle zitieren
der Gott, ¨er	Dio	der liebe ~ / „~ sei Dank!"
heilig	santo	die ~e Messe / der ~e Georg
die Seele, -n	l'anima	die unsterbliche ~ / ein Herz und eine ~
die Sünde, -n	il peccato	eine ~ begehen / seine ~n beichten
der Himmel, -	il cielo, il paradiso	in den ~ kommen
die Hölle, -n	l'inferno	in die ~ kommen
der Teufel, -	il diavolo	ein Werk des ~s
der Hinduismus	l'induismo	

der Buddhismus	il buddismo	
der Islam	l'Islam	
der Koran	il Corano	den ~ lesen
das Judentum	il giudaismo, l'ebraismo	

Kirche 56

die Kirche, -n	la chiesa	die christliche ~ / eine ~ aus dem 18. Jahrhundert / eine barocke ~
die Konfession, -en	la religione	„Welcher ~ gehören Sie an?"
evangelisch	evangelico, protestante	~ sein
reformiert	riformato	die ~e Kirche
protestantisch	protestante	katholische und ~e Christen
katholisch	cattolico	~ sein / die ~e Kirche
der Pfarrer, -	il parroco	der Gemeinde~ / mit dem ~ sprechen
der Priester, -	il sacerdote	der katholische ~ / ein guter ~ sein
der Dom, -e	il duomo	der Kölner ~ / der gotische ~
die Glocke, -n	la campana	die ~n läuten / die Kirchen~n
der Gottesdienst, -e	la funzione religiosa	den ~ besuchen
die Messe, -n	la messa	die heilige ~ / zur ~ gehen
das Gebet, -e	la preghiera	ein ~ sprechen / das Abend~
beten	pregare	zu Gott ~ / das Vaterunser ~
der Feiertag, -e	il giorno festivo	der kirchliche ~ / die Weihnachts~e
Weihnachten	il Natale	sich auf ~ freuen / „Fröhliche ~ !"
der Karneval	il carnevale	der ~s·verein
der Fasching	il carnevale	der ~s·umzug
der Karfreitag	il venerdì santo	der ~s·gottesdienst
Ostern	la Pasqua	die Osterferien / das Osterei / der Osterhase
Pfingsten	la Pentecoste	Bald ist ~.

TEST

1 Definitionen

1. Christentum, Islam, Buddhismus sind ______________. 2. Ein Vergehen gegen Gottes Gebote: ______________ 3. Großes Gebäude für den Gottesdienst: ______________ 4. Sehr große Kirche: ______________ 5. Der katholische Gottesdienst: ______________ 6. Der Ort, wo der Teufel ist: ______________

7. Jemand, der auch andere Religionen achtet, ist ______________. 8. Jemand, der an Gott glaubt, ist ______________. 9. Jemand, der viele gute Eigenschaften hat, ist ______________.

❷ Kirchliche Feiertage

1. 25. Dezember: ______________ 2. Der Tag, an dem Christus gekreuzigt wurde: ______________ 3. Der Tag der Auferstehung Christi: ______________ 4. Das Fest 50 Tage nach Ostern: ______________

❸ Gegensätze

1. gut: ______________ 2. menschlich: ______________ 3. tolerant: __________ 4. eine gute Tat: ______________ 5. evangelisch: ______________

❹ Wortpyramide

1. nicht böse
2. der Herr der Welt
3. an Gott gerichtete Worte
4. hängt im Kirchturm
5. für wahr halten
6. innere Stimme, die mir sagt, was gut und böse ist

1	G							
2	G							
3	G							
4	G							
5	G							
6	G							

Wille
Volontà

Entschluss ▼ 179 Zukunft 57

die Möglichkeit, -en	la possibilità	viele ~en haben / Es gibt nur zwei ~en.
entweder ... oder ...	o ... o ...	~ heute ~ morgen / ~ er ~ ich
alternativ	alternativo	~e Vorschläge prüfen
ankommen[1] auf	dipendere da	Es kommt darauf an.
vorziehen[2]	preferire	die eine Möglichkeit ~
ausschließen[3]	escludere	eine Möglichkeit ~ / Das ist völlig ausgeschlossen.
wählen	scegliere	zwischen zwei Möglichkeiten ~ / Ich wähle dieses Kleid.
die Entscheidung, -en	la decisione	eine ~ treffen
entscheiden[4]	decidere	alleine ~ / sich für etw. ~ / sich gegen etw. ~ / sich endlich ~ / ein ~des Argument
sich entschließen[5]	decidersi	sich zu etw. ~
beschließen[5]	decidere	~ etw. zu tun / über etw. ~ / Maßnahmen ~ / Wir haben beschlossen, dass ...
der Entschluss, ¨-e	la decisione	einen ~ fassen / ein schwieriger ~
die Absicht, -en	l'intenzione	Das ist meine ~. / etw. mit ~ tun
der Wille	la volontà	mein fester ~ / der freie ~ / der gute ~ / seinen ~n durchsetzen
wollen[6]	volere	helfen ~ / „Wie Sie ~!" / Lehrerin werden ~
vorhaben[7]	avere in programma	etw. ~ / „Was haben Sie heute vor?"
entschlossen sein	essere deciso	fest ~ ~, etw. zu tun
der Plan, ¨-e	il piano, il progetto	einen ~ haben / einen ~ ausführen
das Projekt, -e	il progetto	an einem ~ arbeiten / ein neues ~
planen	pianificare, programmare	die Arbeit ~ / eine Reise ~
die Lust	la voglia	~ haben etw. zu tun / Ich hätte ~ dazu.
der Zweck, -e	lo scopo	„Zu welchem ~?" / Es hat keinen ~. / einem ~ dienen
damit	con questo, con ciò, affinché	~ verließ er das Zimmer / „Schließe die Fenster, ~ es nicht zieht!"
um zu	per (+ infinito)	viel arbeiten, um Geld zu verdienen
sowieso	in ogni caso	ich gehe ~ noch zur Post

1 ankommen: kommt an – kam an – ist angekommen
2 vorziehen: zieht vor – zog vor – hat vorgezogen
3 ausschließen: schließt aus – schloss aus – hat ausgeschlossen
4 entscheiden: entscheidet – entschied – hat entschieden
5 sich entschließen: entschließt sich – entschloss sich – hat sich entschlossen
6 wollen: will – wollte – hat gewollt
7 vorhaben: hat vor – hatte vor – hat vorgehabt

58 Bitte, Befehl

▼ 105 Militär ▼ 116 Arbeitgeber

sich wenden an	rivolgersi	sich mit einer Bitte an jdn. wenden
beraten[1]	consigliare	sich vom Fachmann ~ lassen / den Kunden gut ~ / gut ~ werden
der Rat (Ratschläge)	il consiglio	jdn. um ~ fragen / jdm. einen ~ geben / den ~ befolgen
der Vorschlag, ¨-e	la proposta	ein guter ~ / jdm. einen ~ machen / den ~ annehmen
vorschlagen[2]	proporre	jdm. etw. ~ / „Was schlägst du vor?"
überreden	convincere	jdn. zu etw. ~ / sich ~ lassen
beeinflussen	influenzare	jdn. ~ / sich ~ lassen / Die Technik beeinflusst den Menschen.
der Einfluss, ¨-e	l'influsso	einen großen ~ haben / ~ ausüben
bitten	pregare, chiedere (per ottenere)	jdn. um etw. ~
die Bitte, -n	la richiesta, il desiderio	eine ~ haben / eine ~ aussprechen / eine ~ erfüllen / eine ~ abschlagen
lassen[3]	lasciare, fare	jdn. rufen ~ / jdn. zu etw. veran~ / „Lass das Rauchen!"
sollen	dovere	Sie soll kommen. / „Was soll ich machen?" / „Soll ich?" / Das soll bis nächste Woche fertig sein? / Du solltest lieber hingehen.
beauftragen	incaricare	jdn. mit etw. ~
die Anordnung, -en	l'ordine, la disposizione	eine ~ des Chefs
die Anweisung, -en	l'ordine, le istruzioni	jdm. ~en geben / die ~ befolgen
auffordern	ordinare, intimare	jdn. zu etw. ~ / aufgefordert werden
die Aufforderung, -en	l'ordine, l'intimazione	eine ~ der Polizei / einer ~ nachkommen / sich einer ~ widersetzen
verlangen	pretendere	etw. energisch ~ / Ich verlange, dass … / am Telefon verlangt werden
möglichst	il più … possibile	~ bald / ~ schnell / Wir brauchen ein Zimmer, ~ mit eigener Dusche.
dringend	urgente	Das muss ~ geschehen. / jdn. ~ sprechen wollen

bestimmen	decidere, fissare	alles allein ~ / einen Termin ~
der Befehl, -e	l'ordine, il comando	einen ~ geben / den ~ ausführen
zwingen[4]	costringere, obbligare	jdn. zu etw. ~ / jdn. ~ etwas zu tun

1 beraten: ich berate, er berät – beriet – hat beraten

2 vorschlagen: ich schlage vor, er schlägt vor – schlug vor – hat vorgeschlagen

3 lassen: ich lasse, er lässt – ließ – hat gelassen

4 zwingen: zwingt – zwang – hat gezwungen

Zustimmung, Gehorsam ▼ 73 Bejahung 59

die Zustimmung, -en	il consenso	seine ~ geben / die ~ haben
einverstanden	d'accordo	„~!" / Ich bin mit allem ~.
nicken	fare cenno, annuire	mit dem Kopf ~
abmachen	concordare	einen Termin ~ / „Abgemacht!"
positiv	positivo	eine ~e Antwort / ~ reagieren
dafür	in favore	ich bin ~ / sich ~ aussprechen
meinetwegen	per quanto mi riguarda	„~, ich habe nichts dagegen."
die Erlaubnis	il permesso	um ~ bitten / die ~ geben / die ~ bekommen / die ~ haben
die Genehmigung, -en	l'autorizzazione	die ~ beantragen / die ~ erhalten
genehmigen	accogliere, accettare	einen Antrag ~
erlauben	permettere	jdm. etw. ~ / ~ etw. zu tun
möglich	possibile	das ist schon ~ / es wäre ~ / ≠ un~
lassen[1]	lasciare, fare, permettere, accettare	jdn. hereinkommen ~ / Das kann ich nicht zu~. / keinen Widerspruch zu~ / sich nichts gefallen ~ / Die Sache lässt sich regeln.
dürfen[2]	potere (chiedere il permesso)	„Darf ich hereinkommen?"
gern/lieber/am liebsten	volentieri/ più volentieri/ più di tutto	„Ich trinke lieber Wasser." / etw. am liebsten tun / ≠ ungern
prima	fantastico	Das ist ~! / Das finde ich ~.
brauchen	aver bisogno di	nichts mehr zu tun ~
müssen[3]	dovere	arbeiten ~ / sich beeilen ~ / Das muss sein.
gehorchen	obbedire	dem Befehl ~ / jdm. ohne Widerspruch ~

1 lassen: ich lasse, er lässt – ließ – hat gelassen

2 dürfen: darf – durfte – hat gedurft

3 müssen: muss – musste – hat gemusst

dagegen	contrario	ich bin ~ / etw. ~ haben / ~ stimmen
das Bedenken, -	la perplessità	ich habe ~ / ~ äußern
zögern	esitare	mit etw. ~ / noch ~ / ohne zu ~
negativ	negativo	ein ~er Bescheid / ~ reagieren
ablehnen	rifiutare	einen Vorschlag ~ / die Verantwortung ~ / einen Antrag ~ / es ~, etwas zu tun
die Ablehnung, -en	il rifiuto	auf ~ stoßen / die ~ des Vorschlags
protestieren	protestare	gegen etw. ~ / heftig ~
der Protest, -e	la protesta	~ einlegen / die ~versammlung
die Demonstration, -en	la manifestazione	eine ~ für oder gegen etw. organisieren / eine ~ findet statt
der Widerstand, ¨-e	la resistenza	~ leisten / ~ gegen die Staatsgewalt
sich weigern	rifiutarsi	sich ~, etwas Unrechtes zu tun / ich weigere mich entschieden
das Verbot, -e	il divieto	ein ~, aussprechen / ein ~ beachten
verbieten[1]	proibire	jdm. etw. ~ / streng verboten
unmöglich	impossibile	„Das ist leider ganz ~!"
verhindern	impedire	einen Streit ~ / das Unglück ~
der Kompromiss, -e	il compromesso	einen ~ suchen / der ~vorschlag / einen ~ finden

1 verbieten: verbietet – verbot – hat verboten

TEST

1 Ordnen Sie die folgenden Wörter.

(Beginnen Sie mit dem schwächsten Begriff und enden Sie mit dem stärksten.)

1. Bitte, Aufforderung, Vorschlag, Befehl, Rat:

_______________, _______________, _______________, _______________, _______________

2. Protest, Ablehnung, Widerstand, Bedenken:

_______________, _______________, _______________, _______________

2 Gegensätze

1. dafür sein: _______________ sein. 2. die Ablehnung: _______________

3. zustimmen: _______________ 4. das Verbot: _______________

5. verbieten: _______________

3 Welches Substantiv gehört zu den Verben?

1. wollen: der _______________ 2. planen: der _______________

3. beraten: die _______________ 4. befehlen: der _______________

5. bitten: die _______________ 6. auffordern: die _______________

7. beeinflussen: die _______________ 8. erlauben: die _______________

9. ablehnen: die _______________ 10. protestieren: der _______________

11. verbieten: das _______________ 12. entscheiden: die _______________

13. vorschlagen: der _______________ 14. genehmigen: die _______________

Denken
Pensiero

61 Geist

der Geist, -er	l'intelletto, la mente, lo spirito	der menschliche ~
die Vernunft	la ragione	die kritische ~
vernünftig	ragionevole	„Sei doch ~!"
der Verstand	l'intelligenza, la mente	einen klaren ~ haben / der scharfe ~
intelligent	intelligente	~ sein / jdn. für ~ halten
klug	intelligente	~ sein / sich ~ verhalten / ein ~er Schüler / Es wäre ~, dies nicht zu tun.
dumm	stupido	eine ~e Antwort geben / ein ~er Schüler / eine ganz ~e Sache / „Es war ~, das zu tun." / „Jetzt wird mir das aber doch zu ~!"
die Phantasie, -n	la fantasia	eine lebhafte ~ haben / mit viel ~
(sich) vorstellen	immaginar(si)	sich etw. ~ / „Das kann ich mir nicht ~."
die Vorstellung, -en	l'idea	sich von etw. eine klare ~ machen
die Illusion, -en	l'illusione	sich ~en machen
die Wirklichkeit	la realtà	die ~ sehen / in ~
wirklich	reale	das ~e Leben / Deine Idee ist ~ die beste.
der Einfall, ¨-e	l'idea, l'ispirazione	einen guten ~ haben
die Idee, -n	l'idea	„Ich habe eine ~!" / Das war keine gute ~.
einfallen[1]	venire in mente	Mir ist etwas eingefallen.
der Gedanke, -n	il pensiero	einen ~ fassen / ein guter ~ / seine ~n äußern / in ~n (versunken) sein
denken[2]	pensare	an etw. ~ / logisch ~
nachdenken[2]	riflettere	über den Vorschlag ~ / lange ~
(sich) überlegen	riflettere, meditare, pensarci su	sich etw. lange ~ / Diese Alternative wäre zu ~.
sich konzentrieren	concentrarsi	sich auf seine Arbeit ~
logisch	logico	ein ~er Gedankengang / ≠ un~
kritisch	critico	sich ~ äußern / sehr ~ sein / ≠ un~
die Kritik, -en	la critica	an etw. ~ üben / ~ äußern / Der Film bekam gute ~en.
realistisch	realistico	etw. ~ beurteilen
sachlich	obiettivo	~ argumentieren / ≠ un~
analysieren	analizzare	die Situation ~ / die Einzelheiten ~
trennen	distinguere, separare	die Begriffe ~ / Das lässt sich nicht ~.

der Philosoph, -en	il filosofo	Kant war ein großer deutscher ~.
der Sinn	il senso, il significato	nach dem ~ fragen / der ~ des Textes
das Sprichwort, ¨-er	il proverbio	ein altes ~ / Wie das ~ sagt: ...

1 einfallen: fällt ein – fiel ein – ist eingefallen
2 denken: denkt – dachte – hat gedacht

Aufmerksamkeit, Interesse 62

die Aufmerksamkeit	l'attenzione	um ~ bitten / die ~ auf sich ziehen
aufmerksam	attento, attentamente	~ zuhören / jdn. auf etw. ~ machen / ≠ un~
achten	fare attenzione	auf etw. ~ / auf die Fehler ~
angehen[1]	riguardare	Das geht dich nichts an.
bemerken	notare	etw. ~ / nichts ~
beachten	rispettare, osservare	den Hinweis ~ / jede Kleinigkeit ~
neugierig	curioso	Ich bin ~. / ein ~er Blick
das Interesse, -n	l'interesse	lebhaftes ~ zeigen / großes ~ / wenig ~ finden / Das ist ohne ~ für mich. / Sie hat viele ~n.
interessieren	interessare	sich für etw. ~ / Das Buch interessiert mich sehr. / an etw. interessiert sein
interessant	interessante	ein ~es Buch / Ich finde das sehr ~. /Das ist ja hoch~. / ≠ un~
auffällig	vistoso	Es ist sehr ~. / ≠ un~
wichtig	importante	sehr ~ sein / eine ~e Frage / ≠ un~
wesentlich	essenziale	der ~e Unterschied / Das ist ~ besser. / ≠ un~
Haupt-	principale	Die ~sache ist, dass ... / das ~problem
merkwürdig	strano, singolare	ein ~er Mensch / eine ~e Geschichte / Das finde ich sehr ~.
seltsam	strano	seine Stimme klingt ~
originell	originale	ein ~er Einfall / ein ~er Vorschlag
unbedeutend	irrilevante	eine ~e Einzelheit
nebenbei	extra, in più, fra l'altro, per inciso	etw. ~ machen / ~ gesagt / ~ bemerkt
die Nebensache, -n	la cosa irrilevante, la questione marginale	sich mit ~n aufhalten / „Das ist ~."
langweilig	noioso	~ sein / ein ~er Film
egal	indifferente	Mir ist das ~. / völlig ~

1 angehen: geht an – ging an – ist angegangen

63 Meinung

das Problem, -e	il problema	Ich habe ein ~. / das ~ lösen
die Schwierigkeit, -en	la difficoltà	mit ~en rechnen / ~en machen / die ~en überwinden
schwierig	difficile	eine ~e Aufgabe / ein ~es Problem
kompliziert	complicato	eine ~e Frage / eine ~e Aufgabe / ≠ un~
einfach	semplice	eine ~e Erklärung finden / Das ist ganz ~.
leicht	facile	eine ~e Frage / Das Problem ist ~ zu lösen. / eine ~e Operation / ~e Arbeiten
die Lösung, -en	la soluzione	nach einer ~ suchen / eine ~ finden
lösen	risolvere	das Problem ~ / das Rätsel ~
die Meinung, -en	l'opinione	Das ist meine persönliche ~. / seine ~ sagen / seine ~ ändern / Wir sind verschiedener ~. / meiner ~ nach / jdm. deutlich die ~ sagen
die Ansicht, -en	il parere	meiner ~ nach / Ich bin anderer ~. / Er ist der ~, dass...
der Eindruck, ¨e	l'impressione	Mein ~ ist: ... / Ich habe den ~, dass ... / einen guten ~ machen
erscheinen[1]	sembrare	Das Thema erscheint mir schwierig.
die Überzeugung, -en	la convinzione	die eigene ~ / die politische ~ / der ~ sein, dass ...
der Standpunkt, -e	il punto di vista	das ist mein ~ / einen ~ vertreten
grundsätzlich	fondamentalmente, fondamentale, in linea di massima	~ bin ich anderer Meinung. / Das ist von ~er Bedeutung.
glauben	credere	Ich glaube, dass ... / „Das ist kaum zu ~."
meinen	voler dire, essere dell'opinione, dire	Ich meine, dass ... / „Was ~ Sie?" / „Gut!", meinte sie. / Er meint das ganz anders.
finden[2]	trovare	Ich finde das richtig.
vermuten	supporre	etw. ~ / Ich vermute das nur. / Er vermutet, dass ...
annehmen[3]	supporre	Ich nehme einmal an, dass ...
die Vermutung, -en	la supposizione	eine ~ haben / Die ~ ist zutreffend.
behaupten	affermare	etw. ~ / Er behauptet, dass ...
die Behauptung, -en	l'affermazione	Die ~ ist richtig. / eine falsche ~

1 erscheinen: erscheint – erschien – ist erschienen

2 finden: findet – fand – hat gefunden

3 annehmen: ich nehme an, er nimmt an – nahm an – hat angenommen

der Beweis, -e	la dimostrazione, la prova	den ~ liefern / ~e haben
beweisen[1]	dimostrare, provare	die Richtigkeit ~ / die Behauptung ~
der Grund, ¨-e	la ragione, il motivo	die ¨-e nennen / gute ¨-e haben
begründen	motivare, giustificare	den Vorschlag ~ / den Antrag ~
die Begründung, -en	la giustificazione	eine ~ verlangen / die ~ geben
das Argument, -e	l'argomento	ein gutes ~ / die ~e entkräften
warum	perché (interr.)	„~ hast du das getan?" / ~ wohl? / Er sagte nicht, ~ er gehen wollte.
weshalb	perché (interr.)	~ wartest du noch?
wieso	come mai	~? / Ich verstehe nicht, ~ ...
weil	perché (causale)	..., ~ das wahr ist. / ..., ~ ich keine Zeit habe.
denn	perché (causale)	..., ~ es ist wahr. / ..., ~ ich habe keine Zeit.
deshalb	perciò	..., ~ ist sie nicht gekommen.
deswegen	perciò	..., ~ funktioniert das nicht.
daher	perciò	Das kommt ~, dass ...
darum	perciò	..., ~ ist es leider unmöglich.
wegen	a causa di	~ des schlechten Wetters / des Erfolgs ~ etw. tun
zustimmen	approvare, essere d'accordo	einem Vorschlag ~ / jdm. ~
richtig	giusto	Die Behauptung ist ~. / Das ist ~.
das Recht, -e	la ragione	~ haben / „Du hast ~."/ ≠ Un~ haben / jd. ~ geben
stimmen	essere giusto	Es stimmt, dass ... / Das Argument stimmt.
überzeugen	convincere	jdn. ~ können / Ich bin überzeugt, dass ...
berücksichtigen	tener conto di	eine Anmeldung ~
(sich) widersprechen[2]	contraddir(si)	„Da muss ich Ihnen ~ !" / Er widerspricht sich immer.
der Einwand, ¨-e	l'obiezione	ein berechtigter ~
aber	ma, però	Das ist möglich, ~ nicht sicher. / „Das ist ~ schade!" / „~ gern!"
widerlegen	confutare, controbattere	ein Argument ~ / Das ist nicht zu ~.

falsch	falso, sbagliato	eine ~e Aussage / Das ist ~.

1 beweisen: beweist – bewies – hat beweisen
2 widersprechen: ich widerspreche, er widerspricht – widersprach – hat widersprochen

65 Zweifel

▲ 63 Vermutung ▼ 76 Wahrheit sagen, lügen

zweifeln	dubitare	an etw. ~
der Zweifel, -	il dubbio	~ haben / ohne jeden ~
vielleicht	forse	~ gelingt es. / ~ hat sie Glück. / Kommt sie ~ zum Kaffee?
wohl	probabilmente	Es ist ~ schon zu spät.
eventuell	eventuale, eventualmente	Ich komme ~ etwas später.
möglich	possibile	„Das ist schon ~ ." / ≠ un~
scheinen[1]	sembrare	Sie scheint krank zu sein.
dünken (schweiz.)	sembrare, parere	Das dünkt mich falsch.
angeblich	secondo quel che si dice	Sie ist ~ krank. / Er war ~ nicht zu Hause.
der Irrtum, ¨-er	l'errore	Das ist ein ~. / einen ~ zugeben
sich irren	sbagliarsi	Ich habe mich geirrt. / „Sie ~ sich!" / Wenn ich mich nicht irre, sollten wir erst um 5 Uhr kommen.
das Missverständnis, -se	il malinteso	Das ist nur ein ~. / ein ~ aufklären
missverstehen[2]	fraintendere	„Sie haben mich missverstanden."
verwechseln	confondere, scambiare	zwei Dinge ~ / die Briefe ~ / jdn. ~
das Vorurteil, -e	il pregiudizio	~e haben / Das ist nur ein ~. / gegen ~e kämpfen
die Kontrolle, -n	il controllo	eine ~ durchführen
prüfen	controllare, verificare	die Ergebnisse ~ / etw. über~ / nach~
feststellen	constatare	einen Irrtum ~ / nichts ~ können / Stelle bitte die neue Adresse fest. / Ich möchte ~, dass dies für mich auf keinen Fall in Frage kommt.
wahrscheinlich	probabilmente	Er kommt ~ noch. / ≠ un~
gewiss	certo, certamente	Sie kommt ganz ~. / ≠ un~
tatsächlich	in effetti, veramente	Es ist ~ so. / Ich habe mich ~ geirrt.
die Tatsache, -n	il fatto	die ~n kennen / Die ~n beweisen es.

anscheinend	apparentemente	Sie hat den Termin ~ vergessen.
jedenfalls	in ogni modo	Ich habe euch ~ so verstanden.

1 scheinen: scheint – schien – hat geschienen
2 missverstehen: missversteht – missverstand – hat missverstanden

Erklärung ▲ 64 Beweis 66

unklar	poco chiaro	Das ist mir ~.
unverständlich	incomprensibile	Das ist mir ~. / völlig ~
erklären	spiegare	Ich will dir alles ~. / jdm. etw. genau ~ / Das erklärt alles.
die Erklärung, -en	la spiegazione	eine ~ suchen / dafür eine ~ geben
aufklären	chiarire, fare luce su	ein Missverständnis ~ / ein Verbrechen ~
der Sinn	il senso, il significato	den ~ der Sache verstehen
die Stellungnahme, -n	la presa di posizione	eine ~ zu dem Vorfall abgeben / mit der Bitte um ~
nämlich	infatti	Es war ~ so: ... / Er hat ~ gesagt, ...
verursachen	causare	einen Unfall ~ / den Schaden ~
die Ursache, -n	la causa	die ~n suchen / die ~n kennen / „Vielen Dank!" – „Keine ~!"
die Wirkung, -en	l'effetto, la conseguenza	~ haben / ohne ~ bleiben
wirken	avere effetto, agire	gut ~ / Die Drohung wirkt.
der Zweck, -e	lo scopo	„Zu welchem ~?" / Das hat keinen ~.
das Beispiel, -e	l'esempio	ein ~ geben / ein gutes ~ / zum ~
konkret	concreto	ein ~es Beispiel / im ~en Fall
klar	chiaro	~ machen / ~ stellen / „Ist das ~?" / eine ~e Antwort geben
deutlich	chiaro	etw. ~ machen / ein ~er Hinweis / jdm. ~ die Meinung sagen
verstehen[1]	capire, comprendere	die Gründe ~ / alles gut ~ / Es ist so laut, dass ich sie kaum verstehe.
das Verständnis	la comprensione	~ zeigen / ~ haben für etw. / kein ~ dafür aufbringen
der Zufall, ¨e	il caso, la coincidenza	Das ist nur ein ~. / So ein ~! / durch ~

1 verstehen: versteht – verstand – hat verstanden

Bedingung, Folgerung 67

die Bedingung, -en	la condizione	eine ~ stellen / nur unter der ~, dass ... / mit den ~en einverstanden sein
die Voraussetzung, -en	la condizione, la premessa	Das ist eine wichtige ~. / unter der ~, dass ...

sich beziehen[1]	riferirsi a	sich auf den Vorschlag ~ / sich auf ein Gespräch ~
abhängen[2]	dipendere	vom Angebot ~ / vom Wetter ~
abhängig	dipendente	von jdm. ~ sein / sich ~ fühlen
wenn	se (condizionale)	~ das stimmt, ... / ..., ~ es möglich wäre
annehmen[3]	ammettere	Einmal Folgendes angenommen: ...
jedoch	tuttavia	Das ist ~ falsch.
allerdings	tuttavia, senza dubbio	Das war ~ ein Fehler. / Ich bin ~ anderer Meinung.
obwohl	sebbene	Sie arbeitet, ~ sie erkältet ist.
zwar	in effetti, precisamente	Ich bin ~ nicht reich, aber ... / Die Prüfungen finden schon bald statt, und ~ schon nächste Woche.
trotzdem	ciononostante	Sie hat wenig Zeit, kommt aber ~.
trotz	nonostante, malgrado (prep.)	~ aller Bedenken / ~ des Regens
die Konsequenz, -en	la conseguenza	Die ~en sind klar. / die ~en aus etw. ziehen / Das hat ~en!
die Folgerung, -en	la conseguenza	eine ~ ziehen
also	dunque	Es hat ~ keinen Zweck?
folglich	conseguentemente	Es ist schon spät, ~ wird sie nicht mehr kommen.
dass	che	Es ging alles so schnell, ~ ...
sodass	così che	Sie nahm sich viel Zeit, ~ sie nicht rechtzeitig ankam.

1 sich beziehen: bezieht sich – bezog sich – hat sich bezogen

2 abhängen: hängt ab – hing ab – hat abgehangen

3 annehmen: ich nehme an, er nimmt an – nahm an – hat angenommen

68 Vergleich

der Vergleich, -e	il confronto, il paragone	einen ~ anstellen / ein ~ zwischen zwei Texten / Im ~ zu ihr geht es ihm viel besser.
vergleichen[1]	confrontare	zwei Texte ~ / zwei Angebote ~ / vgl. Seite 5
wie	come	listig ~ ein Fuchs / so groß ~ ich / ebenso groß ~ ich
als	di/che (comparativo)	größer ~ ich / schneller ~ die anderen
so	così, tale	~ ein Mann / ~ einer / ~ etwas / ~ meine ich das nicht! / ~ tun, als wäre nichts gewesen.
die Übereinstimmung, -en	la concordanza, la conformità	~en feststellen / die ~ der Meinungen / Es besteht keine ~ zwischen den Vorschlägen.

gleich	stesso, medesimo, indifferente	von ~er Größe / ~e Ansichten haben / am ~en Tag / „Mir ist das ganz ~."
derselbe, dieselbe, dasselbe	lo stesso, la stessa, la stessa cosa	denselben Film mehrmals sehen / ein und dasselbe
auch	anche	Der Ausflug findet ~ bei Regen statt. / „Ich gehe hin. Du ~?" / nicht nur ..., sondern ~ ... / sowohl als ~
genauso	altrettanto, esattamente come	~ viel / ~ aussehen wie seine Mutter
ebenfalls	ugualmente	~ kommen
gleichfalls	altrettanto	„Danke, ~!"
ebenso	altrettanto, così come	~ groß / Ich denke ~ wie du.
entsprechen[2]	corrispondere a	den Vorstellungen ~ / einen ~den Antrag stellen / der Leistung ~d bewerten
je	secondo, a seconda di, per ogni, quanto	~ nach Qualität / ~ nachdem / ~ Kind gibt es einen Luftballon. / ~ schneller, desto/umso besser
je ..., desto ...	quanto più ... tanto più	je früher, desto besser
gleichmäßig	uniformemente	die Arbeit ~ verteilen
die Ähnlichkeit, -en	la somiglianza	~ haben mit ... / eine auffällige ~
ähnlich	somigliante, simile	Sie sieht ihrer Mutter ~. / ~e Absichten haben
anders	diverso, altro	Es ist ganz ~ gewesen. / niemand ~ als ...
(sich) ändern	cambiar(si)	seine Meinung ~ / sich ~
verändern	cambiare, mutare	ein System ~ / Du hast dich sehr verändert.
verschieden	differente, diverso	~er Meinung sein / Es gibt ~e Möglichkeiten. / Dazu kann man Verschiedenes anmerken.
der Unterschied, -e	la differenza	ein großer ~ / ein deutlicher ~ / einen ~ machen zwischen ...
unterscheiden[3]	distinguere	Die Zwillinge sind schwer zu ~. / Das neue Mittel unterscheidet sich stark vom früher verwendeten.
unterschiedlich	differente	~ lang / ~ groß / ~e Meinungen haben
das Gegenteil, -e	il contrario	im ~ / Das ~ ist richtig. / Das ~ von „gut" ist „schlecht".
der Gegensatz, ¨-e	il contrario, l'opposizione, il contrasto	im ~ zu / Es bestehen ¨-e zwischen ...

einerseits ..., andererseits ...	da una parte ... dall'altra ...	„~ bin ich dafür, ~ habe ich Bedenken."
sondern	ma, bensì	nicht nur, ~ auch / nicht du, ~ ich
oder	oppure	ich ~ du / alle ~ niemand
statt	invece di, al posto di	~ eines Lobes gab es nur Kritik.

1 vergleichen: vergleicht – verglich – hat verglichen

2 entsprechen: entspricht – entsprach – hat entsprochen

3 unterscheiden: unterscheidet – unterschied – hat unterschieden

69 Regel, Ausnahme

die Regel, -n	la regola	in der ~ / eine grammatische ~
regelmäßig	regolare, regolarmente	das ~e Verb / ~e Besuche / ~ Sport treiben
regeln	regolare	die Angelegenheiten ~ / den Verkehr ~
normal	normale	Das ist ganz ~. / ~erweise
normalerweise	normalmente	~ wäre das nicht möglich
allgemein	generale	nach ~er Ansicht / Im ~en ist sie pünktlich. / im ~en zufrieden sein
üblich	abituale, abitualmente	das ist hier so ~ / Er tut wie ~ nichts. / ~erweise
typisch	tipico	ein ~er Fehler / Das ist ~ für ihn.
selten	raro	eine ~e Briefmarke / ein ~es Ereignis
die Ausnahme, -n	l'eccezione	Das ist eine ~. / eine ~ machen / ohne ~ / mit ~ von ...
außer	eccetto, fuori	niemand ~ mir / Das steht ~ Zweifel. / ~ Betrieb sein
ungewöhnlich	straordinario, fuori dall' ordinario	ein ~er Vorschlag
Sonder-	speciale	das ~angebot / der ~zug
Spezial-	speciale	das ~gebiet / das ~geschäft
sonst	altrimenti, di solito	~ nichts / ~ überall / „~ noch was?" / ~ ist sie immer pünktlich.

TEST

1 Ordnen Sie die folgenden Verben den Substantiven zu.

(denken, annehmen, begründen, verwechseln, prüfen)

1. Geist: ____________ 2. Vermutung: ____________ 3. Grund: ____________

4. Missverständnis: ____________ 5. Kontrolle: ____________

❷ Gegensätze

1. Hauptsache: ______________ 2. wichtig: ______________ 3. einfach: ________

4. klug: ______________ 5. sachlich: ______________ 6. Unterschied: _________

7. interessant: ______________ 8. Recht haben: ______________ haben.

❸ Definitionen

1. Kant war ein deutscher ______________ 2. Lange nachdenken über etw: sich etw. ______________ 3. Glauben, dass etw. richtig ist, ohne es beweisen zu können: ___________ 4. Sicher sein, dass etw. stimmt: davon ___________ sein.

5. Ich erkläre, warum mein Standpunkt richtig ist: ich ______________ meinen Standpunkt. 6. Skeptisch sein, nicht überzeugt sein: ______________

7. Ich sehe ein, dass ich nicht Recht hatte: ich habe mich ______________

8. Ein Umstand, an dem man nicht zweifeln kann: ______________

9. Etwas, das nicht der Regel entspricht: ______________

❹ Kreuzworträtsel

Waagerecht:

7. Denker 8. Sonderfall
9. deshalb, aus diesem Grunde

Senkrecht:

1. konkreter Einzelfall
2. Geist
3. aber
4. Auffassung
5. merkwürdig
6. ähnlich sein

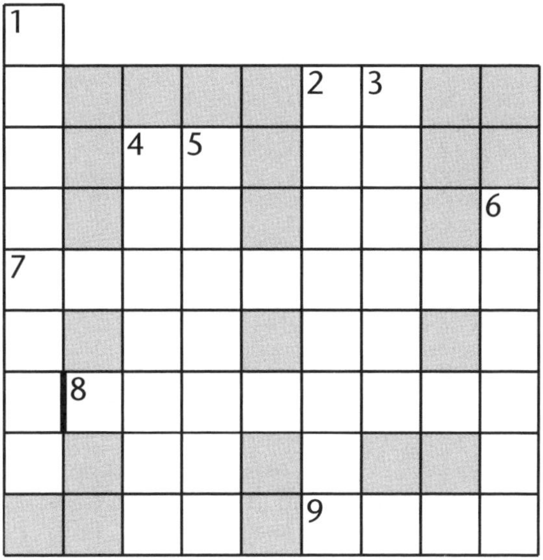

Sprache
Lingua

70 Sprache

▲ 62 Erklären

die Sprache, -n	la lingua	die deutsche ~ / eine ~ lernen / die ~ beherrschen / die Umgangs~ verstehen
die Muttersprache	la madrelingua	
das Wort, ¨-er	la parola, il vocabolo	die ~art / die ~bedeutung / das Fremd~
die Silbe, -n	la sillaba	die Vor~ / die letzte ~ / die betonte ~
bedeuten	significare	„Was bedeutet dieses Wort?" / „Was hat das zu ~?"
das Symbol, -e	il simbolo	das Herz ist ein ~ für die Liebe
der Begriff, -e	il concetto, l'idea	einen ~ definieren
der Ausdruck, ¨-e	l'espressione	den passenden ~ suchen / der Fach~
der Satz, ¨-e	la frase	der Haupt~ / der Neben~ / der Glied~ / der ~bau / der ~teil / das ~glied
die Fremdsprache, -n	la lingua straniera	eine ~ lernen / eine ~ beherrschen
der Dolmetscher, -	l'interprete	einen ~ brauchen / der ~ übersetzt den Text // die Dolmetscherin
übersetzen	tradurre	einen Text ins Deutsche ~ / ein Buch ~
die Übersetzung, -en	la traduzione	die wörtliche ~ / eine freie ~ / eine ~ anfertigen
das Wörterbuch, ¨-er	il dizionario	im ~ nachschlagen / ein Wort im ~ suchen

71 Sprechen

▲ 4 Hören ▲ 8 Mund ▼ 96 Streiten

die Stimme, -n	la voce	die laute ~ / mit leiser ~ sprechen
aussprechen[1]	pronunciare, esprimere	ein Wort richtig ~ / jdm. seinen Dank ~
die Betonung, -en	l'accento	die richtige ~ des Wortes / Die ~ liegt auf der ersten Silbe.
deutlich	distintamente, chiaramente	~ sprechen / ≠ un~
sagen	dire	jdm. etw. ~ / kein Wort ~ / „Was ~ Sie?"
sprechen[1]	parlare	mit jdm. ~ / jdn. an~ / Deutsch ~ / über etw. ~ / Hier spricht Frau Müller.
reden	parlare	jdn. an~ / darüber ~
die Rede, -n	il discorso	eine ~ halten / eine ~ über Politik
der Vortrag, ¨-e	la conferenza	einen ~ halten / einen ~ hören

das Referat, -e	la relazione	ein ~ halten / ein ~ hören
zuhören	ascoltare	jdm. aufmerksam ~
rufen[2]	chiamare, gridare	jdn. ~ / um Hilfe ~ / einen Arzt ~ lassen
hallo	ciao, pronto (tel.)	„~, wo bist du?" / „~, wer ist da?"
schreien[3]	gridare	Das Baby schreit. / jdn. an~ / um Hilfe ~
flüstern	sussurrare	jdm. etw. ins Ohr ~
pst!	pss!	„~! Wir sind nicht allein!"
still sein	stare in silenzio	„Sei still!"
schweigen[4]	tacere	alle ~ / jdm. etw. ver~ / zu etw. ~
stumm	muto	~ sein / jdn. ~ ansehen

1 aussprechen: ich spreche aus, er spricht aus – sprach aus – hat ausgesprochen

2 rufen: ruft – rief – hat gerufen

3 schreien: schreit – schrie – hat geschrien

4 schweigen: schweigt – schwieg – hat geschwiegen

Frage, Antwort ▲ 60 Grund ▼ 175 Zeit ▼ 181 Ort 72

sich erkundigen	informarsi	sich bei jdm. nach etw. ~ / „Erkundige dich nach der Zugverbindung."
fragen	chiedere	den Lehrer ~ / sich etw. ~ / nach jdm. ~ / jdn. be~
die Frage, -n	la domanda	eine ~ stellen / eine ungelöste ~ / „Das kommt nicht in ~!"
wer ...?	chi?	„~ hat das gesagt?" / ~ ist das?
was ...?	che cosa?	„~ ist los? " / „~ soll das?" / ~ ist das?
welch- ...?	quale?	„~es Buch suchst du?"
wie ...?	come?	„~ geht es Ihnen?" / ~ lange?
ob	chissà se, se	„~ sie noch kommt?" / Ich weiß nicht, ~ das möglich sein wird.
wahr	vero	„Du hilfst mir doch, nicht ~?" / ≠ un~
die Antwort, -en	la risposta	eine ~ geben / eine klare ~ bekommen
antworten	rispondere	auf eine Frage ~ / den Brief be~
die Auskunft, ¨-e	l'informazione	um ~ bitten / eine ~ geben
die Kenntnisse (Plural)	le conoscenze	Sprach~ / Computer~
wissen[1]	sapere	Bescheid ~ / davon nichts ~ / Wer weiß, ob das alles so stimmt.
bestätigen	confermare	den Erhalt des Briefes ~ / Der Zeuge konnte ~, dass der Angeklagte die Wahrheit sagte.

1 wissen: weiß – wusste – hat gewusst

73 Bejahung, Verneinung

▲ 59 Zustimmung ▼ 76 Lüge

ja	sì	~ sagen / „Sind Sie sicher?" „~!" / Das klingt nach einem Ja. / „Das ist ~ klar!" / „Ich komme ~ schon!"
selbstverständlich	logicamente	ja, ~ / „Das ist doch ~!"
natürlich	naturalmente	„~ helfe ich dir."
doch	sì, nonostante ciò, tuttavia	„Willst du nicht kommen?" „ ~!" / Ich bin zwar müde, ~ ich will noch arbeiten.
nein	no	~ sagen / „~, das geht leider nicht."
nicht	non	Ich komme ~. / Es geht ~. / gar ~ / Ist das ~ komisch? / „Das ist doch wahr, ~?"
kein-	non, nessuno	kein Geld haben / kein Glück haben
überhaupt	per niente, assolutamente, insomma, dopo tutto	~ nicht / ~ kein Geld / „Was heißt das ~?"
weder ... noch	né ... né	~ der eine ~ der andere
nur	soltanto	~ wenig Zeit haben / ~ sie / nicht ~ ..., sondern auch ...
bloß	semplicemente	Das wollte ich ~ wissen.
erst	solamente	Sie ist ~ 20 Jahre alt.

74 Mitteilung

▲ 71 Sprechen ▼ 174 Ereignis

die Nachricht, -en	la notizia	eine gute ~ / eine schlechte ~ bekommen / die ~en im Radio hören
bekannt geben[1]	rendere noto, annunciare	die Ergebnisse ~ ~
die Kommunikation	la comunicazione	für eine gute ~ sorgen
die Information, -en	l'informazione	~en geben / ~en bekommen / zu deiner ~ / „Bitte fragen Sie an der ~."
die Mitteilung, -en	la comunicazione	eine ~ machen / eine wichtige ~
informieren	informare	jdn. ~ / sich bei jdm. über etw. ~
benachrichtigen	informare, avvisare	jdn. von etw. ~
mitteilen	far sapere, comunicare	jdm. etw. ~
der Bericht, -e	il rapporto, la relazione	~ erstatten / einen ausführlichen ~ geben
berichten	riferire, raccontare	alles genau ~ / von der Reise ~
erzählen	raccontare	viel zu ~ haben / alles ~ / Märchen ~ / von jdm. ~

beschreiben[2]	descrivere	ein Bild ~ / den Vorfall genau ~ / den Weg ~
die Beschreibung, -en	la descrizione	eine genaue ~ geben / die Bild~
ausführlich	dettagliatamente	sich ~ informieren / alles ~ besprechen
die Einzelheit, -en	il dettaglio	in allen ~en / einige ~en vergessen / nähere ~en
und	e	~ so weiter (usw.) / sie ~ ich / ~ zwar
sowohl ... als auch ...	sia ... sia	~ ich ~ ~ die anderen
erwähnen	citare, menzionare	etw. nur kurz ~ / Ich möchte noch ~, dass ...
die Darstellung, -en	la presentazione	die klare ~ / die ~ des Problems
die Zusammenfassung, -en	il riassunto	eine ~ geben / eine kurze ~
zusammenfassen	riassumere	das Wichtigste kurz ~
wiederholen	ripetere	den Satz ~ / die Frage ~ / eine Sendung ~
erfahren[3]	venire a sapere, apprendere	die Neuigkeit ~ / das Ergebnis ~

1 bekanntgeben: ich gebe bekannt, er gibt bekannt – gab bekannt – hat bekanntgegeben

2 beschreiben: beschreibt – beschrieb – hat beschrieben

3 erfahren: ich erfahre, er erfährt – erfuhr – hat erfahren

Übertreibung ▲ 62 Aufmerksamkeit erregen ▲ 69 Regel, Ausnahme 75

die Übertreibung, -en	l'esagerazione	„Das ist eine ~!“
übertreiben[1]	esagerare	„Sie ~!“ / nicht ~ / Ich will nicht ~.
sehr	molto	~ viel / ~ gut / ~ schön / so ~ / zu ~
besonders	particolarmente	~ gut / ~ schön / ~ viele Zuschauer
besonder-	particolare	ein ganz ~es Vergnügen
ganz	molto, del tutto	Das ist ~ einfach. / ~ und gar
völlig	completamente, completo	Das ist mir ~ egal. / Das ist ~er Unsinn.
sogar	addirittura	Ich habe ~ mit dem Chef gesprochen.
unbedingt	assolutamente	Das ist ~ notwendig. / Ich will das ~ tun.
fest	fermamente	Ich bin ~ davon überzeugt.
solch/solch-	un tale, un simile	~ ein Zufall / ~ eine Gelegenheit / ~e Fälle gibt es bei uns nicht.
so	così	~ sehr / ~ schön / ~ ein Zufall!
staunen	essere stupefatto	über etw. ~ / alle ~
oh!	oh!	„~, wie schön!“
(sich) wundern	meravigliar(si)	sich über etw. ~ / sich sehr ~ / Es wunderte ihn, dass ...

1 übertreiben: übertreibt – übertrieb – hat übertrieben

76 Wahrheit sagen, lügen

▲ 64 Beweis ▲ 65 Zweifel ▼ 96 Streit

die Wahrheit, -en	la verità	die ~ sagen / die reine ~ / Das ist die volle ~. / In ~ stimmte das gar nicht. / ≠ die Un~
wahr	vero	eine ~e Geschichte / Es ist ~. / ≠ un~
bestimmt	certamente	ganz ~ / Sie wird ~ kommen.
ehrlich	sincero, sinceramente	Sie war immer ~. / es ~ meinen mit jdm. / ~ antworten
lügen[1]	mentire	Du sollst nicht ~. / jdn. be~
die Lüge, -n	la menzogna	„Das ist eine ~ !" / eine freche ~
der Vorwand, ¨-e	il pretesto	einen ~ suchen / einen ~ finden
die Ausrede, -n	la scusa, il pretesto	eine ~ gebrauchen / eine ~ suchen
betrügen[2]	ingannare, imbrogliare	jdn. ~ / sich ~ lassen / um Geld ~
als ob	come se	Er tut so, ~ er das nicht wüsste.
die List, -en	l'astuzia, lo stratagemma	eine ~ gebrauchen / etw. mit ~ erreichen
leugnen	negare	nicht ~ können, dass ... / die Tatsachen ~
zugeben[3]	ammettere	einen Irrtum ~ / eine Lüge ~
eigentlich	veramente, vero e proprio	~ sollte sie schon da sein. / ~ war das so: ... / seine ~e Absicht

1 lügen: lügt – log – hat gelogen

2 betrügen: betrügt – betrog – hat betrogen

3 zugeben: ich gebe zu, er gibt zu – gab zu – hat zugegeben

77 Geheimnis

das Geheimnis, -se	il segreto	das ~ für sich behalten / das ~ erzählen
geheim	segreto	~ halten / das bleibt ~
verschweigen[1]	tacere	eine wichtige Einzelheit ~ / nichts ~
das Gerücht, -e	la voce, la diceria	Das ist nur ein ~. / ein ~ verbreiten
das Rätsel, -	il segreto, il mistero	ein ~ aufgeben / ein ~ lösen
raten[2]	indovinare	das Rätsel ~ / etw. er~ / „Rate mal, was ich da habe."
anvertrauen	confidare	jdm. ein Geheimnis ~ / sich jdm. ~
verraten[3]	tradire, rivelare	ein Geheimnis ~ / nichts ~ wollen
der Hinweis, -e	l'indicazione	jdm. einen ~ geben / einen ~ bekommen
der Tipp, -s	il suggerimento, il consiglio	einen guten ~ geben
merken	osservare, accorgersi	etw. ~ / Ich habe gemerkt, dass ...
verstehen[4]	capire	Das kann ich ~. / den Sinn ~ / Er versteht was von Astrologie.

Bescheid wissen[5]	essere al corrente	über alles ~ ~ / Ich weiß genau ~.
Bescheid sagen	informare, avvisare	jdm. ~ ~

1 verschweigen: verschweigt – verschwieg – hat verschwiegen
2 raten: ich rate, er rät – riet – hat geraten
3 verraten: verrät – verriet – hat verraten
4 verstehen: versteht – verstand – hat verstanden
5 wissen: weiß – wusste – hat gewusst

Diskussion 78

das Gespräch, -e	il colloquio	mit jdm. ein ~ führen / ein ~ unter vier Augen / der ~s·partner
die Unterhaltung, -en	la conversazione	eine lebhafte ~
sich unterhalten[1]	intrattenersi, conversare	sich gut ~ / sich mit jdm. über Politik ~
die Diskussion, -en	la discussione	eine ~ mit Freunden / an einer ~ teilnehmen / eine ~ über Politik
diskutieren	discutere	über Politik ~ / mit jdm. etw. ~
das Wort, -e	la parola	das ~ bekommen / „Sie haben das ~!" / ums ~ bitten / Er verstand sie ohne viele ~e.
schlagfertig	con la battuta pronta	~ sein / eine ~e Antwort geben
übrigens	a proposito	„~, was ich noch sagen wollte ..."
unterbrechen[2]	interrompere	jdn. ~ / ein Gespräch ~
die Besprechung, -en	la discussione, il colloquio	an einer ~ teilnehmen / in einer ~ sein / Die ~ dauert lange.
die Verhandlung, -en	la trattativa	Die ~en haben Erfolg. / die erfolglosen ~en abbrechen
die Konferenz, -en	la conferenza	Eine ~ findet statt. / die Presse~

1 sich unterhalten: ich unterhalte mich, er unterhält sich – unterhielt sich – hat sich unterhalten
2 unterbrechen: ich unterbreche, er unterbricht – unterbrach – hat unterbrochen

Telefon 79

das Telefon, -e	il telefono	der ~anruf / das ~gespräch / die ~nummer wählen
der Hörer, -	la cornetta	den ~ abnehmen / den ~ auflegen
das Handy ['hɛndi], **-s**	il cellulare	mit dem ~ telefonieren
das Telefonbuch, ¨-er	l'elenco telefonico	die Nummer im ~ suchen
telefonieren	telefonare	mit jdm. ~ / „Kann ich mal ~?"

der Anruf, -e	la telefonata, la chiamata telefonica	der Telefon~ / einen ~ erwarten
anrufen[1]	telefonare	„Ruf mich mal an!“
besetzt	occupato	Es ist immer ~.
verbinden[2]	mettere in comunicazione, passare qualcuno al telefono	mit jdm. ~ / „~ Sie mich bitte mit Peter.“
die Verbindung, -en	la comunicazione (telefonica)	eine ~ bekommen
die Telefonzelle, -n	la cabina telefonica	von der ~ aus telefonieren
die Telefonkarte, -n	la carta telefonica	eine neue ~ kaufen
die Vorwahl, -en	il prefisso	„Wie ist die ~ von Frankfurt?“
der Apparat, -e	l'apparecchio telefonico	der Telefon~ / „Bitte bleiben Sie am ~!“
der Anrufbeantworter, -	la segreteria telefonica	eine Nachricht auf den ~ sprechen

1 anrufen: ruft an – rief an – hat angerufen

2 verbinden: verbindet – verband – hat verbunden

80 Schreiben

schreiben[1]	scrivere	einen Brief ~ / richtig ~ / einen Text ab~ / Dieser Kugelschreiber schreibt schlecht. / Sie schreibt für das „Hamburger Abendblatt“.
(jdm./sich etwas) aufschreiben[1]	annotarsi, segnarsi	sich die Telefonnummer ~
die Schrift, -en	la scrittura	die Hand~ / die Druck~ / Sie hat eine sehr schöne Hand~.
schriftlich	scritto	eine ~e Mitteilung / die ~e Prüfung
mündlich	orale	eine ~e Vereinbarung / die ~e Prüfung
der Buchstabe, -n	la lettera dell'alfabeto	der Groß~ / ein Wort mit zehn ~n
buchstabieren	compitare	das Wort ~ / den Namen ~
das Alphabet, -e	l'alfabeto	alle Buchstaben des ~s
der Bleistift, -e	la matita	den ~ anspitzen
der Kugelschreiber, -	la biro	einen ~ benutzen

Satzzeichen

der Punkt, -e	il punto
das Komma, -s	la virgola
das Semikolon, -s	il punto e virgola
der Doppelpunkt, -e	i due punti
der Bindestrich, -e	la lineetta
das Ausrufezeichen, -	il punto esclamativo
das Fragezeichen, -	il punto interrogativo
das Anführungszeichen, -	le virgolette

das Papier, -e	la carta	das Brief~ / ein Blatt ~ / das Zeitungs~
der Zettel, -	il foglietto	Notizen auf einen ~ schreiben
die Notiz, -en	l'appunto	sich eine ~ machen / das ~buch / die Zeitungs~
das Büro, -s	l'ufficio	im ~ arbeiten / die ~angestellte
die Sekretärin, -nen	la segretaria	die Chef~ / Die ~ schreibt die Briefe.
der Schreibtisch, -e	la scrivania	am ~ sitzen / am ~ arbeiten
das Pult, -e	la scrivania, lo scrittoio	am ~ schreiben
der Stempel, -	il timbro	der Firmen~ / den ~ aufs Papier drücken / der Post~
die Schreibmaschine, -n	la macchina da scrivere	das ~n·papier / auf der ~ tippen
tippen	scrivere/ battere a macchina	einen Brief auf dem Computer ~
das Original, -e	l'originale	das Zeugnis~ / Bitte Kopien, keine ~e schicken!
die Kopie, -n	la copia	eine ~ machen / zehn ~n anfertigen
kopieren	fotocopiare	einen Brief ~
der Kopierer, -	la fotocopiatrice	der ~ ist wieder kaputt

1 schreiben: schreibt – schrieb – hat geschrieben

Briefwechsel ▼ 127 Paket 81

der Brief, -e	la lettera	einen ~ schreiben / der ~wechsel
das Schreiben, -	la lettera	ein ~ bekommen / ein ~ vom Finanzamt
der Briefumschlag, ¨-e	la busta	den Brief in den ~ stecken / den ~ zukleben
das Kuvert, -s (süddt./österr.)	la busta	

die Postkarte, -n	la cartolina postale	eine ~ schreiben
die Drucksache, -n	il foglio stampato	~n verschicken / eine ~ bekommen
das Einschreiben, -	la raccomandata	den Brief als ~ schicken
die Luftpost	la posta aerea	den Brief per ~ schicken
der Gruß, ¨-e	il saluto	viele ¨~e / herzliche ¨~e / Mit freundlichen ¨~en / jdm. ¨~e bestellen
grüßen	salutare	die Freunde ~ / jdn. ~ lassen
die Unterschrift, -en	la firma	die ~ unter dem Brief / zur ~ vorlegen
unterschreiben[1]	firmare	den Brief ~ / den Vertrag ~
der Absender, -	il mittente	der ~ des Briefes / der ~ auf dem Briefumschlag
die Adresse, -n	l'indirizzo	die ~ auf den Briefumschlag schreiben
der Empfänger, -	il destinatario	die genaue Adresse des ~s
die Postleitzahl, -en	il codice di avviamento postale	Seit 1993 gelten in Deutschland neue ~en.
die Briefmarke, -n	il francobollo	eine ~ aufkleben / ~n sammeln / die ~n·sammlung
der Briefkasten, ¨-	la buca delle lettere, la cassetta delle lettere	An der Ecke ist ein ~. / „Hast du heute schon in den ~ geschaut?"
schicken	spedire	einen Brief ~ / den Brief ab~
der Briefträger, -	il postino	Der ~ bringt Briefe und Päckchen.
das Postamt, ¨-er	l'ufficio postale, la posta	zum ~ gehen
die Post	la posta	Die ~ ist schon gekommen. / viel ~ zum Geburtstag bekommen / bei der ~ arbeiten / einen Brief zur ~ bringen
das Fax, -e	il fax	ein ~ erhalten
die E-Mail, -s [i-]	l'e-mail	eine ~ verschicken

1 unterschreiben: unterschreibt – unterschrieb – hat unterschrieben

82 Text, Lesen

▲ 6 Auge ▼ 149 Literatur

der Leser, -	il lettore	der Zeitungs~ // die Leserin
lesen[1]	leggere	die Zeitung ~ / Ihre Schrift liest sich gut.
stehen[2]	essere scritto	Das steht in der Zeitung.
das Buch, ¨-er	il libro	ein ~ kaufen / das ~ lesen / ein ~ schreiben / ein ~ über Literatur
das Taschenbuch, ¨-er	il (libro) tascabile	ein billiges ~
der Druck, -e	la stampa	der Buch~ / die ~schrift / der ~fehler

drucken	stampare	das Buch ~ / Prospekte ~ lassen
veröffentlichen	pubblicare	einen Artikel in einer Zeitschrift ~
erscheinen[3]	uscire	Die Zeitung erscheint täglich.
der Titel, -	il titolo	der Buch~ / das ~blatt / das ~bild
die Überschrift, -en	il titolo	die ~ des Zeitungsartikels
das Thema, Themen	l'argomento, il soggetto, il tema	das Aufsatz~ / ein ~ stellen / ein ~ behandeln
der Inhalt, -e	il contenuto	der ~ des Buches / das ~s·verzeichnis
nachschlagen[4]	consultare, cercare	im Wörterbuch ~ / ein Wort ~
der Zusammenhang, ⸚e	il contesto	in diesem ~ / in ~ bringen / eine Textstelle aus dem ~ reißen
das Kapitel, -	il capitolo	das erste ~ / das zweite ~ lesen
der Text, -e	il testo	den ~ lesen / die ~stelle / der Lied~
die Seite, -n	la pagina	Das steht auf ~ 10. / die ~ umblättern
die Zeile, -n	la riga	etw. ~ für ~ lesen / der ~n·abstand
der Abschnitt, -e	la parte, la sezione	ein langer ~ / der nächste ~
die Buchhandlung, -en	la libreria	ein Schulbuch in der ~ kaufen
der Bücherschrank, ⸚e	la libreria	ein Buch in den ~ stellen
die Bibliothek, -en	la biblioteca	die Universitäts~ / die Stadt~
die Bücherei, -en	la biblioteca	die Stadt~

1 lesen: ich lese, er liest – las – hat gelesen

2 stehen: steht – stand – hat gestanden

3 erscheinen: erscheint – erschien – ist erschienen

4 nachschlagen: ich schlage nach, er schlägt nach – schlug nach – hat nachgeschlagen

Zeitung ▲ 70 Informieren ▼ 125 Werbung ▼ 174 Ereignis 83

die Presse	la stampa	die internationale ~ / die ~konferenz
die Zeitung, -en	il giornale	eine ~ kaufen / die ~ lesen / die Tages~
die Illustrierte, -n	la rivista	eine ~ kaufen / das Titelfoto der ~n
die Zeitschrift, -en	la rivista	die Fach~ / die wissenschaftliche ~
der Journalist [ʒʊrnaˈlɪst], **-en**	il giornalista	Der ~ arbeitet für die Zeitung. // die Journalistin
der Reporter, -	il reporter	der Fernseh~
das Interview [ɪntɐvjuː], **-s**	l'intervista	Der Politiker gibt ein ~.
die Recherche, -n	le ricerche, le indagini	~n anstellen / ~n für einen Bericht
die Tabelle, -n	il prospetto, il quadro	eine übersichtliche ~
der Skandal, -e	lo scandalo	ein öffentlicher ~ / eine ~geschichte

die Schlagzeile, -n	il titolo a caratteri cubitali	die sensationelle ~
der Artikel, -	l'articolo	den Zeitungs~ lesen / ein interessanter ~
abonnieren	abbonarsi	eine Zeitung ~

TEST

❶ Ordnen Sie die folgenden Verben den Substantiven (Nomen) zu.

sprechen, schreiben, anrufen, lesen, definieren, übersetzen

1. Stimme: ____________ 2. Begriff: ____________

3. Telefon: ____________ 4. Buch: ____________

5. Dolmetscher: ____________ 6. Schrift: ____________

❷ Gegensätze

1. ja: ____________ 2. Wahrheit: ____________

3. fragen: ____________ 4. leugnen: ____________

5. flüstern: ____________ 6. mündlich: ____________

7. Kopie: ____________

❸ Definitionen

1. Ein Buch, das alle Wörter einer Sprache enthält: ____________

2. Jemand, dessen Beruf es ist, von einer Sprache in die andere zu übersetzen:

____

3. Ganz leise sprechen: ________________

4. Nichts sagen: ____________

5. Jemand, der immer sofort eine gute und geistvolle Antwort geben kann, ist

____

6. Handgeschriebener Name unter einem Brief: ____________

7. Jemand, der Briefe vom Postamt in die Häuser bringt: ____________

8. Die neusten Nachrichten kann man in der ____________ lesen.

9. Kleines Häuschen mit Telefon auf der Straße: ____________

10. Alle Zeitungen und Zeitschriften: ____________

4 Lesen Sie mit deutlicher Betonung.

unterschreiben, Unterschrift, Kapitel, Reporter, Artikel, Sekretärin,

Diskussion, diskutieren

Gesellschaft
Società

Privatleben
Vita privata

84 Personalien
Dati personali
85 Lebenslauf
Corso della vita
86 Tod
Morte
87 Hochzeit
Matrimonio
88 Familie
Famiglia
89 Bekannte, Zusammensein
Conoscente, stare insieme
90 Begrüßung, Abschied
Saluto, commiato
91 Gutes Benehmen
Buone maniere
92 Schlechtes Benehmen
Cattive maniere
93 Sympathie
Simpatia
94 Liebe
Amore
95 Abneigung
Antipatia
96 Streit, Wut
Litigio, rabbia
97 Rache, Verzeihung
Vendetta, perdono
98 Ansehen
Reputazione
Test

Öffentliches Leben
Vita pubblica

99 Staat
Stato
100 Regierungsformen
Forme di governo
101 Parlament, Regierung
Parlamento, governo
102 Parteien
Partiti
103 Verwaltung
Amministrazione
104 Ausland
Estero
105 Militär
Esercito
106 Bewaffnung
Armamento
107 Krieg
Guerra
108 Verbrechen
Crimine
109 Polizei
Polizia
110 Gericht
Tribunale
111 Urteil
Sentenza
Test

Privatleben
Vita privata

84 Personalien

▼ 90 Vorstellen

der Mensch, -en	l'uomo, l'essere umano	die Mit~en / die ~heit (= alle Menschen)
die Person, -en	la persona	Zehn ~en sind anwesend.
persönlich	personale, di persona, personalmente	meine ~e Meinung / ~ vor Gericht erscheinen
selbst	stesso, di persona	ich ~ / Er kommt ~.
privat	privato, privatamente	mit jdm. ~ sprechen / das ~leben / ein ~es Unternehmen
die Leute (Plural)	la gente	die ~ auf der Straße / viele ~ kennen
männlich	maschile	~ sein / Geschlecht: ~
der Mann, ¨er	l'uomo	ein alter ~ / der ~ dieser Frau / der Ehe~ / mein ~
der Herr, -en	il signore	~ Müller / „Meine Damen und ~en!" / dieser ~ dort
weiblich	femminile	~ sein / Geschlecht: ~
die Frau, -en	la signora	~ Schmidt / meine ~ / die Ehe~ / alle ~en
die Dame, -n	la signora, la donna	eine junge ~ / nur für ~n / „Meine ~n und Herren!"
der Name, -n	il nome	„Ihr ~, bitte!" / der Vor~ / der Nach~ / der Familien~
heißen[1]	chiamarsi	„Wie ~ Sie?" / Ich heiße Schulz.
nennen[2]	dire, nominare, chiamare	seinen Namen ~ / Wir wollen das Kind „Sophia" ~.
der Geburtstag, -e	il compleanno	Ich habe am 18. Mai ~. / den ~ feiern / „Herzlichen Glückwunsch zum ~!"
der Geburtsort, -e	il luogo di nascita	mein ~ ist München
die Adresse, -n	l'indirizzo	„Ich gebe Ihnen meine ~."
der Pass, ¨e	il passaporto	der Reise~ / die ~kontrolle
der Ausweis, -e	la carta d'identità	der Personal~ / den ~ vorzeigen
ausstellen	rilasciare	sich einen Pass ~ lassen
gültig	valido	Der Pass ist ~. / ≠ un~
gelten[3]	essere valido	Der Pass gilt noch ein Jahr.
verlängern	rinnovare	den Pass ~
(sich) anmelden	iscriversi	sich bei der Behörde ~ / sich für einen Kurs ~

die Anmeldung	l'iscrizione	das ~s·formular / sich an die ~ in Zimmer 3 wenden
(jdn./sich) abmelden	ritirarsi (per es. da un corso)	sich bei der Behörde ~ / sich vom Kurs ~
die Brieftasche, -n	il portafoglio	den Pass in die ~ stecken

1 heißen: heißt – hieß – hat geheißen

2 nennen: nennt – nannte – hat genannt

3 gelten: ich gelte, er gilt – galt – hat gegolten

Lebenslauf 85

das Leben	la vita	einem Kind das ~ schenken / das ~ im Ausland / der ~s·lauf / ums ~ kommen
leben	vivere	in Deutschland ~ / in Berlin ~ / gut ~ / von seinem Einkommen ~ / Ihre Eltern ~ nicht mehr.
lebendig	vivente, vivo	~ sein / quick~
schwanger	incinta	~ sein / Sie ist im 6. Monat ~.
die Geburt, -en	la nascita	die ~ eines Sohnes / der ~s·ort / die Zahl der ~en in einem Land
geboren werden[1]	essere nato	„Wo sind Sie ~?" / Anna Schmidt, geb. (geborene) Bauer
das Baby ['be:bi], **-s**	il neonato	ein ~ bekommen / Das ~ schreit. / die ~wäsche / der ~sitter
wachsen ['vaksn][2]	crescere	Das Kind ist gewachsen. / auf~
die Kindheit	l'infanzia	eine glückliche ~ / die ~ in München verleben
jung	giovane	~ sein / ~e Leute / ~ bleiben wollen / Sie ist jünger als ich.
das Kind, -er	il bambino, il figlio	~er haben / sich viele ~ wünschen / eine Familie mit zwei ~ern / In unserer Straße gibt es viele ~er.
der Kindergarten, ¨	la scuola materna, l'asilo	in den ~ gehen / die Tochter in den ~ bringen / die Tochter aus dem ~ holen
betreuen	avere cura di, assistere	Kinder ~ / eine Jugendgruppe ~
der Betreuer, - / die Betreuerin, -nen	chi assiste, chi presta assistenza	
der Junge, -n	il ragazzo, il maschio	ein kleiner ~ / Das Baby ist ein ~.
der Bub, -en (südd.)	il ragazzo	
das Mädchen, -	la ragazza, la femmina	Das ~ spielt mit Puppen. / der ~name
die Jugend	la gioventù	in der ~ / der ~freund / die ~ von heute
der Jugendliche, -n	l'adolescente	Für ~ verboten!
minderjährig	minorenne	noch ~ sein

volljährig	maggiorenne	~ sein / ~ werden
der/die Erwachsene, -n	l'adulto	ein Film für ~
das Alter	l'età	im ~ von 6 Jahren / das hohe ~ / Im ~ bekommt sie eine Rente.
alt	vecchio	ein ~er Mann / „Wie ~ sind Sie?"
das Heim, -e	la casa, il collegio, l'ospizio	ins ~ gehen / im Alters~ wohnen
das Altenheim, -e / das Altersheim, -e	la casa di riposo, l'ospizio	ins ~ kommen / im ~ sein

1 geboren werden: wird geboren – wurde geboren – ist geboren worden

2 wachsen: ich wachse, er wächst – wuchs – ist gewachsen

86 Tod

▲ 51 Weinen

sterben[1]	morire	im Krankenhaus ~ / an Krebs ~
tödlich	mortale	eine ~e Krankheit / eine ~e Gefahr
der Tod	la morte	die ~es·angst / mit dem ~e ringen
tot	morto	~ sein
der Tote, -n	il morto, il defunto	das ~n·bett // die Tote
der Sarg, ¨-e	la bara	die Leiche in den ~ legen
die Beerdigung, -en	il funerale	zur ~ gehen / das ~s·institut
das Grab, ¨-er	la tomba	der ~hügel / der ~stein
der Friedhof, ¨-e	il cimitero	auf den ~ gehen / die ~s·kapelle
die Trauer	il lutto	der ~fall / die ~feier / die ~kleidung
das Beileid	le condoglianze	den Angehörigen das ~ aussprechen / „Herzliches ~." / der ~s·brief
die Witwe, -n	la vedova	die ~n·rente // der Witwer
verwitwet	vedovo	~ sein
das Testament, -e	il testamento	sein ~ schreiben / ein ~ hinterlassen
erben	ereditare	Geld ~ / von jdm. etw. ~ / jdm. etw. ver~

1 sterben: ich sterbe, er stirbt – starb – ist gestorben

87 Hochzeit

▼ 94 Liebe

der Junggeselle, -n	lo scapolo	Er ist noch ~.
ledig	celibe/nubile	~ sein / ~ bleiben
sich verloben	fidanzarsi	sich mit jdm. ~ / verlobt sein
die Verlobung, -en	il fidanzamento	die ~ feiern / zur ~ gratulieren
das Standesamt, ¨-er	l'ufficio di stato civile	auf dem ~ die Ehe schließen
heiraten	sposar(si)	jdn. ~ / sich ver~ / aus Liebe ~
die Hochzeit, -en	le nozze	der ~s·tag / die ~s·feier / die ~s·reise / die ~s·geschenke

der Trauring, -e	la fede, la vera	einen ~ tragen
der Bräutigam, -e	lo sposo	Braut und ~
die Braut, ¨-e	la sposa	das lange ~kleid / die glückliche ~ / die ~leute
gratulieren	congratularsi, felicitarsi	zur Hochzeit ~ / zum Erfolg ~ / zum Geburtstag ~
der Glückwunsch, ¨-e	l'augurio, la felicitazione	„Herzliche ¨-e zum Geburtstag!"
die Gratulation, -en	le congratulazioni, la felicitazione	
die Ehe, -n	il matrimonio	meine Kinder aus erster ~ / das ~paar / die ~frau / der ~mann / der ~ring
verheiratet	sposato	~ sein / ≠ un~
die Scheidung, -en	il divorzio	die Ehe~ / die ~ einreichen
scheiden	divorziare	sich ~ lassen
homosexuell	omosessuale	~ sein / ein ~es Paar

Familie 88

die Familie [fa'mi:liə], **-n**	la famiglia	eine große ~ / die ~n·feier
der/die Angehörige, -n	il membro della famiglia	sich um seine ~n kümmern
die Eltern (Pl.)	i genitori	seine ~ lieben / das ~haus / bei seinen ~ wohnen / die Groß~
der Vater, ¨	il padre	~ werden / das ~land / der Groß~
die Mutter, ¨	la madre	meine ~ / die ~liebe / die Groß~
das Kind, -er	il bambino	zwei ~er haben / ein ~ adoptieren / ein ~ erwarten
der Sohn, ¨-e	il figlio	der älteste ~
die Tochter, ¨	la figlia	die jüngste ~
die Geschwister (Pl.)	fratelli e sorelle	meine ~ / viele ~ haben
der Bruder, ¨	il fratello	der jüngste ~ / der Zwillings~
die Schwester, -n	la sorella	meine jüngste ~ / meine älteste ~
der Enkel, -	il nipote (di nonno)	das ~kind // die Enkelin
verwandt	imparentato	Wir sind miteinander ~.
der/die Verwandte, -n	il parente	die ~n zur Hochzeit einladen

Verwandte

der Onkel, -s	lo zio
die Tante, -n	la zia
der Neffe, -n	il nipote (di zio)
die Nichte, -n	la nipote (di zio)
der Cousin [ku'zɛ̃:], -s	il cugino
die Cousine [ku'zi:nə], -n	la cugina
der Schwiegervater	il suocero
die Schwiegermutter	la suocera
der Schwiegersohn, ¨-e	il genero
die Schwiegertochter, ¨-	la nuora
der Schwager	il cognato
die Schwägerin	la cognata

89 Bekannte, Zusammensein

▼ 93 Sympathie

der/die Bekannte, -n	il conoscente	viele ~ haben / Verwandte und ~ / der ~n·kreis
die Bekanntschaft, -en	la conoscenza	mit jdm. ~ machen
die Einladung, -en	l'invito	eine ~ bekommen / die ~ annehmen
einladen[1]	invitare	Freunde zum Geburtstag ~
der Besuch, -e	la visita	einen ~ machen / zu ~ kommen / ~ erwarten / ~ bekommen / zu ~ sein
besuchen	far visita a	seinen Freund ~
begegnen	incontrare	sich auf der Straße ~
der Gast, ¨-e	l'ospite	viele ¨~e einladen / bei jdm. zu ~ sein
die Gastfreundschaft	l'ospitalità	Vielen Dank für Ihre ~!
zusammen	insieme	~leben / ~ sein / ~kommen
teilnehmen[2]	prendere parte a	an einer Veranstaltung ~
die Feier, -n	la festa	die Hochzeits~ / die Familien~
feiern	festeggiare	den Geburtstag ~ / mit Freunden ~
die Party, -s	il party, la festa	eine ~ geben / auf eine ~ gehen
das Fest, -e	la festa	ein großes ~ feiern / „Frohes ~!"
der Club, -s	il club, il circolo	die Mitglieder des ~s
die Versammlung, -en	la riunione	die Partei~ / eine ~ einberufen
die Veranstaltung, -en	la manifestazione	die Informations~ / Die ~ findet morgen statt. / zu einer ~ gehen
anwesend	presente	~ sein / Alle waren ~.

da sein[3]	esserci, essere presente	„Ist Herr Müller da?“
abwesend	assente	~ sein / von zu Hause ~ sein
allein	(da) solo	~ sein / jdn. ~ lassen / etw. ~ machen
einsam	solo, solitario	~ sein / sich ~ fühlen / eine ~e Insel

1 einladen: ich lade ein, er lädt ein – lud ein – hat eingeladen

2 teilnehmen: ich nehme teil, er nimmt teil – nahm teil – hat teilgenommen

3 da sein: ist da – war da – ist da gewesen

Begrüßung, Abschied 90

die Verabredung, -en	l'appuntamento	eine ~ treffen / eine ~ haben
sich verabreden	darsi appuntamento	sich für morgen ~ / verabredet sein
treffen[1]	incontrar(si)	jdn. auf der Straße ~ / zufällig ~ / sich mit jdm. ~
abholen	andare a prendere	jdn. vom Flughafen ~ / seinen Freund zum Spazierengehen ~
ausgehen[2]	uscire	mit seinem Freund zum Tanzen ~
begleiten	accompagnare	eine Freundin ~
der Empfang, ¨-e	l'accoglienza	ein herzlicher ~
die Begrüßung, -en	il saluto	die herzliche ~ / jdm. zur ~ die Hand geben
begrüßen	salutare	die Gäste ~
willkommen	benvenuto	jdn. ~ heißen / „Seien Sie ~!“ / eine ~e Gelegenheit
umarmen	abbracciare	die Freunde ~ sich
kennen[3]	conoscere	jdn. schon lange ~ / „Kennen Sie dieses Café?“
(sich) kennen lernen[3]	conoscer(si)	jdn. ~ ~ / sich ~ ~ / fremde Länder ~ ~
fremd	estraneo, straniero	Er ist mir ~. / ein ~er Gast
(sich) vorstellen	presentar(si)	die neuen Gäste den anderen ~
der Abschied	il commiato, il congedo	~ nehmen / der ~s·besuch
(sich) verabschieden	accomiatarsi, congedarsi	sich von jdm. ~
das Wiedersehen	l'arrivederci	„Auf ~! Bis morgen.“
das Wiederhören	l'arrivederci (al telefono)	„Ich rufe später noch mal an. Auf ~!“
(sich) trennen	separar(si)	sich von jdm. ~
winken	salutare con un cenno della mano	bei der Abfahrt ~ / jdm. zu~

1 treffen: ich treffe, er trifft – traf – hat getroffen
2 ausgehen: geht aus – ging aus – ist ausgegangen
3 kennen: kennt – kannte – hat gekannt

91 Gutes Benehmen

das Benehmen	il comportamento	das gute ~ / das schlechte ~
die Umgangsformen (Pl.)	le maniere	auf gute ~ achten
sich benehmen[1]	comportarsi	sich gut ~ / sich zu ~ wissen
höflich	cortese, gentile	ein ~er junger Mann / sehr ~ sein / ≠ un~
liebenswürdig	gentile	~ sein / das ist sehr ~
freundlich	gentile	~ sein / ein ~er Herr / „Bitte seien Sie so ~ …" / ≠ un~
nett	gentile	„Das ist sehr ~ von Ihnen." / eine ~e junge Dame
herzlich	cordiale, cordialmente, di cuore	jdn. ~ begrüßen / „~ willkommen!"
bescheiden	modesto	~ sein / ein ~es Kind / ≠ un~
die Rücksicht	il riguardo	auf jdn. ~ nehmen / mit ~ auf etw./jdn.
loben	lodare	jdn. für etw. ~
beliebt	amato	~ sein / sich ~ machen / ≠ un~
artig	a modo	ein ~es Kind / „Sei ~!" / ≠ un~
vernünftig	ragionevole	~ sein / ein ~er Vorschlag / ≠ un~
angenehm	piacevole	~e Nachbarn haben / ein ~er Aufenthalt / ≠ un~
vornehm	fine	eine ~e Dame / ein ~es Haus

1 sich benehmen: ich benehme mich, er benimmt sich – benahm sich – hat sich benommen

92 Schlechtes Benehmen

▲ 53 Angst ▼ 96 Streit

unhöflich	scortese	ein ~er Mensch / zu jdm. ~ sein
taktlos	privo di tatto	eine ~e Frage / sich ~ benehmen
unverschämt	vergognoso	„Das ist ~!" / ~es Benehmen
frech	insolente, impertinente	eine ~e Antwort geben / ein ~er Junge
eingebildet	borioso	~ sein / Er ist mir zu ~.
sich blamieren	fare una figuraccia	sich sehr ~ / sich vor allen Leuten ~
die Verlegenheit, -en	l'imbarazzo	jdn. in ~ bringen / seine ~ verbergen
peinlich	imbarazzante, penoso	eine ~e Frage stellen / Das ist mir ~.

Sympathie ▲ 89 Bekannte 93

das Verhältnis, -se	il rapporto, la relazione	ein gutes ~ zu jdm. haben
die Beziehung, -en	il rapporto, la relazione	gute ~en zu jdm. haben
der Kontakt, -e	il contatto	gute ~e haben / gute ~e pflegen
die Sympathie, -n	la simpatia	für jdn. ~ haben / ein Zeichen der ~
sympathisch	simpatico	Er ist mir ~. / Ich finde sie ~./ ≠ un~
leiden können[1]	provare dei sentimenti	jdn. gut ~ ~
mögen[2]	piacere	jdn. (gern) ~
gefallen[3]	piacere	Es hat mir gut ~. / Das Buch gefällt mir.
(sich) verstehen[4]	capirsi	sich mit jdm. ~ / Wir ~ uns.
das Verständnis	la comprensione	viel ~ haben für etw./jdn. / kein ~ haben
das Vertrauen	la fiducia, la confidenza	zu jdm. ~ haben / etw. im ~ sagen
sich verlassen[5]	fidarsi	sich auf jdn. ~ können / sich auf etw. ~
der Freund, -e	l'amico	mein ~ / Wir sind ~e. / Er ist kein ~ von abstrakter Kunst. // die Freundin
die Freundschaft, -en	l'amicizia	Uns verbindet eine enge ~.

1 leiden können: kann ihn leiden – konnte ihn leiden

2 mögen: mag – mochte – hat gemocht

3 gefallen: gefällt – gefiel – hat gefallen

4 sich verstehen: versteht sich – verstand sich – hat sich verstanden

5 sich verlassen: ich verlasse mich, er verlässt sich – verließ sich – hat sich verlassen

Liebe ▲ 50 Angenehme Gefühle 94

die Zuneigung	l'affetto, la simpatia	für jdn. ~ empfinden
die Liebe	l'amore	aus ~ (zu jdm.) etw. tun / etw. mit (viel) ~ tun / der ~s·brief / der ~s·kummer
sich verlieben	innamorarsi	sich in jdn. ~ / verliebt sein
(sich) lieben	amar(si)	jdn. leidenschaftlich ~ / Sie ~ sich. / Er liebt seine Arbeit.
der Liebling, -e	il prediletto	Sie ist der ~ ihrer Großeltern.
lieb	amato, caro	„Liebe Freunde!" / jdn. ~ haben / Es wäre mir ~, wenn …
(sich) küssen	baciar(si)	jdn. zärtlich ~ / auf den Mund ~ / die Hand ~
der Kuss, ⸚e	il bacio	jdn. einen ~ geben / der Hand~
die Leidenschaft, -en	la passione	mit ~ lieben
glücklich	felice	~ sein / jdn. ~ machen / ≠ un~

treu	fedele	~ sein / ein ~er Freund / ≠ un~
eifersüchtig	geloso	auf jdn. ~ sein / eine ~e Frau
die Eifersucht	la gelosia	Seine blinde ~ quält ihn.

95 Abneigung

die Abneigung	l'avversione, l'antipatia	~ empfinden / gegen jdn./etw. eine ~ haben
(sich) ärgern	arrabbiarsi	jdn. ~ / sich über jdn./etw. ~ / Das ärgert mich.
ärgerlich	arrabbiato	~ sein auf jdn. / ~ werden
böse	arrabbiato, cattivo	~ werden / (mit) jdm./auf jdn. ~ sein
der Ärger	la rabbia	~ bekommen mit jdm. / viel ~ haben
hassen	odiare	jdn. ~ / seine Feinde ~ / Sie hasst Unordnung.
verachten	disprezzare	jdn. ~ / wegen seiner Feigheit ~
der Feind, -e	il nemico	Sie sind ~e. // die Feindin
das Misstrauen	la sfiducia	Dein ~ kränkt mich.

96 Streit, Wut

▲ 60 Ablehnen ▲ 76 Lügen ▲ 92 Schlechtes Benehmen

der Streit	il litigio	das ~gespräch / einen ~ vermeiden
streiten	litigare, discutere	sich mit jdm. ~ / Darüber lässt sich ~.
der Konflikt, -e	il conflitto	ein schwerer ~ / ein ~ zwischen ...
sich beschweren	protestare, lamentarsi	sich bei jdm. über etw. ~
der Vorwurf, ¨-e	il rimprovero	jdm. einen ~ machen / bittere ¨~e
schimpfen	imprecare, sgridare	auf jdn. ~ / ein Kind be~ / mit jdm. ~ / über etw. ~
ironisch	ironico	eine ~e Antwort geben / ~ sein
der Spott	l'ironia	beißender ~ / den ~ nicht ertragen
beleidigen	offendere	jdn. ~ / beleidigt sein
kränken	urtare, ferire (moralmente)	jdn. ~ / sich gekränkt fühlen
der Idiot, -en	l'idiota	„Du ~!" / „So ein ~!"
verrückt	pazzo	„Du bist wohl ~?" / jdn. ~ machen / eine ~e Idee
wahnsinnig	pazzo	Bist du ~? / ~ sein/werden
doof	stupido	„Du bist ~ !"
nervös	nervoso	~ werden / ~ sein
aufregen	innervosir(si), agitarsi	sich über etw. ~ / „Reg dich nicht auf!" / Der Brief regte sie auf. / eine ~de Fahrt
wütend	furioso	~ sein / ~ werden / ~ schreien
der Zorn	la collera	der ~ Gottes
die Wut	la rabbia	in ~ geraten / voller ~ / der ~ausbruch

zornig	incollerito	~ sein / ~ werden
schlagen[2]	picchiare	jdm. ins Gesicht ~ / jdn. ~
die Ohrfeige, -n	lo schiaffo	jdm. eine ~ geben

1 streiten: streitet – stritt – hat gestritten

2 schlagen: ich schlage, er schlägt – schlug – hat geschlagen

Rache, Verzeihung 97

reagieren	reagire	heftig ~ / gelassen ~ / auf etw. ~
die Reaktion, -en	la reazione	eine heftige ~
sich etw. gefallen lassen[1]	tollerare, accettare	sich nichts ~ ~
übel nehmen[2]	prender male	einen Spaß ~ ~ / jdm. etw. ~ ~
sich rächen	vendicarsi	sich an jdm. ~ / sich grausam ~
(sich) entschuldigen	scusar(si)	sich bei jdm. für etw. ~ / sich wegen Krankheit ~ lassen / „Entschuldigen Sie bitte die Verspätung." / Dieser Fehler ist nicht zu ~.
die Entschuldigung, -en	la scusa	um ~ bitten / „~!"
bedauern	rammaricarsi, dispiacere	sehr ~, dass … / etw. lebhaft ~
Leid tun[3]	dispiacere, fare pena	Es tut mir sehr ~, dass … / Dieses kranke Kind tut mir Leid.
leider	purtroppo	Es ist nun mal ~ passiert.
verzeihen[4]	perdonare, scusare	jdm. etw. ~
die Verzeihung	il perdono	„~!" / um ~ bitten
(sich) beruhigen	calmar(si)	sich nicht ~ können / „Beruhige dich doch bitte wieder!"

1 gefallen lassen: ich lasse mir etw. gefallen, er lässt sich etw. gefallen – ließ sich etw. gefallen – hat sich etw. gefallen lassen

2 übel nehmen: ich nehme übel, er nimmt übel – nahm übel – hat übel genommen

3 Leid tun: tut Leid – tat Leid – hat Leid getan

4 verzeihen: verzeiht – verzieh – hat verziehen

Ansehen ▼ 148 Ruhm 98

öffentlich	pubblico	die ~e Meinung / das ~e Leben / eine ~e Sitzung
die Öffentlichkeit	il pubblico	die ~ informieren / in aller ~
die Gesellschaft, -en	la società	der Einzelne und die ~ / die gute ~
das Ansehen	la reputazione	(ein) großes ~ genießen
achten	stimare	jdn. ~ / ≠ ver~

die Achtung	il rispetto, la stima	vor jdm. ~ haben / die Hoch~
die Autorität, -en	l'autorità	die ~ des Professors
die Persönlichkeit, -en	la personalità	eine bedeutende ~ / eine ~ des öffentlichen Lebens
die Ehre	l'onore	die ~ verletzen / jdm. sein ~n·wort geben
ehren	onorare	eine Persönlichkeit ~ / Sehr geehrter Herr Müller, ...
der Titel, -	il titolo	der Doktor~
stolz	fiero, orgoglioso	~ sein auf seinen Erfolg
die Schande	la vergogna	Das ist eine ~. / „So eine ~!"

TEST

1 Ordnen Sie die folgenden Wörter.

lieben, hassen, beleidigen, sich verstehen, herzlich, rücksichtslos, frech, freundlich

Zuneigung: ____________, ____________, ____________, ____________

Abneigung: ____________, ____________, ____________, ____________

2 Gegensätze

1. Geburt: ____________ 2. lebendig: ____________

3. jung: ____________ 4. verheiratet: ____________

5. begrüßen: ____________ 6. höflich: ____________

7. sich rächen: ____________ 8. volljährig: ____________

9. das Vertrauen: ____________ 10. Zuneigung: ____________

11. Hass: ____________

3 Definitionen

1. Der Tag, an dem ich geboren bin: mein ______________

2. Ein männliches Kind von etwa 10 Jahren: ______________

3. Der Holzkasten, in den man die Leiche legt: ______________

4. Die Urkunde, aus der hervorgeht, wer etwas erbt: ______________

5. Ein erwachsener Mann, der ledig ist: ______________

6. Vater und Mutter: ______________

7. Brüder und Schwestern: ______________

8. Die Art und Weise, wie ich mich andern gegenüber verhalte: ______________

9. Ein Schlag mit der flachen Hand ins Gesicht: ______________

10. Jemand beleidigt meine Ehre, deshalb tue ich ihm auch etwas Böses: Ich ______________ mich.

11. Ich sage: „Was ich getan habe, tut mir Leid.“: Ich ______________ mich.

4 Setzen Sie die Artikel ein.

1. ______ Liebe, 2. ______ Ehre, 3. ______ Zorn, 4. ______ Streit, 5. ______ Tod,

6. ______ Feier

❺ Verwandte

Männliche Verwandte: 1

Weibliche Verwandte: 3, 4, 5, 6, 7

ohne Angabe des Geschlechts: 2, 8, 9

1							V		T	E	R	
2							E		T	E	R	
3						M			T	E	R	
4						T			T	E		
5					T				T	E	R	
6					N				T	E		
7			S						T	E	R	
8		V							T	E		
9	G								T	E	R	

Öffentliches Leben
Vita pubblica

Staat 99

das Land, ¨er	il Paese	Deutsch~ / die deutschen (Bundes)~̈er: Bayern, Hessen, Sachsen ... / fremde ~̈er besuchen
der Staat, -en	lo Stato	die ~s·angehörigkeit / die Vereinigten ~en (USA)
staatlich	statale, nazionale	die ~e Schule / ein ~er Betrieb / ~e Subventionen
die Staatsangehörigkeit	la nazionalità	die deutsche ~ haben
das Volk, ¨er	il popolo	das deutsche ~ / die ~̈er Europas
die Bevölkerung	la popolazione	die Land~ / die ~s·dichte
der Einwohner, -	l'abitante	die ~ von Berlin / die ~zahl
der Bürger, -	il cittadino	der Staats~ / alle ~ der Stadt
die Heimat	la patria, il paese natale	die ~ lieben / Seine ~ ist das Rheinland.
das Heimweh	la nostalgia	~ bekommen / ~ haben nach ...
das Gebiet, -e	la regione, il territorio	das Industrie~ / das Ruhr~
das Bundesland, ¨er	la regione federale, il Land	das ~ Nordrhein-Westfalen
der Kreis, -e	il distretto	der Land~ / die ~stadt
der Bezirk, -e	la circoscrizione	der Verwaltungs~ / der Grenz~
die Gemeinde, -n	il comune	die ~verwaltung
die Hauptstadt, ¨e	la capitale	Die ~ Frankreichs ist Paris.

Regierungsformen 100

der Kaiser, -	l'imperatore	die ~krone // die Kaiserin
der König, -e	il re	das ~reich // die Königin
das Schloss, ¨er	il castello	das ~ besichtigen / der ~park
die Revolution, -en	la rivoluzione	die französische ~ von 1789
die Krise, -n	la crisi	die Regierungs~ / die Wirtschafts~
die Demokratie, -n	la democrazia	in einer ~ leben
demokratisch	democratico	die ~e Verfassung / ≠ un~
die Republik, -en	la repubblica	die Bundes~ Deutschland
der Präsident, -en	il presidente	der Bundes~ // die Präsidentin
die Freiheit	la libertà	die persönliche ~ / die Presse~
frei	libero	~ sein / sich ~ entscheiden/ ≠ un~
gleichberechtigt	avente gli stessi diritti	~e Partner / ~ sein

101 Parlament, Regierung ▼ 110 Gesetze

die Macht, ¨-e	il potere, la potenza	die Groß~¨e / an die ~ kommen / an der ~ sein
das Parlament, -e	il parlamento	das ~s·mitglied
die Sitzung, -en	la seduta	die ~ eröffnen / die ~ beenden
der Abgeordnete, -n	il deputato	die Bundestags~n wählen // die Abgeordnete
die Mehrheit, -en	la maggioranza	die absolute ~ / die ~ entscheidet
die Minderheit, -en	la minoranza	eine ~s·regierung / in der ~ sein
abstimmen	votare	über einen Antrag ~
die Opposition	l'opposizione	die ~s·partei / der ~s·führer
die Regierung, -en	il governo	die ~s·partei / der ~s·chef / die ~ übernehmen / die ~ tagt
die Bundesregierung	il governo federale	die neue ~
der Bundeskanzler, -	il cancelliere	Der ~ bildet die neue Regierung.
regieren	governare	das Land ~
das Ministerium, -ien	il ministero	das Außen~ / das Innen~ / das Finanz~
der Minister, -	il ministro	jdn. zum ~ ernennen / ~ werden / der Rücktritt des ~ // die Ministerin
der Politiker, -	il politico	ein bekannter ~ // die Politikerin
die Politik	la politica	die Welt~ / die Innen~ / die Außen~
politisch	politico	eine ~e Entscheidung treffen / die ~e Situation eines Landes
die Reform, -en	la riforma	die Steuer~ / die Rechtschreib~

102 Parteien

die Partei, -en	il partito	die politischen ~en / eine ~ wählen
konservativ	conservatore	eine ~e Partei / ~ eingestellt sein
liberal	liberale	eine ~e Partei
sozialistisch	socialista	die ~e Partei / die ehemaligen ~en Länder
das Mitglied, -er	il membro	~ werden / das Partei~ / das Gewerkschafts~
aufnehmen[1]	ammettere	jemanden als neues Mitglied ~
die Bürgerinitiative, -n	l'iniziativa civica	eine ~ gegen Atomkraftwerke
die Kommission, -en	la commissione	eine ~ bilden / die Untersuchungs~
die Wahl, -en	le elezioni	der ~kampf / das ~lokal / die ~kabine / die ~urne / das ~ergebnis / die ~ gewinnen / die ~ verlieren / die ~ annehmen

der Wähler, -	l'elettore	um die Gunst der ~ werben // die Wählerin
die Stimme, -n	il voto	seine ~ abgeben / sich der ~ enthalten
der Stimmzettel, -	la scheda elettorale	den ~ in die Wahlurne werfen
der Kandidat, -en	il candidato	sich als ~ aufstellen lassen / Die ~en stellen sich vor. // die Kandidatin

1 aufnehmen: ich nehme auf, er nimmt auf – nahm auf – hat aufgenommen

Verwaltung 103

die Verwaltung	l'amministrazione	die Stadt~ / das ~s·gebäude / die Haus~
der Bürgermeister, -	il sindaco	der Ober~ von München / der ~ unserer Gemeinde
der Beamte, -n	l'impiegato, il funzionario statale	der Finanz~ / der Justiz~ / Er ist ~r.
das Rathaus, ¨-er	il municipio	das Hamburger ~ / aufs ~ gehen
die Behörde, -n	le autorità amministrative	einen Brief an die ~ schreiben
das Amt, ¨-er	l'ufficio, la carica	das Arbeits~ / das Finanz~ / das ~ des Präsidenten übernehmen
offiziell	ufficiale	etw. ~ mitteilen / ein ~er Bescheid
amtlich	ufficiale	ein ~es Schreiben / Jetzt ist es ~.
die Auskunft, ¨-e	l'informazione	eine Telefonnummer über die ~ erfragen / eine ~ geben
die Abteilung, -en	il reparto	die zuständige ~
der Antrag, ¨-e	la domanda	einen ~ stellen / den ~ genehmigen / den ~ ablehnen / „Die Anträge bekommen Sie im nächsten Zimmer."
beantragen	presentare domanda	eine Aufenthaltserlaubnis ~ / Wohngeld ~ / Unterstützung ~
der Bescheid, -e	l'informazione ufficiale, l'avviso da parte di un ufficio pubblico	einen ~ bekommen / der endgültige ~
das Formular, -e	il modulo	das Antrags~ / das ~ ausfüllen
ausfüllen	compilare	den Antrag ~ / das Formular ~
die Liste, -n	la lista	sich in die ~ eintragen
die Urkunde, -n	il certificato	die Geburts~ / die Heirats~ / die Sterbe~
die Bescheinigung, -en	l'attestato, il certificato	eine ~ brauchen / eine ~ ausstellen
die Vorschrift, -en	le istruzioni, le norme	sich nach den ~en richten / sich an die ~en halten

104 Ausland

▲ 84 Pass

die Grenze, -n	la frontiera, il confine	die Staats~ / die ~ überschreiten / die Grenzkontrolle
der Zoll	la dogana	die Abfertigung beim ~ / Der ~beamte kontrolliert die Waren.
verzollen	dichiarare	„Haben Sie etwas zu ~ ?“
der Schmuggel	il contrabbando	
das Ausland	l'estero	ins ~ reisen / im ~ leben / Freunde im ~ haben
der Ausländer, -	lo straniero	~ sein / das ~amt // die Ausländerin
das Visum, Visa	il visto	ein ~ beantragen / ein ~ brauchen
ausländisch	straniero	eine ~e Firma / ~e Waren
das Asyl [a'zy:l]	l'asilo (politico)	um politisches ~ bitten / ~ gewähren
die Botschaft, -en	l'ambasciata	die deutsche ~ in Paris
der Vertrag, ¨-e	il trattato	der Handels~ / der Friedens~
abschließen[1]	stipulare	einen Vertrag ~
die Gemeinschaft, -en	la comunità	die europäische Staaten~
international	internazionale	die ~en Beziehungen / ~ tätig sein / Die Gruppe der Teilnehmer ist ~.

1 abschließen: schließt ab – schloss ab – hat abgeschlossen

105 Militär

▲ 58 Befehlen

die Bundeswehr	le forze armate	die deutsche ~
das Heer, -e	l'esercito, le forze armate	das feindliche ~
die Luftwaffe, -n	l'aeronautica militare	die Angriffe der ~
die Marine	la marina	die Kriegs~ / der ~stützpunkt
der Offizier, -e	l'ufficiale	~ sein / der Unter~
der Soldat, -en	il soldato	~ werden / ~ sein / der Berufs~
die Uniform, -en	l'uniforme, la divisa	eine ~ tragen / die Offiziers~
die Kaserne, -n	la caserma	der ~n·hof / in der ~ wohnen
der Wehrdienst	il servizio militare	zum ~ eingezogen werden / ~ leisten

106 Bewaffnung

die Waffe, -n	l'arma	eine ~ besitzen / mit ~n·gewalt
die Pistole, -n	la pistola	die ~ ziehen
das Gewehr, -e	il fucile	das Maschinen~ / das Jagd~

die Munition	le munizioni	die ~s·fabrik / das ~s·depot
der Schuss, ¨-e	lo sparo	einen ~ abgeben / Es fällt ein ~.
schießen[1]	sparare	mit dem Gewehr ~ / scharf ~ / jdn. er~ / das Flugzeug ab~
zielen	mirare	mit der Pistole auf jdn. ~
treffen[2]	colpire	ins Ziel ~
die Explosion, -en	l'esplosione	die ~ der Bombe
der Panzer, -	il carro armato	der ~angriff / den ~ zerstören
der Düsenjäger, -	il caccia a reazione	die ~ greifen an / einen ~ abschießen
die Bombe, -n	la bomba	~n abwerfen / die Atom~ / Die ~ explodiert.
das U-Boot, -e	il sommergibile	Das ~ taucht. / Das ~ taucht auf.

1 schießen: schießt – schoss – hat geschossen

2 treffen: ich treffe, er trifft – traf – hat getroffen

Krieg ▲ 52 Gefahr 107

der Krieg, -e	la guerra	jdm. den ~ erklären / einen ~ führen / der 1. und der 2. Welt~ / der Bürger~
der Feind, -e	il nemico	viele ~e haben / die ~schaft
feindlich	nemico	ein ~es Flugzeug / der ~e Angriff
angreifen[1]	attaccare, assalire	den Feind ~ / die Stadt ~
der Kampf, ¨-e	il combattimento	der ~ auf Leben und Tod
kämpfen	combattere	gegen den Feind ~ / an der Front ~ / für etw. ~
verteidigen	difendere	sich gegen den Feind ~ / die Heimat ~
zerstören	distruggere	eine Brücke ~ / eine Stadt mit Bomben ~
vernichten	annientare	den Feind ~ / die Panzer ~
der Flüchtling, -e	il profugo, il rifugiato politico	den ~en Asyl gewähren
die Flucht	la fuga	auf der ~ sein
der Kriegsgefangene, -n	il prigioniero di guerra	das ~n·lager
der Verwundete, -n	il ferito	der ~n·transport
der Gefallene, -n	il caduto	die ~n ehren
die Niederlage, -n	la sconfitta	eine schwere ~ erleiden
der Sieg, -e	la vittoria	den ~ erringen / den ~ feiern
der Frieden	la pace	der ~s·vertrag / in ~ leben

1 angreifen: greift an – griff an – hat angegriffen

108 Verbrechen

die Gewalt	la violenza	~ anwenden / etw. mit ~ tun wollen
das Vergehen, -	il delitto	ein ~ bestrafen
das Verbrechen, -	il crimine	ein ~ begehen / das ~ aufklären
der Verbrecher, -	il criminale	einen ~ überführen / einen ~ festnehmen
strafbar	passibile di pena, punibile	eine ~e Handlung
der Einbrecher, -	lo scassinatore, il ladro	die ~bande / den ~ festnehmen
der Einbruch, ¨-e	lo scasso, l'effrazione	der ~ in den Supermarkt
der Dieb, -e	il ladro	„Haltet den ~!" / den ~ festnehmen // die Diebin
stehlen[1]	rubare	jdm. etw. ~ / Geld ~ / jdn. be~
der Diebstahl, ¨-e	il furto	einen ~ der Polizei melden
der Überfall, ¨-e	la rapina	ein ~ auf eine Bank
töten	uccidere	jdn. ~ / getötet werden
ermorden	assassinare	einen Juwelier ~
der Mord, -e	l'assassinio	der ~versuch / der Raub~ / der Selbst~
der Mörder, -	l'assassino	den ~ festnehmen
das Gift, -e	il veleno	die ~stoffe / „Vorsicht, ~!"

1 stehlen: ich stehle, er stiehlt – stahl – hat gestohlen

109 Polizei

die Polizei	la polizia	die ~ rufen / bei der ~ arbeiten / von der ~ angehalten werden / das ~revier / die Kriminal~
der Polizist, -en	il poliziotto	Die ~en kontrollieren die Autos.
der Fall, ¨-e	il caso	der Kriminal~ / der Mord~ / den ~ aufklären
die Kriminalpolizei	la polizia giudiziaria	
der Verdacht	il sospetto	einen ~ haben / jdn. im ~ haben
verdächtigen	sospettare	einen Unschuldigen ~
die Spur, -en	la traccia	eine ~ finden / die ~en sichern
die Anzeige, -n	la denuncia	eine ~ machen / gegen jdn. ~ erstatten
der Täter, -	il colpevole, il reo	den ~ festhalten / den ~ verhaften
fassen[1]	catturare, prendere, acciuffare	den Dieb~
festnehmen[2]	arrestare	den Mörder ~

verhaften	arrestare	den Dieb ~
beschlagnahmen	confiscare	das gestohlene Auto ~
das Verhör, -e	l'interrogatorio	ein langes ~ / das ~ protokollieren
die Aussage, -n	la deposizione	vor der Polizei eine ~ machen
beschuldigen	accusare	jdn. eines Verbrechens ~
leugnen	negare	die Wahrheit ~
gestehen[3]	confessare	das Verbrechen ~

1 fassen: fasst – fasste – hat gefasst

2 festnehmen: ich nehme fest, er nimmt fest – nahm fest – hat festgenommen

3 gestehen: gesteht – gestand – hat gestanden

Gericht **110**

▲ 64 Beweisen ▲ 76 Wahrheit sagen

das Gericht, -e	il tribunale	das Amts~ / das Land~ / die ~s·verhandlung
der Prozess, -e	il processo	den ~ gewinnen / den ~ verlieren
der Richter, -	il giudice	vor dem ~ stehen // die Richterin
der Staatsanwalt, ¨-e	il pubblico ministero	die Ausführungen des ~s // die Staatsanwältin
der Kläger, -	il querelante, l'accusatore	der ~ vor Gericht // die Klägerin
der Angeklagte, -n	l'accusato	Der ~ verteidigt sich. // die Angeklagte
der Rechtsanwalt, ¨-e	l'avvocato	die Sache dem ~ übergeben / Der ~ verteidigt den Angeklagten. // die Rechtsanwältin
der Anwalt, ¨-e	l'avvocato	
der Zeuge, -n	il testimone	der Augen~ / die Aussagen des ~n // die Zeugin
schwören	giurare	vor Gericht ~ müssen / etw. be~ können
der Eid, -e	il giuramento	einen ~ ablegen / der Mein~ (= falscher Eid)
das Gesetz, -e	la legge	das Bürgerliche ~buch / gegen das ~ verstoßen / ein neues ~ beschließen
der Paragraph, -en	il paragrafo	die ~en des Gesetzes
das Recht, -e	il diritto	das geltende ~ / die Menschen~e / etw. zu ~ tun / das ~ auf Meinungsfreiheit

Urteil **111**

das Urteil, -e	il giudizio, la sentenza	ein ~ fällen / die ~s·begründung
verurteilen	condannare	jdn. zu einer Geldstrafe ~
freisprechen[1]	assolvere	den Angeklagten ~
unschuldig	innocente	Der Angeklagte ist ~.
schuldig	colpevole	~ sein / jdn. ~ sprechen

die Strafe, -n	la pena, la multa	die Freiheits~ / die Todes~ / eine ~ von 50 € bezahlen
bestrafen	punire, condannare	jdn./etw. hart ~ / mit 5 Jahren Haft ~
das Gefängnis, -se	la prigione, il carcere	ins ~ kommen / im ~ sitzen
die Berufung, -en	l'appello	gegen das Urteil ~ einlegen
die Gerechtigkeit	la giustizia	~ fordern / ≠ die Un~
gerecht	giusto	ein ~es Urteil / eine ~e Strafe / ≠ un~
fair [fɛːɐ]	corretto	ein ~es Spiel / ≠ un~

1 freisprechen: ich spreche frei, er spricht frei – er sprach frei – er hat freigesprochen

TEST

1 Welche Wörter gehören zusammen?

schwören, regieren, ausfüllen, schießen, kämpfen, stehlen

1. Waffe: ______________ 2. Antrag: ______________

3. Bundeskanzler: ______________ 4. Krieg: ______________

5. Dieb: ______________ 6. Eid: ______________

2 Gegensätze

1. die Minderheit: ______________ 2. der Krieg: ______________

3. der Sieg: ______________ 4. leugnen: ______________

5. freisprechen: ______________ 6. schuldig: ______________

7. gerecht: ______________

③ Definitionen

1. Die Stadt, in der die Regierung des Landes ist: ______________

2. Die Sehnsucht, wieder in der Heimat zu sein: ______________

3. Ein Land mit einem König: ______________

4. Ein Mitglied des Parlaments: ______________

5. Die Trennungslinie zwischen zwei Staaten: ______________

6. Die bewaffnete Auseinandersetzung zwischen zwei Staaten: ______________

7. Jemand, der in fremde Häuser eindringt, um etw. zu stehlen: ______________

8. Ein Mensch, der einen anderen tötet: ______________

9. Chemischer Stoff, der Menschen töten kann: ______________

10. Die Institution, die feststellt, ob ein Angeklagter schuldig oder unschuldig ist, und die eventuell eine Strafe festlegt: ______________

11. Derjenige, der den Angeklagten verteidigt: ______________

12. Schnelles Kampfflugzeug: ______________

13. Schiff, das auch unter Wasser fahren kann: ______________________

④ Lesen Sie mit deutlicher Betonung.

Demokratie, demokratisch, Regierung, Ministerium, Minister, Partei, Politik, politisch.

Arbeitswelt, Freizeit
Mondo del lavoro, tempo libero

Schulwesen
Organizzazione scolastica

112 Schule
Scuola
113 Prüfung
Esame
114 Universität
Università
Test

Beruf
Professione

115 Beruf
Professione
116 Arbeitgeber, Arbeitnehmer
Datore di lavoro, dipendente
117 Arbeit
Lavoro
118 Anstrengung, Erholung
Fatica, riposo
119 Zusammenarbeit
Collaborazione
120 Erfolg, Misserfolg
Successo, insuccesso
Test

Wirtschaft
Economia

121 Produktion
Produzione
122 Technik, Werkzeuge
Tecnica, attrezzi
123 Rohstoffe
Materie prime
124 Energie
Energia
125 Handel
Commercio
126 Geschäft
Negozio
127 Verpackung
Confezione
128 Gewicht
Peso
129 Preis
Prezzo
130 Geld
Soldi
131 Einkommen
Reddito
132 Besitz
Proprietà
133 Armut
Povertà
134 Geben, nehmen
Dare, prendere
Test

Verkehr
Traffico

135 Straßen
Strade
136 Verkehr
Traffico
137 Auto fahren
Andare in automobile
138 Panne, Unfall
Guasto, incidente
139 Schienenverkehr
Traffico ferroviario
140 Luftverkehr
Traffico aereo
141 Schifffahrt
Viaggio in nave
142 Transport
Trasporto
143 Reise
Viaggio
144 Hotel, Camping
Hotel, campeggio
Test

Freizeit
Tempo libero

145 Spielen
Giocare
146 Sport
Sport
147 Musik
Musica
148 Malerei
Pittura
149 Literatur
Letteratura
150 Theater
Teatro
151 Kino, Fernsehen, Rundfunk
Cinema, televisione, radio
152 Fotografie
Fotografia
153 Geschmack
Gusti
Test

Schulwesen
Organizzazione scolastica

112 Schule

die Schule, -n	la scuola	die Grund~ / zur ~ gehen / Die ~ fängt bald wieder an. / Unsere neue ~ ist viel größer als die alte.
die Volkshochschule, -n	l'università popolare	einen Kurs an der ~ besuchen
der Kursleiter ,-	il docente	Wer ist der neue ~?
der Kurs, -e	il corso	der Deutsch~ / der Sprach~
das Gymnasium, Gymnasien	il liceo	aufs ~ gehen
die Klasse, -n	la classe	in die 10. ~ gehen / In dieser ~ gibt es nur 3 Mädchen. / der ~n·raum
die Tafel, -n	la lavagna	die Wand~ / etw. an die ~ schreiben / eine Informations~
der Unterricht	l'insegnamento, la lezione	der Schul~ / der Deutsch~
erziehen[1]	educare	seine Kinder zur Selbstständigkeit ~ / gut erzogen sein
die Erziehung	l'educazione	die ~ der Kinder / eine gute ~
die Bildung	la cultura, la formazione, l'istruzione	die Allgemein~ / die ~s·reise
die Erwachsenenbildung	l'istruzione per adulti	die ~ fördern
die Weiterbildung	il perfezionamento	die ~ ist für jeden wichtig
das Fach, ¨er	la materia	das Haupt~ / das Neben~ / Sie ist vom ~.

Schulfächer

Religion	religione
Deutsch	tedesco
Geschichte	storia
Soziologie	sociologia
Erdkunde	geografia
Fremdsprachen	lingue straniere
Mathematik	matematica
Informatik	informatica

Biologie	biologia
Chemie	chimica
Physik	fisica
Musik	musica
Sport	educazione fisica

der Lehrer, -	l'insegnante, il maestro, il professore	der Deutsch~ // die Lehrerin
unterrichten	insegnare	Deutsch ~ / Französisch ~
die Stunde, -n	l'ora, la lezione	die Deutsch~ / fünf ~n Unterricht haben
der Schüler, -	l'allievo, lo scolaro, lo studente	ein guter ~ / der Mit~ // die Schülerin
(sich) melden	alzare la mano	Der Schüler meldet sich.
lernen	imparare	eine Fremdsprache ~ / einen Beruf er~
das Heft, -e	il quaderno	das Schul~ / etw. ins ~ schreiben
die Aufgabe, -n	il compito	die Haus~n / die ~n machen
die Übung, -en	l'esercizio	eine ~ machen / die ~s·arbeit / in etw. ~ haben
das Schuljahr, -e	l'anno scolastico	der Anfang des ~s / das ~es·ende
die Ferien (Pl.)	le vacanze	die großen ~ / die Oster~ / die ~reise / ~ machen

1 erziehen: erzieht – erzog – hat erzogen

Prüfung ▲ 72 Frage, Antwort ▼ 120 Erfolg

die Arbeit, -en	il compito, il lavoro	eine ~ schreiben / die ~ in Deutsch
die Klassenarbeit, -en	il compito in classe	eine ~ schreiben
das Diktat, -e	il dettato	ein ~ schreiben
der Aufsatz, ¨-e	il tema	ein ~thema / einen ~ schreiben
der Fehler, -	l'errore	ein schwerer ~ / ein leichter ~ / viele ~ machen / eine Sprache ohne ~ sprechen
falsch	sbagliato	~ sein / ~ rechnen / ~ schreiben
korrigieren	correggere	den Fehler ~ / die Klassenarbeit ~
richtig	giusto, esatto, corretto	~ schreiben / ~ rechnen / die ~e Antwort
die Note, -n	il voto	eine gute ~ / eine schlechte ~ bekommen
die Zensur, -en	il voto	gute ~en auf dem Zeugnis haben

Zensuren

1 = sehr gut	ottimo
2 = gut	distinto
3 = befriedigend	buono
4 = ausreichend	sufficiente
5 = mangelhaft	insufficiente
6 = ungenügend	gravemente insufficiente

die Prüfung, -en	l'esame	die mündliche ~ / die schriftliche ~ / eine ~ machen / die ~s·angst
das Abitur	(l'esame di) maturità	das ~ machen / das ~ bestehen
die Matura (österr.)	la maturità	die ~ machen
prüfen	esaminare, interrogare	den Schüler ~ / etw. nach~
wissen[1]	sapere	alles genau ~ / die Vokabeln ~
bestehen[2]	superare	die Prüfung ~ / mit „Gut" ~
versetzt werden	essere promosso	in die nächste Klasse ~ ~
durchfallen[3]	non superare, essere bocciato	bei der Prüfung ~ / im Abitur ~
sitzen bleiben[4]	essere bocciato	wegen schlechter Leistungen ~ ~
das Zeugnis, -se	la pagella	das Versetzungs~ / das Abitur~ / ein ~ bekommen / das gute ~
das Zertifikat, -e	il certificato	das ~ in Deutsch

1 wissen: weiß – wusste – hat gewusst

2 bestehen: besteht – bestand – hat bestanden

3 durchfallen: ich falle durch, er fällt durch – fiel durch – ist durchgefallen

4 sitzen bleiben: bleibt sitzen – blieb sitzen – ist sitzen geblieben

114 Universität

die Universität, -en	l'università	an der ~ studieren
die Hochschule, -n	l'università, l'accademia, l'istituto superiore	die technische ~ / die ~ für Musik
der Professor, -en	il professore universitario	~ für Medizin // die Professorin
der Student, -en	lo studente universitario	der Medizin~ // die Studentin

studieren	frequentare l'università, studiare all'università	Medizin ~ / in Heidelberg ~
das Studium, Studien	lo studio universitario	das Medizin~
das Semester, -	il semestre	im ersten ~ sein / die ~ferien
das Institut, -e	l'istituto	das Forschungs~ / das Goethe-~
die Wissenschaft, -en	la scienza	die Natur~ / die Geistes~ / ~ und Kunst
die Forschung, -en	la ricerca	in der ~ arbeiten / die ~s·ergebnisse
der Versuch, -e	l'esperimento	der physikalische ~
erfinden[1]	inventare	einen neuen Motor ~
der Fortschritt, -e	il progresso	der technische ~ / das ist ein großer ~
die Grundlage, -n	il fondamento, la base	die ~n·forschung
der Doktor	il dottore	die ~arbeit / „Herr ~" // die Doktorin

1 erfinden: erfindet – erfand – hat erfunden

TEST

1 Ergänzen Sie die Sätze.

1. Der ______________ lernt in der Schule.

2. Der ______________ unterrichtet in der Schule.

3. Der ______________ unterrichtet an der Universität.

4. Der ______________ studiert.

5. Am Schluss des Schuljahrs bekommt jeder Schüler ein ______________ mit allen Noten.

6. Die Abschlussprüfung am Gymnasium ist das ______________.

7. Studenten studieren an der ______________.

8. Mathematik, Physik, Biologie sind ______________.

9. Die ______________ sucht nach neuen wissenschaftlichen Erkenntnissen.

❷ Kreuzworträtsel

Senkrecht:

1. Kontrolle des Wissens und Könnens
2. Tätigkeit der Studenten
3. Fehler verbessern
4. Gruppe von Schülern
5. die Abschlussprüfung am Gymnasium
6. schreiben, was der Lehrer vorliest

Waagerecht:

7. Aufgabe
8. Test
9. Hochschule

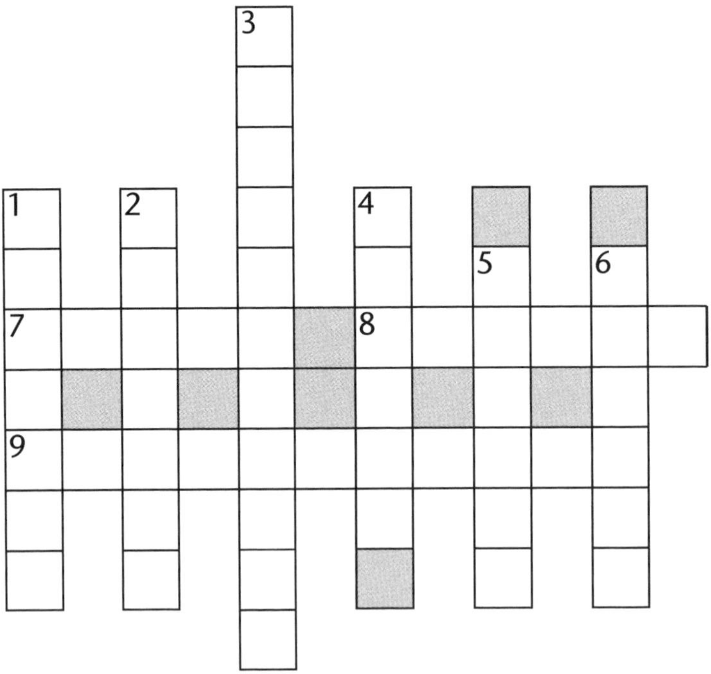

Beruf
Professione

Beruf 115

der Beruf, -e	la professione, il lavoro, il mestiere	einen ~ erlernen / einen ~ ausüben / „Was ist sie von ~?"
berufstätig	che esercita una professione	~ sein / Meine Mutter ist ~.
werden[1]	diventare	Arzt ~ / Beamter ~ / Soldat ~
der Lehrling, -e	l'apprendista	den ~ ausbilden
der/die Auszubildende, -n	l'apprendista	Der/Die ~ besucht die Berufsschule. (Kurzform: Azubi)
ausbilden	formare, istruire, addestrare	einen Lehrling ~ / sich ~ lassen
die Lehre, -n	l'apprendistato, il tirocinio	die dreijährige ~ / in der ~ sein
die Ausbildung, -en	la formazione	die Berufs~ / eine gute ~ bekommen
das Praktikum, Praktika	il tirocinio, lo stage	ein ~ machen / einen ~s·platz bekommen
der Praktikant, -en	il tirocinante, lo stagista, il praticante	als ~ arbeiten // die Praktikantin
können[2]	essere in grado di, sapere	Auto fahren ~ / schwimmen ~
der Handwerker, -	l'artigiano	einen ~ kommen lassen
der Meister, -	il mastro	der Maurer~ / Der ~ bildet die Lehrlinge aus.
der Fachmann, ¨er	lo specialista	ein ~ für Elektronik / den ~ fragen
die Erfahrung, -en	l'esperienza	~en sammeln / gute ~en machen / aus ~
erfahren	esperto	ein ~er Arzt / ≠ un~
selbstständig	autonomo, in proprio	~ arbeiten können / sich ~ machen / ≠ un~
die Leistung, -en	il rendimento	~ verlangen / die ~ steigern / ~ erbringen / die Spitzen~ / die ~s·fähigkeit
(sich) leisten	produrre, lavorare bene, permettersi	viel ~ / jdm. erste Hilfe ~ / sich viel ~ können
fleißig	diligente, diligentemente	~ arbeiten / ein ~er Schüler
tüchtig	capace, abile, bravo	ein ~er Arbeiter / Er ist sehr ~.
aktiv	attivo	~ sein / ~ mitarbeiten
zuverlässig	affidabile, fidato	~ arbeiten / ~ sein / ≠ un~

gewissenhaft	coscienzioso	~ arbeiten / ein ~er Arbeiter
sorgfältig	scrupoloso, scrupolosamente	~ arbeiten / die ~e Prüfung
langsam	lento, lentamente	~ arbeiten / ~ sein
faul	pigro	ein ~er Schüler / Sie ist ~.
nachlässig	negligente, negligentemente	~ arbeiten / nur ~ kontrollieren
passiv	passivo, passivamente	sich ~ verhalten

1 werden: ich werde, er wird – wurde – ist geworden

2 können: kann – konnte – hat gekonnt

116 Arbeitgeber, Arbeitnehmer

▲ 80 Büro ▼ 121 Produktion

der Arbeitgeber, -	il datore di lavoro	~ sein / einen ~ haben
der Chef [ʃɛf], **-s**	il capo, il superiore	den ~ fragen / die Anweisungen des ~s / der ~arzt // die Chefin
der Direktor, Direktoren	il direttore	der ~ des Betriebs / der General~ // die Direktorin
übernehmen[1]	assumere	die Leitung ~ / die Verantwortung ~
vertreten[2]	sostituire	für kurze Zeit den Kollegen ~
die Verantwortung	la responsabilità	die ~ tragen / das ~s·gefühl / die Mit~
verantwortlich	responsabile	~ sein für etw. / sich ~ fühlen
leiten	dirigere	den Betrieb ~ / die ~den Angestellten
führen	dirigere	den Vorsitz ~ / einen Betrieb ~
die Führung, -en	la direzione	die Betriebs~ / die Partei~
die Organisation, -en	l'organizzazione	die ~ der Arbeit / die ~ der Produktion / bei einer ~ mitarbeiten
organisieren	organizzare	die Veranstaltung ~
beschäftigen	assumere	Arbeiter und Angestellte ~ / bei einer Firma beschäftigt sein
die Stelle, -n	il posto di lavoro	sich eine ~ suchen / eine gute ~ haben
die Stellung, -en	l'impiego	eine gute ~ haben
sich bewerben[3]	presentare domanda d'assunzione	sich bei einer Firma um eine Stelle ~
die Bewerbung, -en	la domanda d'assunzione	das ~s·schreiben / Die ~ hat Aussicht auf Erfolg. / die ~ einreichen
geeignet sein	essere adatto	für die Stelle ~ ~
einstellen	assumere	neues Personal ~ / eingestellt werden

der Arbeitnehmer, -	il dipendente	die ~ eines Betriebes
der/die Angestellte, -n	l'impiegato	die Firma hat 20 ~ / der Büro~
der Arbeiter, -	l'operaio, il lavoratore	der ungelernte ~ / der Hilfs~ / der Fach~ // die Arbeiterin
die Mitbestimmung	la partecipazione, la cogestione	mehr ~ fordern / das ~s·recht
kündigen	dare l'avviso di licenziamento	jdm. ~ / ich kündige / gekündigt werden
entlassen[4]	licenziare	einen Angestellten ~ / Arbeiter ~
der Arbeitslose, -n	il disoccupato	Der ~ bekommt ~n·unterstützung.
arbeitslos	disoccupato	~ werden / lange ~ sein
der Betriebsrat, ¨-e	la commissione interna, la rappresentanza del personale	den ~ wählen / sich an den ~ wenden
die Gewerkschaft, -en	il sindacato	das ~s·mitglied / der ~s·bund
der Streik, -s	lo sciopero	der General~ / der Warn~
streiken	scioperare	Die Arbeiter ~ für mehr Lohn.
anbieten[5]	offrire	Man hat mir eine Stelle angeboten.
der/die Angehörige, -n	il dipendente di un'azienda	die ~n unserer Firma

1 übernehmen: ich übernehme, er übernimmt – übernahm – hat übernommen

2 vertreten: ich vertrete, er vertritt – vertrat – hat vertreten

3 sich bewerben: ich bewerbe mich, er bewirbt sich – bewarb sich – hat sich beworben

4 entlassen: ich entlasse, er entlässt – entließ – hat entlassen

5 anbieten: bietet an – bot an – hat angeboten

Arbeit 117

die Tätigkeit, -en	l'attività	die berufliche ~ / eine anspruchsvolle ~
die Arbeit, -en	il lavoro	etw. macht viel ~ / seine ~ gut machen / viel ~ haben / ~ (einen ~s·platz) finden / zur ~ gehen
arbeiten	lavorare	schwer ~ / in der Fabrik ~ / als Verkäuferin ~
der Dienst, -e	il servizio, il lavoro	~ haben / die ~zeit
der Job [dʒɔp], **-s**	l'impiego	einen ~ suchen
die Schicht, -en	il turno di lavoro	die Früh~ / die Spät~ / die Nacht~
(sich) vorbereiten	preparar(si)	alles gut ~ / sich auf eine Prüfung ~ / einen Vortrag ~
bereit	pronto, disposto	~ sein / dazu ~ sein / sich ~ halten
anfangen[1]	cominciare	mit der Arbeit ~ / sofort ~ / um 7 Uhr ~
beginnen[2]	cominciare	Wir können ~.

tun[3]	fare	viel zu ~ haben / „Was soll ich ~?" / „Was kann ich für Sie ~?"
machen	fare	ein Experiment ~ / die Aufgaben ~
(sich) beschäftigen	occupar(si)	sich mit etw. ~
sich kümmern	occuparsi	sich um etw. ~ / sich um jede Kleinigkeit ~ / sich um die Kinder ~
erledigen	sbrigare, eseguire	die Arbeit ~ / alles ~ / „Kannst du das für mich ~?"
fertig	finito, pronto	Ich bin mit meiner Arbeit ~. / Das Essen ist ~.
realisieren	realizzare	den Plan ~
der Feierabend, -e	il riposo serale dopo il lavoro	Um 5 Uhr ist ~. / ~ machen
die Überstunde, -n	lo straordinario	~n machen / die ~n extra bezahlen
der Urlaub	le ferie	der bezahlte ~ / die ~s·zeit / ~ in Spanien machen

1 anfangen: ich fange an, er fängt an – fing an – hat angefangen

2 beginnen: beginnt – begann – hat begonnen

3 tun: tut – tat – hat getan

118 Anstrengung, Erholung

▲ 14 Schlafen ▲ 112 Ferien

sich bemühen	darsi da fare	sich sehr ~ / sich vergeblich ~ / sich um etw. ~
ehrgeizig	ambizioso	~ sein / ein ~er Schüler
anstrengen	affaticar(si), sforzarsi	Schwere Arbeit strengt an. / sich bei der Arbeit ~
anstrengend	faticoso, stressante	eine ~e Tätigkeit
die Mühe, -n	la fatica	sich ~ geben / Das ist nicht der ~ wert.
der Stress	lo stress	unter ~ leiden / die ~situation
sich beeilen	affrettarsi	Wir müssen uns ~.
pressieren (schweiz.)	avere fretta	
müde	stanco	von der Arbeit ~ sein
die Pause, -n	la pausa	eine ~ machen / die Mittags~
(sich) ausruhen	riposarsi	(sich) nach der Arbeit ~
sich erholen	riprendersi dalla fatica	sich einen Tag ~
die Erholung	il rilassamento, il riposo	~ brauchen / der ~s·urlaub

119 Zusammenarbeit

die Zusammen-arbeit	la collabora-zione	Die ~ mit den Kollegen ist gut. ~ mit anderen / ~ mit den Kollegen
zusammen	insieme	~arbeiten / mit ihr ~ / alle ~
die Gruppe, -n	il gruppo	eine ~ von mehreren Arbeitern

das Team [ti:m], **-s**	l'équipe	im ~ arbeiten / ein ~ bilden
gemeinsam	insieme	~ etw. unternehmen / ~e Freunde haben
die Gemeinschaft, -en	la comunità, il gruppo	eine gute ~
der Kollege, -n	il collega	der gute Kontakt zu den ~n // die Kollegin
der Partner, -	il partner, il socio, il compagno	der Geschäfts~ / die Ehe~ // die Partnerin
einander	l'un l'altro, a vicenda	~ helfen / mit~ / zu~ stehen
die Hilfe	l'aiuto	~ suchen / ~ leisten
helfen[1]	aiutare	jdm. ~ / sich zu ~ wissen / Dieses Mittel hilft immer.
unterstützen	sostenere, aiutare	jdn. bei seiner Arbeit ~ / jdn. mit Geld ~
der Vorteil, -e	il vantaggio	einen ~ haben / im ~ sein
nützlich	utile	~ sein / ein ~er Hinweis
nötig	necessario	Hilfe ~ haben / für ~ halten / wenn ~, ...
notwendig	necessario, indispensabile	das ist absolut ~ / Für diese Arbeit ist es ~, gut Deutsch zu können.
nützen	essere utile	jdm. damit ~ / Die Ratschläge ~ mir nichts.
stören	disturbare	jdn. bei der Arbeit ~ / sich nicht ~ lassen
behindern	intralciare	den Verkehr ~ / die Produktion ~
hindern	impedire	jdn. an etw. ~ / daran ~, ...
schaden	danneggiare	jdm. ~ / Es kann nicht ~, wenn ...
der Nachteil, -e	lo svantaggio	ein großer ~ / ~e vermeiden

1 helfen: ich helfe, er hilft – half – hat geholfen

Erfolg, Misserfolg 120

der Versuch, -e	il tentativo	einen ~ wagen
versuchen	tentare, provare	~, etw. zu erreichen / etw. noch einmal ~
das Ergebnis, -se	il risultato	ein gutes ~ / ein schlechtes ~
das Resultat, -e	il risultato, l'esito	das ~ abwarten / ein gutes ~ erzielen
der Erfolg, -e	il successo	„Viel ~!" / ~ haben / mit großem ~ / Diese Erfindung war ein großer ~.
die Chance ['ʃã:sə], **-n**	la possibilità	eine gute ~ / die ~ nutzen
(sich) verbessern	migliorar(si), corregger(si)	die Qualität ~ / die Fehler ~ / Die Situation hat sich um vieles verbessert.
die Verbesserung, -en	il miglioramento	die ~ des Produktes

erreichen	raggiungere	sein Ziel ~ / den Zug ~ / „Sie können mich bis 14 Uhr telefonisch ~."
schaffen	riuscire, ottenere	„Du wirst es schon ~!"
gelingen[1]	riuscire	Es gelang ihr, ihn zu überreden.
klappen	riuscire	Das klappt nicht immer.
sich lohnen	valere la pena	Das hat sich gelohnt.
der Misserfolg, -e	l'insuccesso, il fiasco	Das ist ein ~. / einen ~ haben
misslingen[2]	fallire	Der Versuch ist misslungen.
vergeblich	invano	~ warten / ~ hoffen
umsonst	inutile, inutilmente	Alles war ~. / Er hat ~ gearbeitet.
aufgeben[3]	rinunciare, abbandonare	seinen Plan ~ / seine Stelle ~

1 gelingen: gelingt – gelang – ist gelungen
2 misslingen: es misslingt – es misslang – es ist misslungen
3 aufgeben: ich gebe auf, er gibt auf – gab auf – hat aufgegeben

TEST

1 Ordnen Sie die folgenden Wörter in zwei Gruppen.

fleißig, langsam, nachlässig, zuverlässig, sich anstrengen, fähig, faul

Guter Arbeiter: ____________, ____________, ____________, ____________

Schlechter Arbeiter: ____________, ____________, ____________

2 Ordnen Sie die folgenden Wörter in zwei Gruppen.

Direktor, Angestellter, Arbeiter, Chef, streiken, entlassen

Arbeitgeber: ____________, ____________, ____________

Arbeitnehmer: ____________, ____________, ____________

❸ Gegensätze

1. Lehrling: ____________ 2. faul: ____________ 3. einstellen: ____________

4. nachlässig: ____________ 5. anfangen: ____________

6. helfen: ____________ 7. Vorteil: ____________ 8. Erfolg: ____________

❹ Definitionen

1. Jemand, der auf einem Gebiet alles weiß: ____________ 2. Eine Stelle haben wollen: ____________ 3. Die Arbeit zeitweise niederlegen, um eine Forderung durchzusetzen: ____________ 4. Jemand, der keine Arbeit hat, ist ____________. 5. Die Interessenvertretung der Arbeiter: ____________

6. Eine kurze Unterbrechung der Arbeit, um sich zu erholen: ____________

7. Die arbeitsfreie Zeit am Abend: ____________ 8. Mehrere Wochen arbeitsfreie Zeit im Jahr: ____________

❺ Arbeit

1. tätig sein
2. jemand, der arbeitet
3. ohne Arbeit
4. Dort wird Arbeit vermittelt.
5. jemand, der Arbeiter beschäftigt
6. Länge der Arbeit
7. jemand, der für Geld arbeitet

A	R	B	E	I	T						
1											
2											
3											
4											
5											
6											
7											

Wirtschaft
Economia

121 Produktion

die Wirtschaft	l'economia	die soziale Markt~ / der ~s·minister / die ~s·krise
die Industrie, -n	l'industria	die Stahl~ / die Elektro~ / die chemische ~ / das ~gebiet / der ~verband
der Betrieb, -e	l'azienda	der Groß~ / den ~ leiten
die Firma, Firmen	la ditta, l'impresa	eine ~ gründen
das Werk, -e	lo stabilimento	das Volkswagen~ / die ~s·halle
die Fabrik, -en	la fabbrica	das ~gebäude / das ~gelände / in der ~ arbeiten
die Gesellschaft, -en	la società	die Aktien~ (AG) / die ~ mit beschränkter Haftung (GmbH)
die Werkstatt, ¨-en	l'officina, il laboratorio, la bottega	die ~ eines Handwerkers / das Auto zur ~ bringen
die Anlage, -n	l'impianto	die technischen ~n
entwickeln	sviluppare	ein neues Produkt ~
die Produktion, -en	la produzione	die ~ steigern / die ~ von Autos
die Methode, -n	il metodo	eine neue ~ entwickeln
das System,~e	il sistema	das ~ anwenden
das Verfahren, -	il procedimento	das Produktions~
herstellen	produrre	Möbel ~ / Autos ~ / Arzneimittel ~
produzieren	produrre	Waren ~
das Produkt, -e	il prodotto	das Qualitäts~ / ein neues ~
das Erzeugnis, -se	il prodotto	ein deutsches ~
das Modell, -e	il modello	die neuen Auto~e
die Serie, -n	la serie	in ~ produzieren / eine neue ~

122 Technik, Werkzeuge

die Technik, -en	la tecnica	die moderne ~ / bestimmte ~en beherrschen
technisch	tecnico	die ~en Möglichkeiten / die ~e Störung
der Mechaniker, -	il meccanico	der Auto~ / Der ~ repariert die Maschine.
der Ingenieur [ɪnʒe'niø:ɐ], **-e**	l'ingegnere	der Diplom~ / ~ werden wollen
die Maschine, -n	la macchina	der ~n·bau / die Schreib~
der Apparat, -e	l'apparecchio	der Foto~ / der Rasier~ / den ~ ausschalten

das Gerät, -e	l'apparecchio	das Küchen~ / Haushalts~e
der Computer [kɔm'pjutɐ], -	il computer	am ~ arbeiten
die Maus	il mouse	mit der ~ auf ein Symbol klicken
(an)klicken	fare clic	zweimal an~
die Tastatur, -en	la tastiera	die bequeme ~
die Taste, -n	il tasto	auf eine ~ drücken
der Bildschirm, -e	lo schermo	ein großer ~ / am ~ arbeiten
der Monitor, -s	il monitor	
die CD-ROM, -s	il Cd Rom	den Text auf ~ speichern
die Software	il software	~ kaufen, neue ~ verwenden
die Datei, -en	il file	eine ~ speichern
die Festplatte, -n	il disco rigido, l'hardware	die Datei auf (der) ~ speichern
das Laufwerk, -e	il drive	das ~ ist wohl kaputt
speichern	salvare	Daten ~
der Drucker, -	la stampante	einen neuen ~ verwenden
das Internet	Internet	im ~ surfen
der Automat, -en	il distributore automatico	der Getränke~ / der Fahrkarten~ / Zigaretten aus dem ~en
automatisch	automatico, automaticamente	Das geschieht ~. / Die Rückzahlung kommt ~.
bedienen	usare	die Maschine ~ / Sie ist leicht zu ~.
die Bedienung	l'uso	die ~ der Maschine
drücken	premere, abbassare	den Knopf ~ / auf den Hebel ~
einsetzen	utilizzare, impiegare	den Computer ~ / eine neue Maschine ~
einstellen	mettere a punto, regolare	das Gerät richtig ~
schalten	mettere in moto	auf 1 ~ / ein~ / aus~ / in den 3. Gang ~
die Gebrauchsanweisung, -en	le istruzioni per l'uso	die ~ genau beachten
funktionieren	funzionare	„Wie funktioniert das?" / Die Zusammenarbeit funktioniert nicht immer.
praktisch	pratico	ein ~es Gerät / ~e Erfahrungen sammeln / ≠ un~ / ≠ theoretisch
kaputt	rotto, guasto	~gehen / ~machen / Das Fahrrad ist ~.
die Reparatur, -en	la riparazione	die ~werkstatt / die ~kosten
reparieren	riparare, aggiustare	den Motor ~ / die Bremsen ~
das Werkzeug, -e	l'utensile	der ~kasten
der Hammer, ¨	il martello	mit dem ~ schlagen

der Nagel, ¨	il chiodo	den ~ ins Holz schlagen / den ~herausziehen
die Schraube, -n	la vite	die ~n·mutter / der ~n·schlüssel / der ~n·zieher
die Zange, -n	la tenaglia, la pinza	die Kneif~
bohren	bucare, perforare	ein Loch in die Wand ~
hart	duro	~ wie Stein
glatt	liscio	die ~e Oberfläche / spiegel~
verwenden	utilizzare, usare	die Kneifzange ~
gebrauchen	utilizzare, usare	etw. gut ~ können / ein gebrauchtes Auto kaufen
benutzen	utilizzare, usare	den Hammer ~ / die öffentlichen Verkehrsmittel ~
dienen	servire a	Dieses Werkzeug dient zum Bohren.
der Haken, -	il gancio	an den ~ hängen
hängen[1]	essere appeso, appendere	Das Bild hängt an der Wand. / etw. in den Schrank ~

1 hängen: hängt – hing – hat gehangen; hängen: hängt – hängte – hat gehängt

123 Rohstoffe

der Rohstoff, -e	la materia prima	~e importieren / die ~e verarbeiten
das Material [mate'ria:l], **-e**	il materiale	die ~kosten / der ~fehler
das Metall, -e	il metallo	die ~industrie
das Eisen	il ferro	aus ~ / das ~erz
rosten	arrugginir(si)	Das Eisen rostet. / ver~
der Stahl	l'acciaio	die ~industrie / der ~beton
das Kupfer	il rame	der ~draht / das ~blech
das Blech, -e	la latta	die ~dose / dünnes ~
der Draht, ¨e	il filo metallico, il fil di ferro	der elektrische ~ / der Kupfer ~
der Kunststoff, -e	la plastica	aus ~
das Plastik	la plastica	ein Eimer aus ~
die Chemie	la chimica	die ~industrie
chemisch	chimico	die ~en Produkte
künstlich	artificiale	das ~e Licht / die ~e Ernährung
natürlich	naturale	die ~en Rohstoffe

124 Energie

die Energie, -n	l'energia	der ~bedarf / die ~versorgung / alternative ~n
die Kohle, -n	il carbone	die Stein~ / die Braun~ / mit ~ heizen

das Öl, -e	l'olio	das Erd~ / das Heiz~ / Das Auto verbraucht viel ~.
das Gas, -e	il gas	das Erd~
das Atom, -e	l'atomo	die ~energie
Kern-	atomico	die ~energie / das ~kraftwerk
das Kraftwerk, -e	la centrale	das Kohle~ / das Atom~ / das Wasser~
der Strom	la corrente	der elektrische ~ / der ~verbrauch
elektrisch	elettrico	die ~en Haushaltsgeräte
Elektro-	elettrico, elettronico	der ~ingenieur / das ~geschäft
die Leitung, -en	il cavo, l'impianto	die elektrische ~
der Stecker, -	la spina elettrica	den ~ in die Steckdose stecken
die Steckdose, -n	la presa di corrente	die ~ in der Wand
die Lampe, -n	la lampada	das ~n·licht / die Taschen~
die Glühbirne, -n	la lampadina	eine neue ~ in die Lampe schrauben
die Birne, -n	la lampadina	Die ~ ist kaputt.
der Schalter, -	l'interruttore	der Licht~
anmachen	accendere, attivare	das Licht ~ / die Heizung ~
an sein[1]	essere acceso	Das Licht ist an.
aus sein	essere spento	Die Heizung ist aus.
verbrauchen	consumare	viel Strom ~ / wenig Benzin ~
ausmachen	spegnere, disattivare	das Licht ~ / die Maschine ~
ausschalten	spegnere	die Lampe ~
ausgehen[2]	spegnersi	Das Licht ist ausgegangen.
die Batterie, -n [-i:ən]	la pila, la batteria	eine ~ für die Taschenlampe

1 an sein: ist an – war an – ist an gewesen

2 ausgehen: geht aus – ging aus – ist ausgegangen

Handel 125

die Ware, -n	la merce	das ~n·angebot / das ~n·lager
der Artikel, -	l'articolo	Für diesen ~ besteht kein Bedarf.
die Marke, -n	la marca	die Auto~
die Qualität, -en	la qualità	die ~s·waren / die ~ des Weines
die Garantie	la garanzia	der ~schein / „Auf die Uhr geben wir ein halbes Jahr ~."
der Handel	il commercio	der Außen~ / der Welt~ / der Groß~ / ~ treiben mit jdm.
handeln	commerciare	mit Autos ~ / mit Rohstoffen ~
kommerziell	commerciale	die ~en Interessen
der Export, -e	l'esportazione	der deutsche ~ / der ~ von Autos

der Import, -e	l'importazione	der ~ von Rohstoffen
exportieren	esportare	Maschinen ~ / chemische Produkte ~
importieren	importare	Erdöl ~
die Messe, -n	la fiera	auf der ~ Waren ausstellen / die ~hallen
die Konkurrenz	la concorrenza	jdm. ~ machen / zur ~ gehen
die Werbung	la pubblicità	die Fernseh~ / ~ machen
die Reklame, -n	la pubblicità	die ~ in der Zeitung
die Anzeige, -n	l'annuncio	mit ~n in der Zeitung werben
die Annonce [a'nõ:sə], **-n**	l'annuncio, l'inserzione	
der Prospekt, -e	l'opuscolo, il dépliant	~e zugeschickt bekommen
das Plakat, -e	il manifesto, il poster, il cartellone pubblicitario	ein ~ ankleben / die ~werbung
der Vertreter, -	il rappresen-tante	der ~besuch / Der ~ besucht die Kunden.
anbieten[1]	offrire	Waren ~ / Hilfe ~
bieten[1]	offrire	100 € dafür ~
das Angebot, -e	l'offerta	ein ~ machen / ein ~ annehmen / das Sonder~
empfehlen[2]	raccomandare, consigliare	ein Hotel ~ / „Was können Sie mir ~?"
günstig	vantaggioso	ein ~es Angebot machen / ~ einkaufen
der Katalog, -e	il catalogo	der Waren~ / den ~ studieren
die Nachfrage	la domanda	Die ~ ist groß. / die ~ nach etw.
der Bedarf	il fabbisogno	es besteht ein großer ~ an ...
brauchen	aver bisogno di	neue Schuhe ~ / Hilfe ~
(sich) aussuchen	cercar(si)	(sich) ein Buch ~
der Auftrag, ¨-e	l'incarico	einen ~ erteilen / der ~geber
bestellen	ordinare	Waren ~ / Möbel ~
sich anschaffen	comprarsi, procurarsi	sich neue Möbel ~ / sich ein Auto ~
liefern	consegnare	die bestellten Waren ~ / frei Haus ~
die Lieferung, -en	la consegna	die ~ der bestellten Waren
der Verbraucher, -	il consumatore	Der ~ ist zufrieden. / die ~preise

1 anbieten: bietet an – bot an – hat angeboten

2 empfehlen: ich empfehle, er empfiehlt – empfahl – hat empfohlen

126 Geschäft

das Geschäft, -e	il negozio, l'affare	das Fach~ / ~e machen / der ~s·mann
der Laden, ¨	il negozio	der ~tisch / einen ~ aufmachen
das Kaufhaus, ¨-er	il grande magazzino	ins ~ gehen / im ~ kaufen

das Warenhaus, ¨-er	il grande magazzino	
das Schaufenster, -	la vetrina	etw. im ~ sehen / die ~dekoration
der Supermarkt, ¨-e	il supermercato	im ~ kaufen
der Kiosk, -e	l'edicola, il chiosco	der Zeitungs~ / etw. am ~ kaufen
die Trafik, -en (österr.)	la tabaccheria	in der ~ gibt es Zeitungen
die Fußgängerzone, -n	la zona pedonale	In dieser Stadt gibt es eine ~.
der Verkäufer, -	il venditore, il commesso	Der ~ bedient die Kunden. // die Verkäuferin
bedienen	servire	die Kunden ~ / freundlich bedient werden
verkaufen	vendere	etw. billig ~ / teuer ~
der Kunde, -n	il cliente	der Stamm~ / der ~n·dienst // die Kundin
(sich) kaufen	comprar(si)	(sich) ein neues Auto ~ / Hier kaufst du günstig.
einkaufen	far le compere, far la spesa	im Supermarkt ~ / ~ gehen
neu/neuer/neu(e)ste	nuovo/ più nuovo/ il più nuovo	die ~e Waschmaschine
der Markt, ¨-e	il mercato	der ~platz / auf den ~ gehen / die ~halle / neue Produkte auf den ~ bringen / der Arbeits~
eröffnen	aprire	ein Geschäft ~

Verpackung ▼ 142 Transport 127

das Lager, -	il magazzino, il deposito	das ~haus / etw. auf ~ haben
die Verpackung, -en	la confezione	eine schöne ~
die Kiste, -n	la cassa, la cassetta, la scatola	eine schwere ~ / die Zigarren~
der Kasten, ¨	la cassa	ein ~ Bier / ein ~ Mineralwasser
das Paket, -e	il pacco	ein ~ schicken / ein ~ bekommen
das Päckchen, -	il pacchetto	das ~ zur Post bringen
die Packung, -en	la confezione, il pacco	eine ~ Kekse
packen	imballare, confezionare, fare le valigie	den Koffer ~ / etw. ein~
einpacken	confezionare, preparare, incartare	die Waren ~ / das Geschenk ~ / Sachen für die Reise ~
auspacken	sballare, scartare, disfare	das Geschenk ~ / den Koffer ~

die Schachtel, -n	la scatola	eine ~ Zigaretten / eine ~ Streichhölzer
die Tüte, -n	il sacchetto	eine ~ Zucker / die Plastik~
die Büchse ['bʏksə], **-n**	la lattina, la scatola	das ~n·fleisch / der ~n·öffner
die Tube, -n	il tubetto	die Farb~ / eine ~ Zahnpasta
der Container [kɔn'teːnɐ], **-**	il container	in den ~ verladen / die ~ transportieren
enthalten[1]	contenere	Die Schachtel enthält Zigaretten.
der Bindfaden, ¨	lo spago	ein Stück ~ / fester ~
kleben	incollare	etw. zu~ / etw. fest~ / ein Pflaster auf~
der Klebstoff, -e	la colla	eine Tube ~

1 enthalten: enthält – enthielt – hat enthalten

128 Gewicht

das Gewicht, -e	il peso	ein schweres ~ / das ~ des Pakets / Seine Worte haben ein großes ~.
leicht	leggero	eine ~e Tasche / feder~
schwer	pesante	ein ~es Paket / ~ tragen
die Waage, -n	la bilancia	etw. auf die ~ legen
wiegen[1]	pesare	Das Päckchen wiegt zwei Kilo. / „Bitte ~ Sie diesen Brief."
das Gramm	il grammo	250 ~ Kaffee
das Pfund	il mezzo chilo	eine halbes ~ Butter / zwei ~ Zucker
der Zentner, -	il mezzo quintale	ein ~ Kartoffeln / der Doppel~
das Kilo(gramm)	il chilo	ein ~ Fleisch

1 wiegen: wiegt – wog – hat gewogen

129 Preis

der Wert, -e	il valore	der ~ der Ware / der ~ des Geldes
wert (sein)	valere	Das Haus ist 500 000 Euro ~. / sehens~ / preis~
der Preis, -e	il prezzo	die ~liste / den ~ bezahlen
die Kosten (Pl.)	i costi	die hohen ~ / die Herstellungs~
kosten	costare	„Was kostet das?" / Zeit und Mühe ~
teuer	caro	Das Auto ist sehr ~. / ein teurer Laden
preiswert	conveniente	ein ~es Angebot machen
billig	a buon mercato	~e Waren / etw. ~ kaufen
umsonst	gratis	etw. ~ dazubekommen / Das ist ~.
gratis	gratis	den Katalog ~ bekommen
die Kasse, -n	la cassa	an der ~ bezahlen / Das Geld liegt in der ~.
zahlen	pagare	den Betrag ~ / auf das Konto ein~ / Strafe ~ / Steuern ~

bezahlen	pagare	die Rechnung ~
bar	in contanti	~ bezahlen / ~es Geld / Bargeld
die Rechnung, -en	il conto	die ~ bezahlen / eine ~ ausstellen
die Quittung ['kvɪtʊŋ], **-en**	la ricevuta	eine ~ verlangen / eine ~ bekommen
abrechnen	fare i conti, calcolare	die Reisekosten ~

Geld ▼ 132 Besitz 130

die Währung, -en	la divisa, la valuta	die ausländische ~
die Wechselstube, -n	l'agenzia di cambio	in die ~ gehen / in der ~ Geld wechseln
wechseln	cambiare	„Können Sie mir die 20 Euro ~?" / 100 Euro in Dollar ~
umtauschen	cambiare	Geld ~ / gekaufte Ware ~
das Geld	il denaro	~ verdienen / ~ ausgeben / ~ sparen / das Taschen~
der Euro, -	l'euro	mit ~ bezahlen / Das kostet 10 ~. / der Zehn~schein
der Cent, -	il centesimo di euro	die 10-~-Münze / Das kostet 50 ~.
der Schein, -e	la banconota	der Geld~ / der 100-Euro-~
die Geldbörse, -n	il borsellino	Kleingeld in der ~ haben
das Portmonee, -s	il portamonete	Geld aus dem ~ nehmen
die Bank, -en	la banca	Geld auf die ~ bringen / das ~konto
die Sparkasse, -n	la cassa di risparmio	zur ~ gehen / ein Konto bei der ~ haben
das Konto, Konten	il conto	das Bank~ / der ~auszug / ein ~ eröffnen
eröffnen	aprire	ein Konto ~
einzahlen	versare	Geld auf das Konto ~
abheben[1]	prelevare	Geld vom Konto ~
überweisen[2]	fare un versamento	Geld ~ / Geld an die Firma ~
die Zinsen (Pl.)	gli interessi (bancari)	4,5 % ~ bekommen / ~ zahlen
das Prozent, -e	la percentuale	der ~satz / 6 ~ Zinsen (%) / hundert ~ = 100 %
der Scheck, -s	l'assegno	einen ~ ausstellen / mit ~ zahlen
die Scheckkarte, -n	la tessera (magnetica) bancaria	die ~ vorzeigen
das Kapital	il capitale	~ besitzen / das ~ gut anlegen
die Mittel (Pl.)	le risorse, i mezzi	Dazu fehlen mir die ~.
der Kredit, -e	il credito	einen ~ bekommen / etw. auf ~ kaufen

die Kreditkarte, -n	la carta di credito	mit ~ bezahlen
die Schulden (Pl.)	i debiti	seine ~ bezahlen
finanziell	finanziario, finanziariamente	die ~e Lage / ~ geht es ihm jetzt besser.
die Inflation	l'inflazione	die ~s·rate / die ~ bekämpfen

1 abheben: hebt ab – hob ab – hat abgehoben
2 überweisen: überweist – überwies – hat überwiesen

131 Einkommen

▲ 116 Arbeitsplatz

verdienen	guadagnare	Geld ~ / 4000 Euro ~
der Lohn, ¨-e	il salario	der Tarif~ / die ~erhöhung
das Gehalt, ¨-er	lo stipendio	Die Familie lebt von seinem ~. / die ~s·zahlung
der Tarif, -e	la tariffa	nach ~ bezahlt werden / der ~vertrag
die Rente, -n	la pensione	eine ~ beantragen / eine ~ bekommen / in ~ gehen
die Pension, -en	la pensione	eine ~ beziehen
das Einkommen, -	il reddito	ein gutes ~ haben / das ~ versteuern
die Einnahme, -n	gli incassi, le entrate	die Tages~n eines Geschäftes
der Gewinn, -e	l'utile, il guadagno	einen ~ machen / ~ und Verlust
die Steuer, -n	le imposte, le tasse	~n zahlen / die ~n werden erhöht
das Finanzamt, ¨-er	l'ufficio imposte	die Steuern an das ~ zahlen
der Beitrag, ¨-e	il contributo, la quota	der Krankenkassen~ / den ~ bezahlen
die Gebühr, -en	il canone, la tassa, la quota, il contributo	Die ~ beträgt 50,– €.

132 Besitz

haben[1]	avere, possedere	ein Auto ~ / ein Haus ~ / Glück ~
das Eigentum	la proprietà	Das ist mein ~. / die ~s·wohnung / das ~ der Stadt
der Besitz, -e	la proprietà	der Privat~
der Eigentümer, -	il proprietario	der ~ des Autos // die Eigentümerin
der Besitzer, -	il proprietario	der Haus~ // die Besitzerin
der Inhaber, -	il proprietario	der ~ des Geschäfts // die Inhaberin
gehören	appartenere	Das Auto gehört ihm.
besitzen[2]	possedere	ein Haus ~
eigen-	proprio	mein ~es Auto / eine ~e Meinung haben

Possessivpronomen

mein, meine, mein, meine	il mio, la mia, i miei, le mie
dein, deine, dein, deine	il tuo, la tua, i tuoi, le tue
sein, seine, sein, seine	il suo, la sua, i suoi, le sue (con possessore maschile)
ihr, ihre, ihr, ihre	il suo, la sua, i suoi, le sue (con possessore femminile)
unser, unsere, unser, unsere	il nostro, la nostra, i nostri, le nostre
euer, eure, euer, eure	il vostro, la vostra, i vostri, le vostre
ihr, ihre, ihr, ihre	il loro, la loro, i loro, le loro
Ihr, Ihre, Ihr, Ihre	il Suo, la Sua, i Suoi, le Sue (forma di cortesia)

wessen ...?	di chi ...?	~ Auto ist das?
das Vermögen, -	il patrimonio, la fortuna	~ haben / ein großes ~ erben
reich	ricco	~ sein / eine ~e Frau / ~e Leute / Dieses Land ist ~ an Bodenschätzen.
großzügig	generoso	ein ~es Geschenk / ein ~er Mensch / Das ist ~ von dir.
ausgeben[3]	spendere	Geld ~ / wenig ~
sparsam	parsimonioso, economico	~ sein / ~ leben / Dieser Wagen ist ~ im Verbrauch.
sparen	risparmiare	Geld ~ / am Essen ~ / Energie ~
geizig	avaro	~ sein
beneiden	invidiare	jdn. um etw. ~
der Neid	l'invidia	aus ~ / den ~ erregen
neidisch	invidioso	~ sein auf jdn. / ein ~er Blick

1 haben: hat – hatte – hatte gehabt

2 besitzen: besitzt – besaß – hat besessen

3 ausgeben: ich gebe aus, er gibt aus – gab aus – hat ausgegeben

Armut 133

die Armut	la povertà	in ~ leben
arm	povero	~ sein / ~e Leute / ~ an Kalorien
die Not, ¨-e	la miseria, il bisogno	~ leiden / in ~ sein / der ~ausgang
ohne	senza	~ Geld / ~ Einkommen
sozial	sociale	~e Probleme / das Sozialamt
der Sozialarbeiter ,-	l'assistente sociale	sich vom ~ helfen lassen

bitten[1]	chiedere, domandare	jdn. um etw. ~ / um Geld ~
bitte	per favore, scusi	„Kommen Sie ~ !" / „Ein Bier, ~ !" / „~ schön!" / „ (Wie) ~?"
der Wunsch, ¨-e	il desiderio, l'augurio	einen ~ haben / Das ist mein ~. / „Richten Sie bitte meine besten ¨~e aus!"
(sich) wünschen	desiderare, augurar(si)	jdm. alles Gute ~ / sich etw. ~
fordern	pretendere	sein Recht ~ / eine Lohnerhöhung ~
verlangen	pretendere, richiedere	etw. von jdm. ~ / Dieses Modell wird viel verlangt.
der Anspruch, ¨-e	il diritto, la pretesa	der ~ auf Rente / einen ~ darauf haben
für	per	das Geschenk ist ~ ...
geben[2]	dare	ein Trinkgeld ~ / eine Antwort ~ / jdm. etw. zu lesen ~
(sich) erfüllen	realizzar(si)	jdm./sich einen Wunsch ~ / die Bitte ~ / einen Vertrag ~ / Seine Erwartungen haben sich nicht erfüllt.
(jdm./sich etwas) besorgen	procurar(si)	ein Taxi ~ / sich selbst Karten ~
schenken	regalare	jdm. etw. zum Geburtstag ~ / etw. ver~
das Geschenk, -e	il regalo	viele ~e bekommen / die Weihnachts~e
verteilen	distribuire	Briefe ~ / Geschenke ~
tauschen	cambiare, scambiare	Briefmarken ~ / etw. um~ / etw. ein~
leihen[3]	prestare	etw. ver~ / sich etw. ~ / Geld ~
nehmen[4]	prendere	sich etw. ~ / jdm. etw. weg~ / etw. an~
bekommen[5]	ricevere	Geschenke ~ / Briefe ~
erhalten[6]	ricevere, ottenere	einen Auftrag ~ etw. zu tun
kriegen	ricevere	„Ich habe nichts gekriegt."
abgeben[2]	lasciare, depositare, consegnare	ein Päckchen bei jdm. ~ / die Jacke an der Garderobe ~
behalten[6]	tenere, trattenere	das Geld ~ / den Prospekt ~
danken	ringraziare	jdm. für etw. ~ / jdm. etw. ver~ / „Möchten Sie noch etwas Tee?" „Nein, danke!" / „Dieser Brief ist für Sie." „Danke (schön/sehr)." / „Guten Appetit!" „Danke, gleichfalls."
sich bedanken	ringraziare	sich für etw. ~ / sich herzlich ~
danke	grazie	„~!" / „~ schön" / „~ sehr!"
der Dank	il ringraziamento	„Vielen ~!" / „Gott sei ~." / ~ sagen

dankbar	riconoscente	~ sein / ≠ un~
annehmen[4]	accettare	ein Geschenk ~ / eine Einladung ~

1 bitten: bittet – bat – hat gebeten
2 geben: ich gebe, er gibt – gab – hat gegeben
3 leihen: leiht – lieh – hat geliehen
4 nehmen: ich nehme, er nimmt – nahm – hat genommen
5 bekommen: bekommt – bekam – hat bekommen
6 erhalten: ich erhalte, er erhält – erhielt – hat erhalten

TEST

1 Welche Wörter gehören zusammen?

arm, reich, billig, schwer, unverbindlich

1. Angebot: ____________ 2. Not: ____________ 3. Vermögen: ____________

4. Preis: ____________ 5. Waage: ____________

2 Gegensätze

1. Export: ____________ 2. verkaufen: ____________

3. billig: ____________ 4. reich: ____________ 5. geben: ____________

3 Synonyme

1. herstellen: ____________ 2. Reklame: ____________

3. Geschäft: ____________ 4. Besitz: ____________

4 Definitionen

1. Hammer und Zange sind ____________. 2. Eisen und Kupfer sind ____________. 3. Ein Werk, das Strom erzeugt: ____________ 4. Hundert Pfennige: ____________ 5. Ein Stück Papier, auf dem steht, dass die gekaufte Ware von guter Qualität ist: ____________ 6. Ein Stück Papier, auf dem der Preis der gekauften Ware steht: ____________ 7. Ein Stück Papier, auf dem steht, dass der Preis bezahlt worden ist: ____________ 8. Jemand, der viel Geld hat, ist ____________. 9. Das Geld, das sich jemand geborgt hat und das er zurückzahlen muss: ____________

Verkehr
Traffico

135 Straßen

die Straße, -n	la strada, la via	die Land~ / die Haupt~ / die Neben~ / der ~n·name
der Bürgersteig, -e	il marciapiede	auf dem ~ gehen
der Gehsteig, -e (süddt./österr.)	il marciapiede	
das Trottoir, -s (schweiz.)	il marciapiede	
die Einbahnstraße, -n	la strada a senso unico	die ~ befahren
die Ausfahrt, -en	l'uscita (automezzi)	die ~ freihalten / die Autobahn~
die Abfahrt, -en (österr.)	l'entrata (automezzi)	die ~ Wien-Schwechart
der Platz, ¨-e	la piazza	der Markt~
die Kreuzung, -en	l'incrocio	eine gefährliche ~
die Ampel, -n	il semaforo	Die ~ zeigt „Rot". / vor der ~ warten
die Vorfahrt	la precedenza	die ~ beachten
das Schild, -er	il cartello	das Verkehrs~ / das Nummern~ am Auto
das Verkehrszeichen, -	il cartello stradale	die ~ beachten
die Umleitung, -en	la deviazione	das ~s·schild
die Autobahn, -en	l'autostrada	auf der ~ fahren / das ~kreuz
die Bundesstraße, -en	la strada nazionale	auf der ~ fahren / die ~ 70
der Weg, -e	il sentiero, la strada	der Wald~ / der Feld~ / der Rad~ / der kürzeste ~ / Ich weiß keinen anderen ~.
die Kurve ['kʊrfə], **-n**	la curva	in die ~ fahren / die kurvenreiche Strecke
markieren	segnalare	Der Radweg ist markiert.

136 Verkehr

▼ 184 Bewegung ▼ 185 Geschwindigkeit

der Verkehr	il traffico, la circolazione	der Rechts~ / der Gegen~ / den ~ regeln
der Fußgänger, -	il pedone	Die ~ gehen auf dem Bürgersteig.
gehen[1]	andare a piedi	spazieren ~ / weg~ / hin~ / weiter~
der Schritt, -e	il passo	einen ~ nach vorn machen / ~ für ~
treten[2]	camminare, andare, entrare, premere	ins Haus ein~ / weg~ / hervor~ / das Pedal ~ / i etw. ~

das Fahrrad, ¨-er / das Rad, ¨-er	la bicicletta	das Herren~ / das Damen~ / mit dem ~ fahren
der Radfahrer, -	il ciclista	Die ~ fahren auf dem Radweg. // die Radfahrerin
das Motorrad, ¨-er	la moto	ein schweres ~ / der ~fahrer
das Auto, -s	la macchina, l'automobile	~ fahren / die ~fabrik / ein ~ kaufen
der Wagen, -	la macchina, l'automobile	der Sport~ / der Gebraucht~
das Taxi, -s	il tassì	„Hallo, ~!" / mit dem ~ fahren / ein ~ bestellen
der Kofferraum	il portabagagli	das Gepäck in den ~ legen
das Verkehrsmittel, -	il mezzo di trasporto	die öffentlichen ~ benutzen
der Autobus, -se	l'autobus	auf den ~ warten / mit dem ~ fahren
der Bus, -se	l'autobus	der Linien~ / der Reise~
der Lastkraftwagen, -	il camion	ein schwerer ~
der LKW ['ɛlka:ve:], -s	il camion	Für ~s gesperrt!

1 gehen: geht – ging – ist gegangen

2 treten: ich trete, er tritt – trat – ist getreten

3 Rad fahren: ich fahre Rad, er fährt Rad – fuhr Rad – ist Rad gefahren

Auto fahren ▼ 185 Geschwindigkeit ▼ 186 Richtung 137

der Motor, -en	il motore	der starke ~ / der Benzin~ / der Diesel~
das Benzin	la benzina	das Super~ / das Normal~ / der ~preis
die Tankstelle, -n	il distributore (di benzina)	an der nächsten ~ halten
tanken	far benzina	Diesel ~ / bleifrei ~ / voll~
das Abgas, -e	i gas di scarico	die ~e des Autoverkehrs
das Rad, ¨-er	la ruota	das Vorder~ / das Hinter~ / das Reserve~
der Reifen, -	lo pneumatico, la gomma	die ~panne / der Winter~
der Pneu, -s (schweiz.)	lo pneumatico	
(sich) drehen	girar(si)	Das Rad dreht sich. / das Steuerrad ~ / um~ und zurückfahren
der Fahrer, -	l'autista	der Auto~ / der ~ des Busses
der Chauffeur, -e (schweiz.)	l'autista	
starten	partire, avviare	den Motor ~
der Gang, ¨-e	la marcia (della macchina)	der erste ~ / den ~ einlegen / der Rückwärts~
die Fahrt, -en	il viaggio, il tragitto	die Auto~ / die Hin~ / die Rück~

fahren[1]	andare (con un mezzo), accompagnare in macchina	mit dem Auto ~ / nach München ~ / jdn. nach Hause ~ / ab~ / weg~ / los~ / weiter~ / zu schnell ~
überholen	superare	den LKW ~
die Geschwindigkeitsbeschränkung, -en	il limite di velocità	die ~ einhalten
hupen	suonare il clacson	Nicht ~! / jdn. an~
die Bremse, -n	il freno	auf die ~ treten / die Hand~ ziehen
bremsen	frenare	Der Fahrer bremst. / Das Auto bremst.
anhalten[2]	fermarsi	Der Bus hält an. / vor der Ampel ~
stoppen	fermar(si), bloccar(si)	bei Rot ~ / von der Polizei gestoppt werden
der Stau, -s	l'ingorgo, la congestione	der ~ auf der Autobahn / ein langer ~
parken	parcheggiare	das Auto ~ / vor dem Haus ~
das Parkhaus, ¨-er	l'autosilo	ins ~ fahren
der Parkplatz, ¨-e	il parcheggio	einen ~ suchen / einen ~ finden
die Parkuhr, -en	il parchimetro	Geld in die ~ werfen
die Garage [ga'ra:ʒə], **-n**	il garage	eine ~ mieten / das Auto in die ~ stellen
der Führerschein, -e	la patente	den ~ machen / einen ~ haben / der internationale ~

1 fahren: ich fahre, er fährt – fuhr – ist gefahren
2 anhalten: ich halte an, er hält an – hielt an – hat angehalten

138 Panne, Unfall

▲ 30 Verletzung ▲ 109 Polizei

der Sicherheitsgurt, -e	la cintura di sicurezza	den ~ anlegen
sich anschnallen	allacciare la cintura di sicurezza	sich im Auto ~
die Panne, -n	il guasto	die Auto~ / die Reifen~ / eine ~ haben
abschleppen	trainare	das kaputte Auto ~ lassen
der Unfall, ¨-e	l'incidente	ein schwerer ~ / einen ~ verursachen
zusammenstoßen[1]	scontrarsi	Die Autos sind zusammengestoßen.
überfahren[2]	investire	jdn. ~ / einen Radfahrer ~ / ~ werden
die Katastrophe, -n	la catastrofe	Das ist eine ~. / die Flugzeug~
der Schaden, ¨	il danno	der Sach~ / der Personen~ / einen ~ verursachen
beschädigen	danneggiare	das Auto ~ / die Stoßstange ~

die Versiche-rung, -en	l'assicurazione	die Haftpflicht~ / eine Lebens~ abschließen
versichern	assicurare	sich ~ lassen / das Reisegepäck ~

1 zusammenstoßen: sie stoßen zusammen – sie stießen zusammen – sie sind zusammengestoßen
2 überfahren: ich überfahre, er überfährt – überfuhr – hat überfahren

Schienenverkehr 139

die Bahn, -en	la ferrovia	die Straßen~ / die U-~
die Eisenbahn, -en	la ferrovia	mit der ~ fahren / bei der ~ arbeiten
die Straßen-bahn, -en	il tram	mit der ~ fahren
die Tram, -s (süddt.)	il tram	
der Zug, ¨-e	il treno	Der ~ fährt ab.
die Lokomotive, -n	la locomotiva	die elektrische ~ / die Diesel~
der Wagen, -	il vagone	der Speise~ / der Schlaf~
das Gepäck	il bagaglio	das Hand~ / das ~ zum Bahnhof bringen
der Koffer, -	la valigia	den ~ tragen
der Schaffner, -	il controllore	der Zug~ / der Straßenbahn~
die Schiene, -n	la rotaia, il binario	die Eisenbahn~n
das Gleis, -e	il binario	Der Zug hält auf ~ 3.
die Haltestelle, -n	la fermata	die Bus~ / an der ~ warten
der Bahnhof, ¨-e	la stazione	der Haupt~ / jdn. zum ~ bringen / jdn. vom ~ abholen
die Station, -en	la stazione, la fermata	die U-Bahn-~
der Schalter, -	lo sportello	der Fahrkarten~
die Fahrkarte, -n	il biglietto	eine ~ kaufen / die Rück~
das Billett, -e (schweiz.)	il biglietto	
der Tarif, -e	la tariffa	die ~e erhöhen
der Fahrplan, ¨-e	l'orario	auf den ~ sehen / im ~nachschauen
das Kursbuch, ¨-er	l'orario ferroviario	das neue ~
die Abfahrt	la partenza	die ~s·zeit / die ~ des Zuges
abfahren[1]	partire	morgens ~ / um 13 Uhr ~
verpassen[2]	perdere	den Zug ~
die Ankunft	l'arrivo	die ~s·zeit
ankommen[3]	arrivare	pünktlich ~ / mit Verspätung ~ / in Köln ~
sich verspäten	arrivare in ritardo	sich um 30 Minuten ~
die Verspätung, -en	il ritardo	Der Zug hat 10 Minuten ~.
die Linie, -n	la linea	die U-Bahn~ / die ~ zum Messegelände
der Bahnsteig, -e	il marciapiede (stazione)	auf dem ~ stehen und warten

einsteigen[4]	salire	„Bitte ~!" / in den D-Zug ~
aussteigen[4]	scendere	in Köln ~ / „Alle ~!" / an der Haltestelle ~
umsteigen[4]	cambiare	in Köln ~
der Anschluss, ¨-e	la coincidenza	~ haben / den ~ verpassen

1 abfahren: ich fahre ab, er fährt ab – fuhr ab – ist abgefahren

2 verpassen: verpasst – verpasste – hat verpasst

3 ankommen: kommt an – kam an – ist angekommen

4 einsteigen: steigt ein – stieg ein – ist eingestiegen

140 Luftverkehr

das Flugzeug, -e	l'aereo	Das ~ landet pünktlich. / das Düsen~
der Pilot, -en	il pilota	der Ko~
die Stewardess ['stjuːɐdɛs], **-en**	l'hostess	Die ~ bedient die Fluggäste.
starten	partire	Das Flugzeug startet. / pünktlich ~
abfliegen[1]	decollare	in München ~
fliegen[1]	andare in aereo, volare	Er flog nach Berlin. / Dieses Flugzeug fliegt nach Madrid. / die Stadt über~
der Flug, ¨-e	il volo	einen ~ buchen / der Ab~ / der ~gast / die ~gesellschaft
die Landung, -en	l'atterraggio	zur ~ ansetzen / die Zwischen~ /die Not~
landen	atterrare	in Frankfurt ~
der Flughafen, ¨-	l'aeroporto	der Frankfurter ~ / mit dem Taxi zum ~ fahren
buchen	prenotare	einen Flug nach München ~
das Ticket, -s	il biglietto aereo	das Flug~ kaufen
der Hubschrauber, -	l'elicottero	der Rettungs~

1 abfliegen: fliegt ab – flog ab – ist abgeflogen

141 Schifffahrt

▼ 159 Meer

das Schiff, -e	la nave	das Handels~ / das Kriegs~
der Tanker, -	la petroliera	Der ~ transportiert Erdöl. / das ~unglück
die Fähre, -n	il traghetto	die Auto~ / eine ~ benutzen
das Segel, -	la vela	das ~boot / die ~ setzen
das Boot, -e	la barca	das Motor~ / das Fischer~ / das Ruder~ / das Rettungs~
rudern	remare	auf dem See ~
der Seemann, ¨-er	il marinaio	~ werden
der Kapitän, -e	il capitano	der ~ des Schiffes
der Steuermann, ¨-er	il timoniere	Der ~ steht am Ruder (= Steuerrad).
die Kabine, -n	la cabina	die Einzel~ / eine ~ mieten

der Passagier, -e	il passeggero	Die ~e gehen an Bord. / der blinde ~ (= der nicht bezahlt hat)
der Hafen, ¨	il porto	die ~stadt / der Hamburger ~

Transport

▲ 125 Handel ▲ 127 Verpackung ▲ 128 Gewicht **142**

der Transport, -e	il trasporto	der Waren~ / die ~kosten / der Schwer~
transportieren	trasportare	Waren ~
befördern	trasportare	mit der Eisenbahn ~ / Pakete ~
laden[1]	caricare	etw. ver~ / ein~ / auf~ / aus~ / ab~ / um~
die Ladung, -en	il carico	die Schiffs~
die Fracht, -en	il carico, la merce, il trasporto	die ~kosten
holen	andare a prendere	Zigaretten ~ / Hilfe ~
abholen	andare a prendere, ritirare	die bestellten Waren ~
mitnehmen[2]	prendere	die Kisten ~
bringen[3]	portare, accompagnare	die Zeitung ~ / etw. mit~ / her~ / weg~ / jdn. nach Hause ~
schieben[4]	spingere	den Wagen ~ / weg~ / zurück~
ziehen[5]	tirare	den Wagen ~
heben[6]	alzare, sollevare	den Koffer ~ / etw. auf~ / an~ / hoch~
tragen[7]	portare	eine Kiste ~ / etw. weg~ / eine Brille ~
(sich) halten[8]	tener(si)	fest in der Hand ~ / „Halte dich fest!"
werfen[9]	lanciare, gettare	den Ball ~ / etw. um~ / etw. weg~
stellen	mettere (verticalmente)	etw. hin~ / etw. um~ / etw. auf~
legen	mettere (orizzontalmente)	auf den Boden ~ / hin~
liegen[10]	essere, stare	~ lassen / ~ bleiben

1 laden: ich lade, er lädt – lud – hat geladen
2 mitnehmen: ich nehme mit, er nimmt mit – nahm mit – hat mitgenommen
3 bringen: bringt – brachte – hat gebracht
4 schieben: schiebt – schob – hat geschoben
5 ziehen: zieht – zog – hat gezogen
6 heben: hebt – hob – hat gehoben
7 tragen: ich trage, er trägt – trug – hat getragen
8 halten: ich halte, er hält – hielt – hat gehalten
9 werfen: ich werfe, er wirft – warf – hat geworfen
10 liegen: liegt – lag – hat gelegen

143 Reise

▲ 174 Ereignis

die Reise, -n	il viaggio	eine ~ machen / die Geschäfts~ / die Studien~ / die Ab~ / die ~kosten
reisen	viaggiare	mit dem Zug ~ / nach Paris ~
verreisen	partire per un viaggio	im Sommer ~ / verreist sein
das Reisebüro, -s	l'agenzia viaggi	ins ~ gehen / im ~ eine Reise buchen
der Verkehrsverein, -e	l'ente per il turismo	im ~ eine Unterkunft buchen
der Tourist [tu'rɪst], **-en**	il turista	die ausländischen ~en // die Touristin
der Anhalter, -	l'autostoppista	einen ~ mitnehmen
der Ausflug, ¨-e	la gita, l'escursione	einen ~ machen / ein ~ in die Berge
die Rundfahrt, -en	il giro turistico	die Stadt~ / eine ~ machen
wandern	fare una camminata	im Wald ~ / in den Bergen ~ / ~ gehen
das Picknick, -e/s	il picnic	ein ~ machen
spazieren gehen[1]	andare a passeggio	mit dem Hund ~ ~ / am Nachmittag ~ ~
der Spaziergang, ¨-e	la passeggiata	einen ~ machen / ein ~ an der frischen Luft
die Sehenswürdigkeit, -en	le cose da vedersi	die ~en besichtigen
besichtigen	visitare	ein Schloss ~ / das Museum ~
die Besichtigung, -en	la visita	die ~ des Schlosses
die Führung, -en	la visita guidata	Die nächste ~ findet um 11 Uhr statt.
das Museum, Museen	il museo	ins ~ gehen / die ~s·besucher
das Souvenir [zuvə'ni:ɐ], **-s**	il souvenir	~s mitbringen

1 spazieren gehen: geht spazieren – ging spazieren – ist spazieren gegangen

144 Hotel, Camping

▲ 26 Restaurant

der Aufenthalt	il soggiorno	ein ~ in Österreich / die ~s·erlaubnis
das Hotel, -s	l'hotel, l'albergo	das ~zimmer vorbestellen
die Pension [pã'zio:n], **-en**	la pensione	die Halb~ / die Voll~ / in einer ~ wohnen
das Zimmer, -	la camera	das Einzel~ / das Doppel~ / ein ~ für eine Woche nehmen
reservieren	prenotare	ein Zimmer ~ / einen Tisch ~
die Rezeption, -en	la reception	den Schlüssel an der ~ abgeben

übernachten	pernottare	im Hotel ~ / im Freien ~
Camping ['kɛmpɪŋ]	il campeggio	~ machen
der Camping-platz, ¨-e	il campeggio	auf dem ~ bleiben
das Zelt, -e	la tenda	das ~ aufbauen / im ~ schlafen
der Wohnwagen, -	la roulotte	mit dem ~ verreisen
die Saison [zɛ'zõ:], **-s**	la stagione (turistica)	die Haupt~ / die Vor~ / die Nach~

TEST

1 Welche Wörter gehören zusammen?

Reifen, Segel, Ampel, Pilot, Bürgersteig, Tourist, Benzin

1. Kreuzung: ______________ 2. Fußgänger: ______________

3. Motor: ______________ 4. Rad: ______________

5. Flugzeug: ______________ 6. Schiff: ______________

7. Hotel: ______________

2 Definitionen

1. Eine Straße, die nur in einer Richtung befahren werden darf: ______________

2. Jemand, der zu Fuß auf der Straße geht: ______________ 3. Eine Urkunde, mit der man nachweist, dass man Auto fahren darf: ______________ 4. Ein großes Schiff, das Erdöl transportiert: ______________ 5. Jemand, der von vorbeifahrenden Autos mitgenommen werden will: ______________

③ Gegensätze

1. Abfahrt: ______________

2. einsteigen: ______________

3. Das Flugzeug startet: es ______________

④ Vervollständigen Sie die Sätze.

1. Wenn die ______________ „Rot“ zeigt, müssen die Autos halten.

2. An der ______________ kann man Benzin tanken.

3. Um bei einem Unfall mit dem Auto nicht getötet zu werden, sollte man den ______________ anlegen.

4. Die ______________ zieht den Eisenbahnzug.

5. Der ______________ hat das Kommando an Bord eines Schiffes.

6. In einem ______________ kann sich der Tourist ein Zimmer mieten.

7. Auf dem ______________ kann man das Zelt aufbauen oder den Wohnwagen abstellen.

Freizeit
Tempo libero

Spielen 145

die Freizeit	il tempo libero	viel ~ haben / in der ~
das Hobby, -s	l'hobby	Basteln ist mein ~. / viele ~s haben
spielen	giocare	Die Kinder ~. / auf der Straße Ball ~
das Spielzeug	il giocattolo	viel ~ haben / dem Kind ~ schenken
die Puppe, -n	la bambola	mit der ~ spielen / der ~n·wagen
der Ball, ¨-e	la palla	~ spielen / Fuß~ / Hand~
werfen[1]	lanciare	den Ball ~
fangen[2]	afferrare	den Ball ~
das Spiel, -e	il gioco	das Karten~ / die ~regeln
die Karte, -n	la carta	~n spielen
das Schach	gli scacchi	~ spielen / die ~figur / das ~brett
gewinnen[3]	vincere	beim Spiel ~ / das Spiel ~
das Glück	la fortuna	~ haben / das ~s·spiel
verlieren[4]	perdere	das Spiel ~

1 werfen: ich werfe, er wirft – warf – hat geworfen

2 fangen: ich fange, er fängt – fing – hat gefangen

3 gewinnen: gewinnt – gewann – hat gewonnen

4 verlieren: verliert – verlor – hat verloren

Sport 146

der Sport	lo sport	~ treiben / der Leistungs~ / der Winter~
sportlich	sportivo	~ sein / sich ~ kleiden / die ~e Höchstleistung
treiben[1]	fare, praticare	Sie treibt Sport.
das Stadion, Stadien	lo stadio	das Olympia~ / das Fußball~
turnen	fare ginnastica	in der Halle ~ / ~ gehen
trainieren [trɛ'ni:rən]	allenar(si)	täglich ~
das Training ['trɛ:nɪŋ]	l'allenamento	ein hartes ~ / der ~s·anzug
der Sportler, -	lo sportivo	der Leistungs~ // die Sportlerin
der Profi, -s	il professionista	der ~spieler / der ~fußball
die Mannschaft, -en	la squadra	die Fußball~ / die National~
der Wettkampf, ¨-e	la gara, la competizione	Sieger des ~es sein
der Gegner, -	l'avversario	ein starker ~
das Tennis	il tennis	der ~spieler / der ~platz / Tisch~
springen[2]	saltare	6 Meter weit ~ / 2 Meter hoch ~ / ins Wasser ~
der Sprung, ¨-e	il salto	der Weit~ / der Hoch~

das Jogging ['dʒɔgɪŋ]	il footing	sich mit ~ fit halten
der Läufer, -	l'atleta che corre	der Lang~ / der Marathon~ // die Läuferin
der Start, -s	la partenza	der ~schuss / am ~ sein / fertig zum ~
das Ziel, -e	l'arrivo, il traguardo	am ~ sein
der Sieger, -	il vincitore	die ~ehrung // die Siegerin
der Rekord, -e	il record	der Europa~ / der Welt~
der Fußball, ¨-e	il calcio	die ~mannschaft / der ~platz / das ~spiel
das Tor, -e	la rete, il goal	der ~wart
der Schiedsrichter, -	l'arbitro	die Entscheidung des ~s respektieren
fair ['fɛːɐ]	corretto, correttamente	sich ~ verhalten / eine ~e Entscheidung
der Verein, -e	il club	der Sport~ / einem ~ angehören
das Spiel, -e	il gioco, la partita	das ~ steht 1:2

1 treiben: treibt – trieb – hat getrieben
2 springen: springt – sprang – ist gesprungen

147 Musik ▲ 4 Hören

die Musik	la musica	~ machen / die Unterhaltungs~
die Melodie, -n	la melodia	eine ~ singen
das Lied, -er	la canzone	ein ~ singen / das Volks~
der Hit, -s	la canzone di successo	die ~s im Radio hören
singen[1]	cantare	ein Weihnachtslied ~ / mit~ / vor~
der Sänger, -	il cantante	der Opern~ // die Sängerin
das Orchester [ɔr'kɛstɐ], -	l'orchestra	das Tanz~ / das Symphonie~
das Instrument, -e	lo strumento	ein ~ spielen / das Blas~
die Gitarre, -n	la chitarra	auf der ~ spielen / mit der ~ begleiten
die Geige, -n	il violino	~ spielen / die 1. ~
die Trompete, -n	la tromba	die Jazz~ / ~ blasen
das Klavier, -e	il pianoforte	~ spielen können / das ~konzert
das Konzert, -e	il concerto	das Violin~ von Beethoven / der ~saal
klassisch	classico	~e Musik hören
die Platte, -n	il disco	eine alte Schall~ / der ~n·spieler
die CD, -s	il CD	eine ~ hören
der CD-Player, -	il lettore CD	einen ~ haben
tanzen	ballare	Walzer ~ / gut ~ können
der Tanz, ¨-e	il ballo	ein moderner ~ / die ~veranstaltung
die Disko/Diskothek	la discoteca	in eine ~ gehen
der Jazz [dʒɛs]	il jazz	die ~musik / die ~kapelle / ~ hören

der Rock	il rock	Er mag ~musik.

1 singen: singt – sang – hat gesungen

Malerei ▲ 7 Farben 148

die Kunst, ¨-e	l'arte	das ~werk
der Künstler, -	l'artista	ein großer ~ // die Künstlerin
bekannt	noto, conosciuto	~ sein / ~ werden / ≠ un~
berühmt	famoso	ein ~er Maler / welt~ sein
der Maler, -	il pittore	der Kunst~ // die Malerin
malen	dipingere	ein Bild ~
zeichnen	disegnare	einen Baum ~ / mit dem Bleistift ~
die Zeichnung, -en	il disegno	die Bleistift~ / eine ~ anfertigen
das Bild, -er	il quadro	der ~er·rahmen / das ~ an die Wand hängen
das Gemälde, -	il dipinto	das Öl~ / die ~galerie
die Ausstellung, -en	la mostra	die Kunst~
ausstellen	esporre	Bilder ~ / Kunstwerke ~

Literatur ▲ 82 Buch 149

die Literatur	la letteratura	die deutsche ~ / die Fach~
der Autor, -en	l'autore	der ~ des Buches // die Autorin
der Schriftsteller, -	lo scrittore	der Roman~ // die Schriftstellerin
der Roman, -e	il romanzo	der Kriminal~ / der Liebes~
die Erzählung, -en	il racconto	eine spannende ~
die Geschichte, -n	la storia	eine ~ erzählen / die Kurz~
das Märchen, -	la fiaba, la favola	ein ~ erzählen / das ~buch
der Dichter, -	il poeta	Goethe war ein großer deutscher ~.
das Gedicht, -e	la poesia	ein ~ lernen / ein ~ aufsagen
das Werk, -e	l'opera	Goethes ~e / die gesammelten ~e

Theater 150

das Theater, -	il teatro	ins ~ gehen / die ~kasse / die ~karte / die ~aufführung
der Eintritt	l'ingresso	die ~s·karte
die Eintrittskarte, -n	il biglietto	eine ~ kaufen / die ~ vorzeigen
das Billett, -s (schweiz.)	il biglietto d'ingresso	
der Vorhang, ¨-e	il sipario	den ~ aufziehen
die Aufführung, -en	la rappresentazione, la recita	die ~ eines Theaterstücks / die Ur~

die Vorstellung, -en	la rappresentazione, lo spettacolo	Die ~ beginnt um 18 Uhr.
der Schauspieler, -	l'attore	Der ~ spielt im Stück ... // die Schauspielerin
die Rolle, -n	il ruolo, la parte	die Haupt~ spielen / eine Neben~
das Theaterstück, -e	il pezzo teatrale	ein erfolgreiches ~
das Drama, Dramen	il dramma	ein ~ von Schiller / die Handlung des ~s
die Oper, -n	l'opera	das ~n·haus / in die ~ gehen
der Zuschauer, -	lo spettatore	der ~raum / Die ~ sind begeistert. // die Zuschauerin
das Publikum	il pubblico	Das ~ klatscht. / Das ~ pfeift.
zuschauen	seguire lo spettacolo	gespannt ~
klatschen	applaudire	Beifall ~ / lange ~

151 Kino, Fernsehen, Rundfunk

das Kino, -s	il cinema	ins ~ gehen / der ~film
der Film, -e	il film	der Fernseh~ / einen ~ drehen / der Dokumentar~
der Star, -s	la star	der Film~
spannend	emozionante	ein ~er Film / eine ~e Geschichte
das Fernsehen	la televisione	im ~ bringen / das Fernsehprogramm
der Fernseher, -	il televisore	den ~ anmachen / den ~ ausmachen
fernsehen[1]	guardare la TV	abends ~ / lange ~
Video	il video	die ~kassette / die ~theke / der ~rekorder / der ~film (= das Video, -s)
das Radio, -s	la radio	der ~wecker / ~ hören / ~ Bremen
der Lautsprecher, -	l'altoparlante	die ~ im Radio
einschalten	accendere	das Radio ~ / den Fernseher ~
der Rundfunk	la radio, l'ente radiofonico, la stazione radio	die ~gebühren / der Norddeutsche ~
die Durchsage, -n	il comunicato	eine wichtige ~
die Nachrichten (Pl.)	il giornale radio, il telegiornale	~ hören
der Kommentar, -e	il commento	einen interessanten ~ hören
der Krimi, -s	il film poliziesco	einen spannenden ~ anschauen
die Sendung, -en	la trasmissione	die Musik~ / eine beliebte ~
senden	trasmettere	Nachrichten ~ / Musik ~ / einen Gruß ~

die Übertragung, -en	la trasmissione	die ~ der Ansprache des Präsidenten / die Direkt~
der Sender, -	l'emittente	der Radio~ / der Fernseh~
das Studio, -s	lo studio	das Fernseh~ / zu Gast im ~
das Programm, -e	il programma	Das ~ des heutigen Abends wurde kurzfristig geändert. / die ~zeitschrift

1 fernsehen: ich sehe fern, er sieht fern – sah fern – hat ferngesehen

Fotografie 152

die Kamera, -s	la macchina fotografica	die Fernseh~ / die Video~ / mit einer ~ fotografieren
der Fotoapparat, -e	la macchina fotografica	der teure ~ / ein guter ~
fotografieren	fotografare	jdn. ~ / eine Kirche ~ / Sie fotografiert gerne.
entwickeln	sviluppare	den Film ~ lassen
das Foto, -s	la foto	~s machen / ein ~ vergrößern / das ~album

Geschmack 153

der Geschmack	il gusto	der gute ~ / der persönliche ~
finden[1]	trovare	„Ich finde es wundervoll."
bewundern	ammirare	ein Gemälde ~
die Schönheit	la bellezza	die ~ eines Kunstwerks
schön	bello	ein ~es Bild / wunder~
hübsch	carino	ein ~es Foto / Sie ist ~.
herrlich	magnifico	eine ~e Kirche / ~e Musik
wunderbar	meraviglioso	die ~e Reise
großartig	grandioso	ein ~er Film
vollkommen	perfetto	die ~e Schönheit / ≠ un~
perfekt	perfetto	die ~e Technik des Malers
klasse	bellissimo, eccezionale	der Urlaub war ~
super	formidabile	Das ist einfach ~!
toll	magnifico	der Ausflug war ganz ~
hässlich	brutto	ein ~es Gebäude

1 finden: findet – fand – hat gefunden

TEST

1 Ergänzen Sie die Sätze.

1. Ein Drama wird im ______________ aufgeführt.

2. Einen Film sieht man im ______________ oder im ______________.

3. Ein Hörspiel hört man im ______________.

2 Gegensätze

1. Arbeitszeit: ______________

2. beim Spiel gewinnen: beim Spiel ______________

3. schön: ______________

3 Definitionen

1. Jemand, der in einem Theaterstück eine Rolle spielt: ______________

2. Ein großes Theaterstück mit Musik und Gesang: ______________

3. Viele Musiker, die gemeinsam spielen: ______________

4. Ein sehr berühmter Schauspieler / eine sehr berühmte Schauspielerin: ______________

5. Jemand, der bei einem Theaterstück oder einem Film zusieht: ______________

6. Die Fähigkeit des Menschen, die ihn über „schön" und „hässlich" urteilen lässt: ______________

④ Kreuzworträtsel

1. schreibender Künstler
2. Musik zum Singen
3. nicht schön
4. Text in Versen
5. Beifall spenden
6. Dort werden Dramen aufgeführt.
7. interessant, aufregend
8. Musikinstrument, zur Begleitung

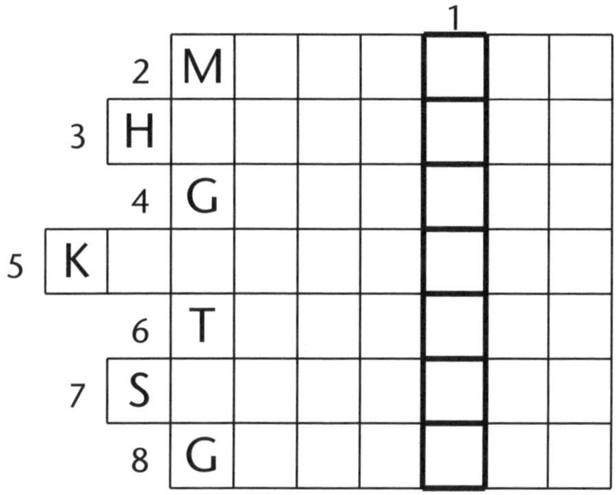

Umwelt
Ambiente

Wetter
Tempo

154 Schönes Wetter
Bel tempo
155 Schlechtes Wetter
Cattivo tempo
156 Kaltes Wetter
Freddo
Test

Natur
Natura

157 Himmel
Cielo
158 Geographie
Geografia
159 Meer
Mare
160 See, Fluss
Lago, fiume
161 Gebirge
Montagne
162 Flachland
Pianura
163 Landwirtschaft
Agricoltura
Test

Tiere, Pflanzen
Animali, piante

164 Tiere
Animali
165 Haustiere
Animali domestici
166 Wilde Tiere
Animali selvatici
167 Vögel
Uccelli
168 Sonstige Tiere
Altri animali
169 Pflanzen
Piante
170 Garten, Blumen
Giardino, fiori
Test

Wetter
Tempo

154 Schönes Wetter ▼ 173 Jahreszeiten

das Wetter	il tempo	das schöne ~ / bei schlechtem ~
der Wetter-bericht, -e	il bollettino meteorologico	den ~ lesen / Wie ist der ~? / laut ~ wird es schön
die Luft	l'aria	die frische Meeres~ / die ~feuchtigkeit
die Temperatur, -en	la temperatura	die Zimmer~ / die Außen~
der Grad, -e	il grado	10 ~ Wärme = 10 ~ über Null = 10 ~ plus / 5 ~ Kälte = minus 5 ~ = 5 ~ unter Null
das Hoch, -s	l'anticiclone	das ~druckgebiet
heiter	sereno	vormittags ~ , später Regen
die Sonne	il sole	der ~n·schein / die ~n·brille / in der ~ liegen
scheinen[1]	splendere	Die Sonne scheint. / Der Mond scheint.
das Klima	il clima	das warme ~ / das gemäßigte ~
warm	caldo	Es ist ~. / Mir ist ~. / das ~e Wetter / ~e Kleidung
die Hitze	la calura, l'afa	unter der ~ leiden
schwitzen	sudare	ins Schwitzen kommen

1 scheinen: scheint – schien – hat geschienen

155 Schlechtes Wetter

das Tief, -s	la depressione	Das ~ bringt Regen. / das Sturm~
der Nebel, -	la nebbia	der dichte ~ / Der ~ behindert den Verkehr.
neblig	nebbioso	Es ist heute ~.
die Wolke, -n	la nuvola	die ~n am Himmel / über den ~n fliegen / die Gewitter~
der Regen	la pioggia	der ~schauer / der Sprüh~
regnen	piovere	Es regnet. / Es regnet in Strömen.
der Schirm, -e	l'ombrello	der Regen~ / den ~ aufspannen
der Wind, -e	il vento	der frische ~ / die ~richtung
der Sturm, ¨-e	la tempesta	ein schwerer ~
das Gewitter, -	il temporale	der ~regen / Es gibt ein schweres ~.
der Blitz, -e	il lampo, il fulmine	Der ~ schlägt ein. / ~ und Donner
donnern	tuonare	Es donnert.

frisch	fresco	der ~e Wind / Es ist ~.
kühl	fresco	Es ist ~ geworden. / ein ~er Abend
kalt	freddo	Mir ist ~. / die ~e Luft / das ~e Wasser
frieren[1]	aver freddo, congelarsi	in der Kälte ~ / Der See friert zu.
die Kälte	il freddo	5 Grad ~
der Frost	il gelo	die ~gefahr / der ~schutz
schneien	nevicare	es schneit
der Schnee	la neve	der ~fall / die ~flocke / der ~mann
das Eis	il ghiaccio	das ~ auf dem See / das Glatt~ auf den Straßen
der Winter	l'inverno	der kalte ~ / der ~sport
der Schi/Ski, -(er)	lo sci	~ laufen / der ~lehrer

1 frieren: friert – fror – hat gefroren

TEST

1 Welche Wörter passen zusammen?

frieren, regnen, schneien, schwitzen, donnern

1. Hitze: ______________

2. Gewitter: ______________

3. Schirm: ______________

4. Kälte: ______________

5. Schnee: ______________

2 Ordnen Sie die Wörter/Sätze.

Es ist heiter. Die Sonne scheint. Es ist warm. Es regnet.

Sonnenschein, Regen , Hoch, Blitz und Donner, Gewitter

1. Schönes Wetter:

____

____

____

____

____

2. Schlechtes Wetter:

____

____

____

____

3 Kreuzworträtsel

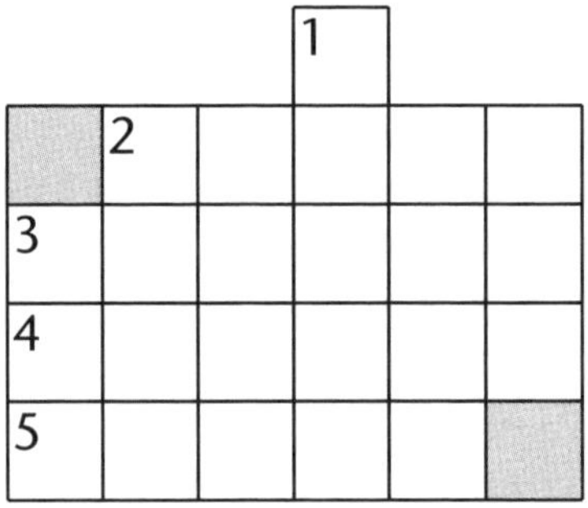

1. Quelle des Lichtes und der Wärme
2. starke Kälte
3. gefrorener Regen
4. Niederschlag fällt
5. Wolken, die bis zum Erdboden reichen

4 Gegensätze

1. schönes Wetter: _______________ Wetter
2. das Hoch: das _______________
3. schwitzen: _______________
4. warm: _______________
5. Wärme: _______________

Natur
Natura

Himmel 157

die Wẹlt	il mondo	die ganze ~ / der ~raum / Er lebt in einer anderen ~.
der Hịmmel	il cielo	der blaue ~ / die ~s·richtungen
die Sọnne, -n	il sole	der ~n·aufgang / der ~n·untergang
der Mond, -e	la luna	Der ~ scheint. / der ~schein / der Voll~ / der Halb~ / die ~sichel
der Stẹrn, -e	la stella	der ~en·himmel / das ~bild
der Planet, -en	il pianeta	Venus, Erde, Mars usw. sind ~en.

Geographie 158

der Ạtlas, Atlạnten	l'atlante	die Karten im ~
die Lạndkarte, -n	la carta geografica	einen Fluss auf der ~ suchen
der Plan, ¨-e	la pianta	der Stadt~ von München
die Erde	la terra	Die ~ dreht sich um die Sonne.
der Erdteil, -e	il continente	Afrika ist ein ~.
der Kọntinent, -e	il continente	die fünf ~e
Europa	l'Europa	West~ / Ost~ / Deutschland liegt in Mittel~.

Meer ▲ 141 Schiffe 159

das Meer, -e	il mare	auf dem ~ / die Welt~e / das Rote ~
der Ozean, -e	l'oceano	der Atlantische ~ / der Indische ~
die See	il mare	die Nord~ / die Ost~
das Wạsser	l'acqua	das Salz~ / das Hoch~
der Trọpfen, -	la goccia	der Regen~
die Kụ̈ste, -n	la costa	die Nordsee~ / an der ~
der Strạnd, ¨-e	la spiaggia	der Sand~ / am ~
baden	fare il bagno	~ gehen / im Meer ~ / im Fluss ~
der Schwịmmer, -	il nuotatore	der Nicht~ / der Rettungs~ // die Schwimmerin
schwịmmen[1]	nuotare	~ können / auf dem Rücken ~ / etw. schwimmt auf dem Wasser
das Schwịmm-bad, ¨-er	la piscina	ins ~ gehen
nạss	bagnato	~ werden / die ~e Badehose

feucht	umido	Nach dem Regen war es draußen sehr ~. / ein ~er Lappen
trocken	asciutto, secco	die ~e Kleidung / bei ~em Wetter
die Insel, -n	l'isola	die Halb~ / die ~ Rügen
das Festland	la terraferma	das europäische ~

1 schwimmen: schimmt – schwamm – ist geschwommen

160 See, Fluss

▼ 168 Fische

der See, -n	il lago	im ~ baden / der Stau~
die Quelle, -n	la sorgente	die ~ des Flusses
der Fluss, ¨-e	il fiume	ein breiter ~ / der Neben~
fließen[1]	scorrere	Das Wasser fließt langsam.
tief	profondo	das ~e Wasser / 3 Meter ~
flach	basso	das ~e Wasser
der Kanal, ¨-e	il canale	der Mittelland~ / der Suez~
das Ufer, -	la riva	das Fluss~ / am ~ stehen
die Brücke, -n	il ponte	eine ~ über den Rhein / über die ~ gehen

1 fließen: fließt – floss – ist geflossen

161 Gebirge

das Gebirge, -	le montagne	das Hoch~ / das Mittel~ / ins ~ fahren
der Berg, -e	il monte	den Urlaub in den ~en verbringen / Die Zugspitze ist der höchste ~ Deutschlands.
die Höhe, -n	l'altitudine, l'altezza	die ~ des Berges / in 2500 m ~ wandern
das Tal, ¨-er	la valle	das tiefe ~ / unten im ~
der Felsen, -	la roccia	die ~ an der Küste
der Stein, -e	il sasso, la pietra	ein Haufen ~e

162 Flachland

▼ 169 Wald

die Natur	la natura	in die ~ hinausfahren / das ~schutzgebiet
die Umwelt	l'ambiente	der ~schutz
die Umweltverschmutzung	l'inquinamento ambientale	die ~ bekämpfen
die Atmosphäre, -n	l'atmosfera	die dünne ~
der Smog	lo smog	die ~gefahr
die Gegend, -en	la zona, la regione	die schöne ~

das Land	la campagna	auf dem ~ wohnen / die ~bevölkerung / Dort ist das ~ hügelig.
die Landschaft, -en	il paesaggio	die schöne ~ / die Gebirgs~
das Flachland	la pianura	das Norddeutsche ~

Landwirtschaft ▼ 165 Haustiere 163

die Landwirtschaft	l'agricoltura	in der ~ arbeiten
der Landwirt, -e	l'agricoltore	Mein Großvater war ~.
der Bauer, -n	il contadino	Der ~ arbeitet auf dem Feld. / das ~n·haus / der ~n·hof // die Bäuerin
das Feld, -er	il campo	das Korn~ / das Kartoffel~ / auf dem ~ arbeiten
säen	seminare	das Getreide ~ / Blumen ~ / aus~
ernten	raccogliere	das Getreide ~ / Kartoffeln ~
die Ernte, -n	il raccolto, la mietitura	die gute ~ / die Getreide~ / die ~zeit
das Getreide	i cereali	Das ~ wächst auf dem Feld.
das Korn	il grano	das reife ~
der Roggen	la segale	das ~mehl / das ~brot
der Weizen	il frumento	das ~mehl / das ~brot
der Mais	il mais	der ~kolben
die Mühle, -n	il mulino	die alte Wind~ / die Korn~

TEST

1 Definitionen

1. Die Stelle, an der ein Fluss entsteht: ______________ 2. Ein Bauwerk, das einen Fluss überquert: ______________ 3. Der Rand des Meeres: ______________

4. Buch mit Landkarten: ______________

5. Erde, Venus, Mars sind ______________ 6. Weltmeer: ______________

7. Küste, wo man baden kann: ______________

8. Kleines Land im Wasser: ______________

9. Künstlich angelegter „Fluss“: ______________

10. Viele Berge: ______________ 11. Roggen, Weizen: ______________

2 Gegensätze

1. nass: ______________ 2. flach: ______________ 3. Berg: ______________

4. säen: ______________

3 Rätsel

1. Planet
2. Rand des Flusses
3. Getreideart
4. Meer
5. Gestirn
6. Landkarten als Buch

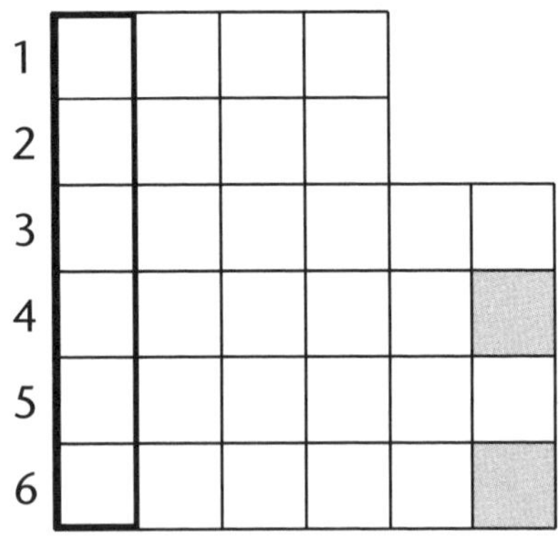

Wie heißt das senkrechte Wort? ____________________________

Tiere, Pflanzen
Animali, piante

Tiere 164

das Tier, -e	l'animale	das Haus~ / das Säuge~ / der ~arzt
die Schnauze, -n	il muso	die Hunde~
das Maul, ⸚er	il muso, la bocca	das ~ aufmachen
die Pfote, -n	la zampa	die Katzen~
das Fell, -e	il pelo, la pelliccia	das dicke ~ / das Bären~
der Schwanz, ⸚e	la coda	mit dem ~ wedeln / die ~federn der Vögel

Haustiere ▲ 17 Fleisch, Geflügel 165

der Hund, -e	il cane	der bissige ~ / die ~e·rasse / der Jagd~
bellen	abbaiare	Der Hund bellt. / wütend ~
beißen[1]	mordere	Der Hund beißt. / ins Bein ~
die Katze, -n	il gatto	Die ~ fängt Mäuse. / Die ~ miaut.
das Vieh	il bestiame	die ~zucht
die Weide, -n	il pascolo	das ~land / die saftige ~
treiben[2]	portare al pascolo	das Vieh auf die Weide ~
das Pferd, -e	il cavallo	das Reit~ / das ~e·rennen
reiten[3]	andare a cavallo	~ können / spazieren ~
die Kuh, ⸚e	la mucca	die Milch~ / der ~stall
das Kalb, ⸚er	il vitello	das kleine ⸚chen
das Schwein, -e	il maiale	das fette ~ / das ~e·fleisch
das Schaf, -e	la pecora	die ~herde
der Hahn, ⸚e	il gallo	das ⸚chen / das Brat⸚chen
das Huhn, ⸚er	la gallina	Das ~ legt ein Ei. / die ⸚er·suppe
die Ente, -n	l'anatra	die Wild~ / die Flug~
die Gans, ⸚e	l'oca	der ⸚e·braten / die ⸚e·federn
die Taube, -n	il colombo, la colomba, il piccione	die Brief~ / die Friedens~
füttern	dar da mangiare (agli animali)	die Kühe ~ / den Hund ~
fressen[4]	mangiare (animali)	Die Kühe ~ das Heu. / einem Tier zu ~ geben
schlachten	macellare	das Schwein ~ / die Ente ~

1 beißen: beißt – biss – hat gebissen
2 treiben: treibt – trieb – hat getrieben
3 reiten: reitet – ritt – ist geritten
4 fressen: frisst – fraß – hat gefressen

166 Wilde Tiere

▼ 169 Wald

wild	selvatico	ein ~es Tier
das Wild	la selvaggina	das ~ im Wald
der Fuchs [fuks], ¨-e	la volpe	der ~bau / die ~jagd
der Hirsch, -e	il cervo	ein starker ~ / das ~geweih
das Reh, -e	il capriolo	im Wald ~e sehen
der Hase, -n	la lepre	Der ~ schlägt Haken.
jagen	cacciare	das Wild ~ / einen Hirsch ~
der Jäger, -	il cacciatore	~ sein
die Jagd	la caccia	auf die ~ gehen / der ~hund
der Zoo, -s	lo zoo	in den ~ gehen / die wilden Tiere im ~
der Käfig, -e	la gabbia	ein Tier im ~
der Löwe, -n	il leone	Der ~ brüllt.
der Tiger, -	la tigre	das ~fell
der Affe, -n	la scimmia	der Menschen~
der Elefant, -en	l'elefante	der ~en·rüssel

167 Vögel

der Vogel, ¨	l'uccello	der Zug~ / der Raub~
die Feder, -n	la piuma, la penna	die weißen ~n des Schwans
der Flügel, -	l'ala	Der Vogel schlägt mit den ~n.
fliegen[1]	volare	Die Vögel ~. / weg~
das Nest, -er	il nido	das Vogel~

Vögel

der Spatz, -en	il passero
der Adler, -	l'aquila
die Möwe, -n	il gabbiano
der Schwan, ¨-e	il cigno
der Wellensittich, -e	il pappagallino
der Kanarienvogel, ¨	il canarino

1 fliegen: fliegt – flog – ist geflogen

168 Sonstige Tiere

▲ 18 Speisefische

das Insekt, -en	l'insetto	die schädlichen ~en
die Fliege, -n	la mosca	die ~n am Fenster
die Mücke, -n	la zanzara	der ~n·stich (auf der Haut)
die Biene, -n	l'ape	der ~n·honig

der Käfer, -	il coleottero	der Mai~ / der Mist~
der Schmetterling, -e	la farfalla	ein bunter ~
die Spinne, -n	il ragno	das ~n·gewebe
die Schnecke, -n	la lumaca	das ~n·haus
die Schlange, -n	il serpente	die Gift~ / der ~n·biss
der Krebs, -e	il gambero	einen ~ fangen
der Frosch, ¨-e	la rana	Der ~ quakt.
der Fisch, -e	il pesce	der Fluss~ / der Meeres~
der Fischer, -	il pescatore	das ~boot / das ~dorf
der Angler, -	il pescatore con la canna	Der ~ sitzt am Ufer.

Pflanzen 169

die Pflanze, -n	la pianta	die ~n im Garten / die Gemüse~
das Blatt, ¨-er	la foglia	ein grünes ~ / ein welkes ~
die Wurzel, -n	la radice	~n schlagen (= bekommen)
wachsen ['vaksn][1]	crescere	langsam ~ / an~
der Strauch, ¨-er	il cespuglio	die ¨~er im Garten / blühende ¨~er
der Busch, ¨-e	il cespuglio	
der Baum, ¨-e	l'albero	der Laub~ / der Nadel~

Bäume

die Eiche, -n	la quercia
die Linde, -n	il tiglio
die Kastanie, -n	il castagno
die Birke, -n	la betulla
die Tanne, -n	l'abete bianco
die Kiefer, -n	il pino
die Fichte, -n	l'abete rosso

der Stamm, ¨-e	il tronco	der dicke ~ / der Baum~
der Zweig, -e	il ramo	einen ~ abbrechen
der Ast, ¨-e	il ramo	einen ~ absägen
das Holz, ¨-er	il legno, la legna	das Eichen~ / das Brenn~ / Möbel aus ~
der Wald, ¨-er	il bosco	der Kiefern~ / der ~brand
der Pilz, -e	il fungo	~e suchen / ein giftiger ~ / essbare ~e

1 wachsen: ich wachse, er wächst – wuchs – ist gewachsen

der Garten, ¨	il giardino	der Klein~ / im ~ arbeiten
graben[1]	scavare	mit dem Spaten ~ / den Garten um~
säen	seminare	Blumen ~
pflanzen	piantare	einen Baum ~ / ein~
gießen[2]	innaffiare	die Blumen ~
pflücken	cogliere	Blumen ~ / Äpfel ~ / Beeren ~
der Park, -s	il parco	in den ~ gehen / die ~bank
die Wiese, -n	il prato (non coltivato)	auf der ~
der Rasen, -	il prato (tagliato)	den ~ mähen
das Gras	l'erba	das grüne ~ / im ~ spielen
das Unkraut, ¨er	l'erbaccia	~ vernichten
die Blume, -n	il fiore	der ~n·strauß / der ~n·topf / die Schnitt~ / ~n schenken
blühen	fiorire	die Blumen ~ / ver~
die Vase ['va:zə], **-n**	il vaso	die Blumen~ / die Blumen in eine ~ stellen
der Strauß, ¨e	il mazzo	der Blumen~ / der Rosen~ / einen ~ schenken
welk	appassito	die Blumen sind ~ / ≠ frisch

1 graben: ich grabe, er gräbt – grub – hat gegraben
2 gießen: gießt – goss – hat gegossen

Blumen

die Rose, -n	la rosa
die Nelke, -n	il garofano
die Tulpe, -n	il tulipano
die Aster, -n	l'astro

TEST

❶ Definitionen

1. Schwein, Schaf usw. sind ______________. 2. Hirsch, Reh usw. sind ______________. 3. Spatz, Adler usw. sind ______________. 4. Mücken, Bienen usw. sind ______________. 5. Einem Hund zu fressen geben: den Hund ______________ 6. Ein Schwein töten um das Fleisch zu essen: ______________ 7. Auf einem Pferd sitzen: ______________ 8. Die Teile der Pflanze in der Erde: ______________ 9. Ein großer Garten für die Öffentlichkeit mit Bäumen, Sträuchern, Rasen, Blumen: ______________ 10. Eine Grasfläche im Park oder im Garten: ______________ 11. Ein schöner Behälter mit Wasser, in den man Schnittblumen stellt: ______________

❷ Ergänzen Sie die Artikel.

1. _______ Katze 2. _______ Ente 3. _______ Käfig 4. _______ Mücke
5. _______ Eiche 6. _______ Vase

❸ Ordnen Sie die Tiere.

Pferd, Elefant, Kuh, Schwein, Löwe, Tiger, Fuchs, Huhn

Haustiere:	Wilde Tiere:
______________, ______________,	______________, ______________,
______________, ______________	______________, ______________

Zeit, Raum, Menge
Tempo, spazio, quantità

Zeit
Tempo

171 Zeit
Tempo
172 Tag, Woche
Giorno, settimana
173 Jahr
Anno
174 Ereignis
Avvenimento
175 Zeitliche Reihenfolge
Ordine cronologico
176 Häufigkeit
Frequenza
177 Vergangenheit
Passato
178 Gegenwart
Presente
179 Zukunft
Futuro
Test

Raum
Spazio

180 Raum
Spazio
181 Standort
Posizione
182 Suchen, finden, zeigen
Cercare, trovare, mostrare
183 Entfernung
Distanza
184 Bewegung
Movimento
185 Geschwindigkeit
Velocità
186 Richtung
Direzione
187 Höhe, Tiefe
Altezza, profondità
Test

Menge
Quantità

188 Menge
Quantità
189 Zahlen
Numeri
190 Maße
Misure
Test

Zeit
Tempo

171 Zeit

die Zeit, -en	il tempo, l'ora	~ haben / zur ~ / eine ~ lang / der ~punkt / „Komme um 5 Uhr, um diese ~ bin ich schon zu Hause." / schlimme ~en erleben / Es wird ~, dass wir etwas tun.
ewig	eterno	die ~e Treue / das ~e Leben
immer	sempre	für ~ / Das war ~ so. / ~ noch / ~ schneller werden
die Dauer	la durata	die ~ der Reise / die Aufenthalts~
dauern	durare	Es dauert lange. / Die Ferien ~ 3 Wochen.
lange	lungo, per lungo tempo	~ warten / eine ~ Zeit / Sie ist noch ~ nicht so weit.
die Stunde, -n	l'ora	eine ~ / eine halbe ~ / fünf ~en lang
die Viertelstunde, -n	il quarto d'ora	eine ~ warten
die Minute, -n	il minuto	ein paar ~n später
die Sekunde, -n	il secondo	Das Erdbeben dauerte einige ~n.
kurz	breve, per breve tempo	~e Zeit später / vor kurzem / ~ vor / ~ nach dem Unfall
der Moment, -e	il momento	„Einen ~, bitte!"
der Augenblick, -e	il momento, l'istante	in diesem ~ / im nächsten ~ / jeden ~ / „Einen ~ bitte!"
augenblicklich,	momentaneo, attuale	Er war ~ still. / die ~e Situation
momentan	momentaneo, momentaneamente	die ~en Schwierigkeiten / „~ habe ich keine Zeit."
Uhr	l'ora	um 3 ~ nachmittags / Es ist jetzt 18 ~.
um	a, all', alle	~ 7 Uhr morgens / Die Sitzung ist ~ 3 Uhr zu Ende.
die Uhr, -en	l'orologio	auf die ~ sehen / Die ~ geht vor. / Die ~ geht richtig. / die Armband~
spät/später/am spätesten	tardi	„Wie ~ ist es?"
der Termin, -e	la data, l'appuntamento, la scadenza	einen ~ festlegen / einen ~ vereinbaren / einen wichtigen ~ haben

der Tag, -e	il giorno, la giornata	„Guten ~!“ / 14 ~e verreisen
tagsüber	durante il giorno	~ bin ich selten zu Hause.
täglich	quotidiano	Der Zug verkehrt ~. / das ~e Brot
die Tageszeit, -en	il momento della giornata	zu jeder ~
früh	presto (di mattina)	~ aufstehen / ~ morgens / heute ~ / von ~ bis spät
der Morgen, -	il mattino, la mattina	„Guten ~!“ / am ~ / die ~stunde / jeden ~
morgens	di mattina	~ zur Arbeit fahren
der Vormittag, -e	il mattino	am ~ arbeiten
vormittags	nel corso della mattinata	~ einkaufen gehen
der Mittag, -e	il mezzogiorno	die ~s·zeit / die ~s·pause
mittags	a mezzogiorno	~ haben wir eine Stunde Pause.
der Nachmittag, -e	il pomeriggio	am ~ / der späte ~
nachmittags	di pomeriggio	~ trinken wir Kaffee.
der Abend, -e	la sera	„Guten ~!“ / am ~ / jeden ~
abends	di sera	von morgens bis ~ / ~ in die Oper gehen
spät/später/ am spätesten	tardi/ più tardi/ al più tardi	von früh bis ~ / Es ist schon ~. / ~ abends / zu ~ kommen / zu ~ / ~ aufstehen
die Nacht, ¨-e	la notte	der ~dienst im Krankenhaus
nachts	di notte	~ schlafen
die Mitternacht	la mezzanotte	erst um ~ schlafen gehen
der Alltag	la vita quotidiana	der graue ~
werktags	nei giorni feriali	~ nach Stuttgart fahren
wochentags	durante la settimana	Der Zug verkehrt nur ~.
der Wochentag, -e	il giorno della settimana	die sieben ~e
das Wochenende, -n	il fine settimana	Am ~ machen wir gerne Ausflüge.
die Woche, -n	la settimana	der ~n·tag / das ~n·ende
wöchentlich	settimanalmente	Die Zeitschrift erscheint ~.

Wochentage

der Montag	il lunedì
der Dienstag	il martedì
der Mittwoch	il mercoledì
der Donnerstag	il giovedì
der Freitag	il venerdì
der Sonnabend	il sabato
der Samstag	il sabato
der Sonntag	la domenica

173 Jahr

das Jahr, -e	l'anno	die ~es·zahl / im nächsten ~ / viele ~e lang / das ~hundert
Silvester	S. Silvestro, l'ultimo dell'anno	die ~feier / das ~feuerwerk
Neujahr	il capodanno	der ~s·tag
der Monat, -e	il mese	der ~s·anfang / das ~s·ende / der ~ Mai

Monate

der Januar	gennaio
der Februar	febbraio
der März	marzo
der April	aprile
der Mai	maggio
der Juni	giugno
der Juli	luglio
der August	agosto
der September	settembre
der Oktober	ottobre
der November	novembre
der Dezember	dicembre

der Kalender, -	il calendario	der ~ für das neue Jahr / einen ~ kaufen
das Datum, Daten	la data	das ~ angeben / das Geburts~
die Jahreszeit, -en	la stagione	die vier ~en
der Frühling	la primavera	der ~s·anfang / die ~s·luft

das Frühjahr	la primavera	die ~s·mode
der Sommer	l'estate	der ~anfang / der Hoch~ / der Spät~
der Herbst	l'autunno	der ~anfang / ein kühler ~tag
der Winter	l'inverno	der kalte ~

Ereignis ▲ 74 Informieren 174

das Ereignis, -se	l'avvenimento, l'evento	die neuesten ~se / Das Konzert war ein ~.
sich ereignen	avvenire, aver luogo	Ein Unfall hat sich ereignet
vorkommen[1]	succedere, sembrare	So etwas kommt vor. / Das kommt mir merkwürdig vor.
stattfinden[2]	aver luogo	Die Vorstellung findet morgen statt.
geschehen[3]	succedere	„Was ist ~?" / Ein Unglück ist ~. / „Das geschieht dir recht!" / „Danke!" – „Gern ~."
passieren	succedere, accadere	Das kann jedem ~. / Hier passiert nie etwas.
das Erlebnis, -se	l'esperienza vissuta, l'avventura	ein schönes ~
erleben	fare l'esperienza di, provare	etw. ~ / ein Abenteuer ~
verbringen[4]	trascorrere	den Urlaub in Spanien ~
die Situation [zitua'tsio:n], **-en**	la situazione	in dieser ~ / die ~ richtig erfassen
die Gelegenheit, -en	l'occasione	bei ~ / eine günstige ~ / die ~ haben, etw. zu tun

1 vorkommen: kommt vor – kam vor – ist vorgekommen

2 stattfinden: findet statt – fand statt – hat stattgefunden

3 geschehen: geschieht – geschah – ist geschehen

4 verbringen: verbringt – verbrachte – hat verbracht

Zeitliche Reihenfolge 175

wann	quando	~ kommt er? / Ich weiß nicht, ~ er kommt.
vor	prima di (prep.)	~ dem Essen / ~ der Arbeit
bevor	prima di (cong.)	~ es Abend wird / ~ wir anfangen
vorher	prima	jdm. ~ etw. sagen / etw. vorhersehen
der Anfang	l'inizio	Den ~ des Films habe ich verpasst. / Am ~ hatte ich Schwierigkeiten. / Sie ist ~ dreißig. / ~ Januar / von ~ an
anfangen[1]	cominciare	Wir können jetzt mit dem Essen ~. / Der Film fängt um 19.30 Uhr an.

beginnen[2]	cominciare	mit der Vorführung ~ / Das Konzert beginnt um 20 Uhr.
anfangs	inizialmente	~ gab es einige Schwierigkeiten.
zuerst	dapprima	~ da sein / ~ fühlte sie sich gar nicht wohl.
entstehen[3]	nascere, sorgere, risultare	Zweifel ~ / Unkosten ~ nicht. / Hier entsteht ein neues Bürogebäude.
während	durante, mentre	~ der Arbeit / ~ wir arbeiteten / Er ging, ~ sie blieb.
gleichzeitig	contemporaneamente	Musik hören und ~ arbeiten
inzwischen	nel frattempo	Es ist ~ angekommen. / „Ich rufe Sie dann auf. Bitte nehmen Sie ~ im Wartezimmer Platz!“
unterdessen	intanto, nel frattempo	
nun	ora, allora (o rafforzativo intraducibile)	von ~ an / ~ war sie zufrieden. / Das war ~ mal so.
als	quando	~ sie kamen / gerade ~ es anfing
sobald	appena	~ ich Zeit habe / ~ wie möglich
plötzlich	all'improvviso, improvvisamente	~ geschah ein Unfall. / der ~e Tod
gleich	subito	„Ich komme ~.“ / Der Zug fährt ~ ab.
sofort	immediatamente	~ kommen / ~ helfen / Ab ~ gelten die neuen Preise.
allmählich	un po' alla volta	sich ~ wieder beruhigen
kaum	appena, a malapena	Sie war ~ da, als ... / Wir haben es ~ geschafft.
schon	già	Sie ist ~ da. / ~ wieder? / ~ am Morgen / Es wird ~ gehen.
bald	presto, fra poco	~ fertig sein / ~ weggehen / so ~ wie möglich / „Auf Wiedersehen, bis ~!“
dann	poi	~ geschah das Unglück.
darauf	in seguito	~ gingen alle weg. / unmittelbar ~
folgen	seguire	„Es ~ die Nachrichten.“ / am ~den Tag
danach	poi	~ war alles still.
nachher	poi, dopo, più tardi	Sie kommen ~ wieder.
nachdem	dopo che	~ ich fort war
endlich	finalmente	~ Ferien! / „Fang ~ an!“
schließlich	finalmente	sich ~ doch für etw. entscheiden
zuletzt	alla fine	~ bekannte er die Wahrheit. / Die leichten Sachen laden wir ~ in den Kofferraum. / Bis ~ blieb sie bei ihrer Behauptung.

solange	finché	~ warten, bis alle da sind
bis	finché, fino a	~ heute / ~her / ~ jetzt / ~ alle kamen
bisher	finora	~ lief alles gut.
aufhören	smettere	zu spielen ~ / mit der Arbeit ~
der Schluss	la fine	zum ~ / Jetzt ist ~. / Am Freitag machen viele Büros früher ~.
das Ende	la fine	das ~ des Films / am ~ der Straße / ein Termin ~ nächster Woche / Er ist ~ sechzig. / zu ~ sein
enden	finire	die Arbeit be~
vorläufig	provvisorio, per adesso	ein ~er Bescheid / „Behalte das ~."
endgültig	definitivo, definitivamente	Das Problem ist ~ gelöst.
aus sein[4]	essere finito	Das Kino ist um 22 Uhr ~. / Das Spiel ist ~.
hinterher	poi, più tardi	~ gingen wir noch etwas trinken.

1 anfangen: ich fange an, er fängt an – fing an – hat angefangen

2 beginnen: beginnt – begann – hat begonnen

3 entstehen: entsteht – entstand – ist entstanden

4 aus sein: ist aus – war aus – ist aus gewesen

Häufigkeit 176

immer	sempre	~ wieder / ~ mehr / ~zu
wenn	quando	Immer ~ ich Zeit dazu habe, …
dauernd	continuamente	jdn. ~ unterbrechen
häufig	spesso	Das passiert ~. / ~ krank sein
meistens	generalmente	Er ist ~ der Letzte.
oft/öfter	spesso/ più spesso	oftmals / so ~ wie möglich / Das passiert öfter.
manchmal	a volte	Er kommt mich ~ besuchen.
ab und zu	talvolta	~ ~ ~ im Restaurant essen
pro	a	~ Woche / ~ Tag / ~ Person
jeweils	ogni volta	Der Kurs findet ~ dienstags statt.
jedesmal	ogni volta	Es gab ~ Kaffee und Kuchen. / „Es ist doch ~ dasselbe!"
diesmal	questa volta	~ habe ich Recht.
gewöhnlich	normalmente	~ um 22 Uhr ins Bett gehen
gleichfalls	ugualmente, altrettanto	Er ist ~ betroffen. „Guten Appetit!"– „Danke, gleichfalls."
wieder	ancora una volta, di nuovo	~ einmal / nie ~ / schon ~ / immer ~ / Es geht ihr ~ gut. / ~kommen / ~sehen
einmal	una volta	auf ~ / noch ~ / nur ~
selten	di rado	Man sieht ihn ~.

nie	mai	~ mehr / ~ wieder / ~ zu Hause sein / Das schafft er ~ in dieser Zeit.
niemals	mai	etw. ~ vergessen können

177 Vergangenheit

die Vergangenheit	il passato	in der ~
die Geschichte	la storia	~ studieren / die ~ unserer Stadt
gründen	fondare	Diese Stadt wurde vor 750 Jahren gegründet.
die Tradition, -en	la tradizione	die ~ pflegen / Das ist bei uns ~.
die Kultur,- en	la cultura	die ~geschichte / eine fremde ~
das Gedächtnis	la memoria	ein gutes ~ haben / etw. im ~ behalten
vergessen[1]	dimenticare	etw. ~ / eine Verabredung ~
versäumen	lasciarsi sfuggire, perdere	eine gute Gelegenheit ~
behalten[2]	ricordare	den Namen ~ / die Vokabeln ~
(sich) merken	ricordar(si)	sich jede Einzelheit ~
(jdn./sich) erinnern	ricordar(si)	sich an etw. ~ / „Kannst du dich ~ ?" / „Diese Musik erinnert mich an dich." / „Erinnere mich bitte nochmal daran."
die Erinnerung, -en	il ricordo	die ~ an einen schönen Abend
früher	una volta, nel passato	~ war alles anders. / in ~er Zeit
damals	allora	Wir waren ~ Schulfreunde.
kürzlich	recentemente	~ war ich in Köln. / erst ~ wieder
neulich	recentemente, l'altro giorno	Ich habe sie ~ getroffen.
gestern	ieri	~ Abend / ~ Morgen
vorgestern	l'altro ieri	Das war ~. / Ich habe sie ~ angerufen.
gestrig	di ieri	unser ~es Gespräch / die ~e Zeitung
vorhin	prima, poco fa	~ waren sie noch da.
eben	proprio adesso	Sie sind ~ weggegangen.
gerade (österr.)	appena, proprio	
vorig	scorso, precedente	~e Woche
vor	fa	~ 5 Minuten / ~ 20 Jahren
seit	da, da quando	~ gestern / ~ damals / ~ 20 Jahren / ~ ich weg bin

1 vergessen: ich vergesse, er vergisst – vergaß – hat vergessen

2 behalten: ich behalte, er behält – behielt – hat behalten

Gegenwart 178

die Gegenwart	il presente, la presenza	nur in der ~ leben / in ~ seines Vaters
jetzt	ora	bis ~ / von ~ an / ~ fangen wir an. / ~ kommt er schon zum dritten Mal. / ~ sind die Zeiten anders.
heute	oggi	~ Abend / ~ früh / bis ~ / ~ in acht Tagen / ~ ist Deutschland nicht mehr geteilt.
aktuell	attuale	ein ~es Thema / ein ~er Bericht
modern	moderno	die ~e Kleidung / eine ~e Wohnung / ~e Musik / ein ~er Mensch / ≠ un~
heutig	odierno	die ~e Jugend / der ~e Stand der Dinge

Zukunft ▲ 57 Wollen 179

die Zukunft	il futuro	in ~ / Die ~s·aussichten sind gut.
morgen	domani	~ früh / ~ Abend / bis ~ / heute Morgen
morgig	di domani	die ~e Zeitung
übermorgen	dopodomani	„Wir sehen uns ~?"
die Hoffnung, -en	la speranza	Ich habe die ~, dass … / die ~ aufgeben
hoffen	sperare	das Beste ~ / auf bessere Zeiten ~ / Wir ~, dass …
hoffentlich	speriamo che	~ kommt sie bald zurück.
voraus	in anticipo	Herzlichen Dank im Voraus. / jdm. voraus sein
plötzlich	improvvisamente	~ geschah es. / ein ~er Knall
zufällig	per caso	~ vorbeikommen / etw. ~ bemerken
die Überraschung, -en	la sorpresa	Eine schöne ~! / die Weihnachts~
überraschen	sorprendere	jdn. mit einem Geschenk ~ / von etw. überrascht werden / Dieses Verhalten hat mich überrascht.
versprechen[1]	promettere	jdm. etw. ~ / „Ich kann es Ihnen ~."
die Verabredung, -en	l'appuntamento	eine ~ haben
warten	aspettare	auf jdn. ~ / lange ~ / auf etw. ~
erwarten	aspettare	ein Kind ~ / etw. anderes ~ / einen Anruf ~
die Geduld	la pazienza	keine ~ mehr haben / die ~ verlieren
geduldig	paziente, pazientemente	~ warten / un~
pünktlich	puntuale, puntualmente	~ kommen / un~
rechtzeitig	in tempo, a tempo debito	~ kommen / ~ abfahren

1 versprechen: ich verspreche, er verspricht – versprach – hat versprochen

TEST

1 Ordnen Sie die folgenden Wörter nach der Länge der Zeit.

Stunde, Woche, Minute, Jahrhundert, Monat, Jahr, Sekunde, Tag

1. ____________ 2. ____________ 3. ____________

4. ____________ 5. ____________ 6. ____________

7. ____________ 8. ____________

2 Ordnen Sie die Tageszeiten von früh bis spät.

Nacht, Mittag, Nachmittag, Vormittag, Morgen, Abend

1. ____________ 2. ____________ 3. ____________

4. ____________ 5. ____________ 6. ____________

3 Definitionen

1. 60 Minuten: ____________ 2. 7 Tage: ____________

3. 365 Tage: ____________ 4. Der erste Tag im Jahr: ____________

5. Der letzte Tag im Jahr: ____________ 6. Die Fähigkeit des Menschen, sich an vergangene Ereignisse zu erinnern: ____________

7. Die Fähigkeit des Menschen, ruhig warten zu können: ____________

8. Die vier Jahreszeiten:

____________, ____________, ____________, ____________

❹ Gegensätze:

1. früh: ______________ 2. morgens: ______________ 3. Tag: ______________

4. Sommer. ______________ 5. Anfang: ______________ 6. zuerst: ______________

7. vorher: ______________ 8. immer: ______________ 9. vergessen: ______________

10. Vergangenheit: ______________

Raum
Spazio

180 Raum

der Raum, ¨e	lo spazio	der Welt~
die Linie, -n	la linea	eine gerade ~ ziehen
gerade	diritto	die ~ Linie / ein ~er Strich
krumm	storto	der ~e Ast
schief	inclinato, di traverso	Das Bild hängt ~. / die ~e Ebene
die Fläche, -n	la superficie	eine ~ von 1000 Quadratmetern
das Dreieck, -e	il triangolo	das spitze ~
die Seite, -n	il lato	die rechte ~ / die Vorder~ / die Rück~ / zur ~ gehen
der Winkel, -	l'angolo	der spitze ~ / der rechte ~ / der stumpfe ~
der Kreis, -e	il cerchio	der Durchmesser des ~es / der Halb~
die Mitte	il centro	die ~ des Kreises / die Stadt~
das Zentrum, Zentren	il centro	im ~ stehen
rund	rotondo	kreis~ / kugel~ / ein ~er Tisch
rollen	rotolare, girare, passare	ins R~ kommen
die Kugel, -n	la sfera	die Erd~
groß	grande	sehr ~ / zu ~ / ein ~es Haus / Das Kind ist ~. / ein ~er Meister
die Größe, -n	la grandezza, la misura, la statura	die ~ des Zimmers / die Schuh~ / seine ~ : 190 cm
(sich) vergrößern	ingrandir(si), aumentare	das Foto ~ lassen / das Geschäft ~ / die Chancen ~ / das Risiko ~
klein	piccolo	ein ~es Kind / ein ~er Hund / Unsere Kinder sind noch ~. / Ware mit ~en Fehlern
hoch	alto	ein hoher Baum / Der Turm ist ~.
niedrig	basso	die ~en Sträucher
spitz	appuntito	der ~e Winkel / die ~e Nadel
schmal	stretto	ein ~er Weg
eng	stretto	eine ~e Straße
breit	largo	eine ~e Straße / Der Fluss ist 10 Meter ~.
die Breite	la larghezza	die ~ des Flusses
dünn	sottile	ein ~es Heft
dick	grosso, spesso	ein ~es Buch / Die Wand ist 40 cm ~.

die Stelle, -n	il posto, il luogo	die Text~ / an dieser ~ / An welche ~ muss ich mich damit wenden? / An deiner ~ hätte ich das Gleiche getan.
die Lage, -n	la posizione	ein Büro in guter ~
sich befinden[1]	trovarsi	sich im Ausland ~ / sich im Lager ~
wo	dove (stato in luogo)	„~ ist sie?" / Ich weiß nicht, ~ sie ist.
wohin	dove (moto a luogo)	„~ gehst du?" / Ich weiß nicht, ~ du gehst.
woher	di dove, da dove	„~ kommst du?" / Sie sagt mir nicht, ~ dieses Buch kommt. / „~ weißt du das?"
hier	qui	~ sein / von ~ aus / ~her / ~ meldete er sich zu Wort. / „~ ein paar Beispiele."
da	qui, lì	~ ist sie. / ~ hinten / „Sei um 8 Uhr ~."
dort	là	~ hinten / ~ drüben / von ~ aus
dabei	là	~ sein / ~bleiben
überall	dappertutto	Diese Zeitung kann man ~ kaufen.
nirgends	da nessuna parte	Ich kann sie ~ finden.
vor	davanti a (prep.)	~ der Tür warten / ~s Haus gehen
vorn	davanti (avv.)	~ stehen / nach ~ gehen / von ~ anfangen
vorder-	davanti	die ~en Reihen
hinter	dietro a (prep.)	~ dem Fenster / ~ der Tür / die ~en Reihen / die ~sten Reihen
hinten	dietro, in fondo	~ stehen / ~ sitzen
folgen	seguire	jdm. ~ / dem Fremdenführer ~ / „Beachten Sie ~de Punkte: …"
zwischen	fra	~ den Bäumen stehen
mitten	in mezzo	~ in der Stadt wohnen
gegenüber	di fronte, nei confronti di	~ dem Bahnhof / das Haus ~ / sich jdm. ~ gut verhalten / ~ früher ist er heute sehr freundlich.
drüben	dall'altra parte	dort ~ / ~ auf der anderen Seite
neben	accanto	~ der Kirche / ~einander sitzen
bei	vicino a	~ mir / ~ den anderen stehen
an	a	~s Fenster gehen / ~ der Wand stehen
auf	su	~ dem Tisch liegen / ~ der Straße
über	sopra, dall'altra parte	~ den Wolken / ~ die Straße gehen
unter	sotto, sottostante	~ dem Tisch / ~ Wasser / die ~en Stockwerke
in	in	~ dem Zimmer / ~ der Wohnung / ~ der Lage sein

innen	dentro	etw. von ~ betrachten
innerhalb	all'interno di	~ der Stadt / ~ des Saales
draußen	fuori	~ vor der Tür / ~ stehen
außen	fuori, esteriormente	von ~ nach innen / Von ~ sieht das Haus gut aus.
außerhalb	al di fuori di	~ des Hauses / ~ Deutschlands

1 sich befinden: befindet sich – befand sich – hat sich befunden

182 Suchen, finden, zeigen

verlieren[1]	perdere	den Regenschirm ~ / den Mut ~ / seine Arbeit ~
der Verlust, -e	la perdita	einen ~ erleiden / einen ~ beim Fundamt melden
verstecken	nascondere	etw. ~ / sich hinter der Wand ~
suchen	cercare	nach etw. ~ / jdn. ~ / die Brille ~ / Hilfe ~
finden[2]	trovare	die Brille ~ / etw. wieder~ / eine Wohnung ~ / Arbeit ~
entdecken	scoprire, scovare	im vollen Café noch einen leeren Tisch ~
das Fundbüro, -s	l'ufficio oggetti smarriti	aufs ~ gehen / im ~ nachfragen
zeigen	mostrare	jdm. etw. ~ / jdm. den Weg ~ / Sie zeigte mir, wie die Fernbedienung funktioniert. / Unsere Erfahrungen ~, dass ...
das Zeichen, -	il segno, il simbolo	ein ~ geben / Die verwendeten ~ sind vorne im Buch erklärt. / „Nehmen Sie das als ~ meines Dankes."
dies-	questo	~er Mann / ~e Frau / ~es Auto
dies, das	ciò	~ interessiert mich. / ~ hier

1 verlieren: verliert – verlor – hat verloren
2 finden: findet – fand – hat gefunden

183 Entfernung

▼ 190 Messen

von	da	~ Berlin abfahren
nach	a, verso	~ Paris fahren
die Entfernung, -en	la distanza	in einer ~ von 4 Metern
die Strecke, -n	la distanza, il tragitto	eine weite ~ / die ~ zwischen Köln und Bonn zurücklegen
die Länge, -n	la lunghezza	die ~ der Strecke / die ~ des Weges
lang	lungo	ein ~er Weg / ~e Haare haben
weit	lontano	~ fahren / von ~em / nicht ~ von hier
fern	lontano	von ~ / ein ~es Land / in ~er Zukunft
entfernt	lontano	weit ~ / 10 Kilometer ~ von hier

nah(e)/näher/ nächst-	vicino/ più vicino/ il più vicino	~ sein / von ~ und fern
die Nähe	la vicinanza	in der ~ des Bahnhofs
sich nähern	avvicinarsi	sich dem Ausgang ~
nebenan	accanto	das Haus ~
kurz	corto, breve	ein ~er Weg / ein ~es Stück
dicht	vicinissimo	~ neben dem Rathaus

Bewegung ▲ 136 Verkehr 184

die Bewegung, -en	il movimento	in ~ sein / ~ brauchen
sich bewegen	muoversi	sich an der frischen Luft ~ / sich fort~
weg	via	~laufen / „Geh ~!“
fort	via	~gehen / ~laufen / ~ sein / sich ~entwickeln
los	staccato, sciolto, (esclam.) forza/avanti	„Jetzt geht es ~!“ / „Los! Geh schon!“ / Was ist ~? / ~fahren / ~lassen
abfahren[1]	partire (con un mezzo)	Wir werden gleich ~.
unterwegs	per strada, in viaggio	~ sein / Wir waren drei Stunden ~.
hin	là	~ab / ~auf / ~aus / ~kommen / hier~ / dort~
her	qua	~kommen / ~ zu mir / von früher ~ kennen / „Herein!“ / hier~
die Rückkehr	il ritorno	bei seiner ~
kommen[2]	venire	zurück~ / wieder~ / her~ / an~
die Ankunft	l'arrivo	Nach seiner ~ rief er mich gleich an.
ankommen[2]	arrivare	zu Hause ~ / pünktlich ~
bleiben[3]	restare, rimanere	zu Hause ~ / stehen ~

1 abfahren: ich fahre ab, er fährt ab – fuhr ab – ist abgefahren

2 kommen: kommt – kam – ist gekommen

3 bleiben: bleibt – blieb – ist geblieben

185 Geschwindigkeit

die Geschwindigkeit, -en	la velocità	die ~ des Autos / die Höchst~
schnell	veloce, rapidamente	~ fahren / so ~ wie möglich / Ich muss noch ~ die Blumen gießen.
laufen[1]	correre	weg~ / jdm. nach~ / „Lauf so schnell du kannst!" / Er läuft bei den olympischen Spielen.
rennen[2]	correre	um die Wette ~
die Eile	la fretta	Ich bin in ~. / Damit hat es keine ~.
überholen	superare	ein anderes Auto ~
bremsen	frenare	scharf ~
langsam	lento, lentamente	~ fahren / ~er werden / ~ fing sie an zu verstehen, worum es ging.
halt!	stop!	„~! Stehen bleiben!"
anhalten[3]	fermar(si)	Das Auto hält an.
stehen bleiben[4]	fermarsi	an der Seite ~ ~
weiter	avanti, più lontano	~fahren / ~gehen

1 laufen: ich laufe, er läuft – lief – ist gelaufen
2 rennen: rennt – rannte – ist gerannt
3 anhalten: ich halte an, er hält an – hielt an – hat angehalten
4 stehen bleiben: bleibt stehen – blieb stehen – ist stehen geblieben

186 Richtung

die Richtung, -en	la direzione	die vier Himmels~en / die ~ ändern / in ~ Berlin fahren
von	da	~ hier / ~ oben / ~ rechts / vom Arzt / ~ zu Hause
aus	da	~ Köln kommen / ~ dem Haus gehen
nach	verso	~ Berlin fahren / ~ Hause kommen
zu	a	~ Hause sein / ~m Bahnhof fahren
in	in	~ die Schule gehen / ~s Auto steigen
der Norden	il nord	Der Wind kommt von ~. / Menschen aus Nord und Süd / Norddeutschland / Nordseite
der Süden	il sud	in den ~ fahren / Süddeutschland / Südwind
der Osten	l'est	der Ferne ~ / der Nahe ~ / im ~ / in Ost und West / Osteuropa / Ostwind
der Westen	l'ovest	der ~ Deutschlands/ der Dialog zwischen Ost und West / Westeuropa / Westwind

abbiegen[1]	girare	nach rechts ~ / nach links ~
umdrehen	voltarsi	sich ~ / sich nach jemandem ~
rechts	a destra	~ fahren
links	a sinistra	~ überholen / ~ stehen / nach ~ abbiegen
vorwärts	in avanti	~ kommen
rückwärts	indietro	~ fahren
zurück	indietro, di ritorno	„Einmal Berlin und ~!" / ~kommen / ~fahren
durch	attraverso	~ die Stadt fahren / ~ das Museum gehen / ~ das Fenster sehen
quer	attraverso	~ durch die Stadt
überqueren	attraversare	die Straße ~ / die Bahngleise ~
gegen	contro	~ den Zaun fahren / ~über
vorbei	davanti	~gehen / ~fahren / Komm doch morgen ~!
entlang	lungo	am Ufer ~gehen / die Straße ~gehen
entgegen	contro, incontro	~ seiner Überzeugung handeln / ~fahren / jdm. ~kommen
direkt	diretto, direttamente	der ~e Weg / die ~e Verbindung / ~ neben der Kirche / Lieferung ~ ins Haus / eine ~übertragung
um	intorno	~ das Haus gehen
geradeaus	sempre dritto	~ gehen

1 abbiegen: biegt ab – bog ab – ist abgebogen

Höhe, Tiefe 187

steigen[1]	salire, aumentare	auf den Berg ~ / auf das Dach ~ / Die Temperatur steigt.
die Treppe, -n	le scale	die ~ hinaufsteigen/ die ~ hinunter-steigen
die Stufe, -n	il gradino	Vorsicht, ~!
die Leiter, -n	la scala a pioli	die ~ hinaufsteigen / von der ~ fallen
senkrecht	verticale, verticalmente	~ nach oben klettern
steil	ripido	die ~e Treppe / ein ~er Abhang
klettern	arrampicarsi	auf den Baum ~
aufwärts	verso l'alto	Der Fahrstuhl fährt ~. / Nach schlechten Zeiten geht es wieder ~.
oben	in alto	nach ~ / ~ sein / ~ auf dem Dach / das obere Stockwerk
hoch	alto, in alto	~ oben / ~ in der Luft / hohe Preise / eine hohe Stimme
waagerecht	orizzontale, orizzontalmente	die Sektflaschen ~ lagern

sinken[2]	affondare, sprofondare	zu Boden ~ / Das Schiff ist gesunken.
fallen[3]	cadere	auf die Erde ~ / hin~ / ~ lassen / Im Winter fällt Schnee. / Plötzlich fiel die Temperatur.
stürzen	cadere	~ und sich verletzen
abwärts	verso il basso	Der Fahrstuhl fährt ~.
unten	in basso	nach ~ / ~ liegen
der Boden, ⸚	il pavimento, il terreno	auf dem ~ liegen / sich auf den ~ werfen
aufstehen[4]	alzarsi	Er kann nicht mehr ~.
aufheben[5]	raccogliere, raccattare	etw. ~, was heruntergefallen ist

1 steigen: steigt – stieg – ist gestiegen
2 sinken: sinkt – sank – ist gesunken
3 fallen: ich falle, er fällt – fiel – ist gefallen
4 aufstehen: steht auf – stand auf – ist aufgestanden
5 aufheben: hebt auf – hob auf – hat aufgehoben

TEST

1 Die vier Himmelsrichtungen:

____________, ____________, ____________, ____________

2 Gegensätze

1. hoch: ____________ 2. breit: ____________ 3. hier: ____________

4. überall: ____________ 5. weit: ____________ 6. schnell: ____________

7. abfahren: ____________ 8. rechts: ____________

9. vorwärts: ____________ 10. oben: ____________ 11. innen: ____________

12. nah: ____________ 13. aufwärts: ____________

14. suchen: ____________ 15. senkrecht: ____________

Menge
Quantità

Menge **188**

die Menge, -n	la quantità	in großen ~n liefern / eine ~ Spaß haben
die Masse, -n	la massa	die Wasser~n / die Menschen~
das Ganze	il tutto	das ~ bedenken
die Portion [pɔrˈtsio:n], **-en**	la porzione	eine ~ Eis
der Teil, -e	la parte	der größte ~ / der zweite ~ der Sendung / die ~strecke / ~möbliert / ~weise
das Stück, -e	il pezzo	ein ~ Brot / ein ~ Zucker / das Geld~ / das Schmuck~
bestehen[1]	essere composto di	Das Ganze besteht aus Teilen.
wie viel	quanto	~ ~ Geld? / ~ ~ Zeit?
so viel	tanto	~ ~ wie alle / ~ ~ wie möglich / „~ ~ zu diesem Thema!" / ~ ~ ich weiß, ...
nichts	niente	~ tun / ~ Neues
die Kleinigkeit, -en	la cosetta, la bagatella, l'inezia	Das ist nur eine ~.
bisschen	un po'	ein ~ mehr / ein ~ Salz / ein ~ länger bleiben
wenig	poco	zu ~ Geld haben / nur ~e kamen / die ~en Male, die wir uns sahen / Das hat ~ Sinn. / Das nützt mir ~. / Das ist ~er schön. / ~stens so viel / Du könntest ~stens mal anrufen.
wenigstens	almeno	~ 1000 € verlangen
gering	minimo	die ~en Kosten / das ~e Risiko
sammeln	collezionare, fare la raccolta	Erfahrungen ~ / Briefmarken ~
hinzufügen	aggiungere	etw. ~ / ein weiteres Stück ~
abnehmen[2]	diminuire	Die Zahl der Unfälle nimmt ab.
mehr	di più	~ arbeiten / immer ~ / ~ haben wollen
(sich) erhöhen	aumentare, crescere	die Leistung ~ / die Steuern ~ / Die Zahl der Unfälle erhöht sich ständig.
genug	abbastanza, a sufficienza	~ Geld / von etw. ~ haben / lang ~ warten
ausreichen	essere sufficiente	Dafür reichen 5 Euro nicht aus. / ~de Kenntnisse / Seine Leistungen sind ~d.
durchschnittlich	medio, mediocre, in media	~e Leistungen / ein ~es Ergebnis / eine Steigerung um ~ 3 %

außerdem	inoltre	~ noch etwas?
viel/mehr/ am meisten	molto / di più / al massimo	~e Leute / ~ Zeit / ~ Geld / ~ arbeiten / Er kann ~es nicht verstehen. / in ~en Fällen / ~ zu ~ / nicht ~ merken
zahlreich	numeroso	~e Besucher / ~e Beispiele
zu viel	troppo	viel ~ ~ / ~ ~ des Guten
meiste	la maggior parte di	die ~ Zeit / in den ~n Fällen
vollständig	completo	eine ~e Sammlung
gesamt/Gesamt-	tutto, totale	die ~e Bevölkerung / die ~zahl / die ~menge
insgesamt	in tutto, nel complesso	~ waren 50 Besucher da. / ~ geht es ihm gut.
das Maximum	il massimo	ein ~ an Sicherheit
fehlen	mancare	Seine Freunde ~ heute. / Ihm fehlt die Zeit. / Uns fehlt es an Geld.
knapp	poco, scarso	Die Zeit ist ~. / In der Wüste ist das Wasser ~.
zu wenig	troppo poco	Das ist ~ ~.
mindestens	per lo meno	~ fünf Tage
höchstens	al massimo	~ noch 10 Minuten warten
übrig	rimanente, restante, che avanza	Es ist noch Suppe ~. / Die ~en Dinge erledige ich morgen. / ~ bleiben / ~ lassen / die ~e Zeit
der Rest, -e	il resto	der ~betrag / die Essens~e
überflüssig	superfluo	~e Geldausgaben

1 bestehen: besteht – bestand – hat bestanden

2 abnehmen: ich nehme ab, er nimmt ab – nahm ab – hat abgenommen

189 Zahlen

die Zahl, -en	il numero	die geraden ~en / die ~ der Mitglieder
die Nummer, -n	il numero	die Zimmer~ / die Telefon~ / die richtige ~ wählen / die Haus~ / die ~ des Autos / die ~ der Zeitschrift
einige	alcuni	vor ~n Stunden / ~ Zeit dauern / Sie packte ~s ein.
einzeln	singolo, singolarmente	jedes ~e Buch / im Einzelnen / jeder Einzelne / Die Teile des Sets sind auch ~ zu haben.
einzig	unico	die ~en Gäste / die ~e Schwierigkeit
ein-	un, uno, una	~ Mann / ~e Frau / ~er von beiden
beide	ambedue	alle ~ / wir ~ / ~ Hände
das Paar, -e	il paio, la coppia	ein ~ Schuhe / ein junges ~

paar	un paio di	ein ~ Leute / ein ~ Fragen stellen
doppelt	doppio, doppiamente	~ so groß / ~ so schnell / „Diese CD habe ich ~."
die Hälfte, -n	la metà	die ~ des Apfels / eine Statue aus der ersten ~ des 16. Jahrhunderts
halb	mezzo	eine ~e Stunde / ~ voll / ~jährlich / ~ offen / Halbinsel / Halbpension
das Drittel, -	un terzo di	ein ~ aller Schüler
das Viertel, -	un quarto di	ein ~ der Einnahmen
zählen	contare	von 1 bis 100 ~ / sich ver~ / das Geld ~

Zahlen

null	zero
eins	uno
zwei	due
drei	tre
vier	quattro
fünf	cinque
sechs [zɛks]	sei
sieben	sette
acht	otto
neun	nove
zehn	dieci
elf	undici
zwölf	dodici
dreizehn	tredici
vierzehn	quattordici
zwanzig	venti
einundzwanzig	ventuno
zweiundzwanzig	ventidue
dreißig	trenta
vierzig	quaranta
fünfzig	cinquanta
sechzig	sessanta
siebzig	settanta
achtzig	ottanta
neunzig	novanta
(ein)hundert	cento
zweihundert	duecento
zweihundertzehn	duecentodieci
(ein)tausend	mille

zweitausend	duemila
eine Million, -en	un milione
zwei Millionen	due milioni
eine Milliarde, -n	un miliardo
zwei Milliarden	due miliardi

die Reihe, -n	la serie, la fila	der ~ nach / Wer ist an der ~? / eine ~ von Beispielen / in der letzten ~ sitzen
die Reihenfolge, -n	la successione	die richtige ~ / die ~ der Sendungen
erste	il primo	er ist der Erste / als Erster / zum ~n Mal
zweite	il secondo	in der ~n Reihe
andere	altro	kein ~r / Das ist etwas ~s.
dritte	il terzo	an ~r Stelle
nächste	il prossimo	die ~ Straße / die ~ Haltestelle
letzte	l'ultimo	die ~n Tage des Urlaubs / ~ Woche / das ~ Mal / der ~ in der Schlange / das ~, was jdm. übrigbleibt
rechnen	calcolare	etw. nach~ / sich ver~ / mit einer Möglichkeit ~
ausrechnen	calcolare	den Endpreis ~
betragen[1]	ammontare	Die Entfernung beträgt 100 Kilometer.
zusammenzählen	sommare	die Zahlen ~ / alles ~
addieren	addizionare	
die Summe, -n	la somma	eine große ~ / die Gesamt~
abziehen[2]	sottrarre	etw. von der Summe ~
mal	per	drei ~ drei / ein~ / zwei~ / Sag ~, was heißt das?
das Mal, -e	la volta	Das nächste ~ rufe ich dich an.
malnehmen[3]	moltiplicare	zwei mit sieben ~
multiplizieren	moltiplicare	
teilen	dividere	15 durch 5 ~ / Den Gewinn ~ sie sich. / sich die Arbeit ~
die Mathematik	la matematica	der ~unterricht / ~ studieren

1 betragen: beträgt – betrug – hat betragen

2 abziehen: zieht ab – zog ab – hat abgezogen

3 malnehmen: ich nehme mal, er nimmt mal – nahm mal – hat malgenommen

Maße 190

mẹssen[1]	misurare	die Temperatur ~ / ab~ / aus~ / nach~
das Maß, -e	la misura	die ~e überprüfen / ein hohes ~ an Toleranz / das Längen~ / die ~einheit
genau	esatto, esattamente, precisamente	die Uhr geht ~ / ≠ un~
exạct	esatto, preciso, esattamente	
fạst	quasi	~ tausend Zuschauer / ~ alles / ~ wäre es passiert.
ungefähr	circa	Ich musste ~ 20 Minuten warten.
ẹtwa	circa, quasi	~ 10 Kilometer / ~ 100 Gramm / Es ist ~ halb eins.
ziemlich	abbastanza	es dauerte ~ lang / ~ viele / ~ schnell

1 messen: ich messe, er misst – maß – hat gemessen

❶ Definitionen

1. Was übrig bleibt: ______________

2. Was nicht mehr benötigt wird, ist ______________.

3. Zahlen hintereinander aufsagen: ______________

4. Die Summe feststellen: ______________

5. Ein rechter und ein linker Schuh von gleicher Art: ein ______________ Schuhe

6. Die Wissenschaft, die sich mit Zahlen beschäftigt: ______________

7. Meter, Liter, Kilo sind ______________.

❷ Kreuzworträtsel

1. eine Zahl mit zwei Nullen
2. vier plus vier
3. vier plus fünf
4. fünf plus fünf
5. zwei
6. acht minus fünf
7. neun minus fünf
8. Er ist ganz vorn in der Reihe.

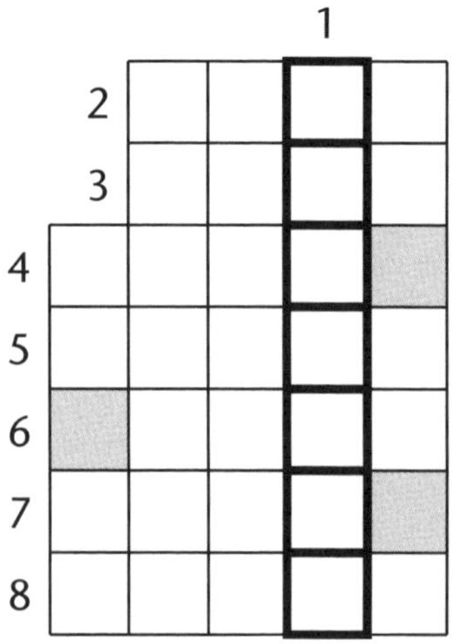

(Die Zahlen hinter den Wörtern verweisen auf die Sachgebiete.)

A

ab 176
abbiegen 186
Abend 172
abends 172
Abendbrot 15
aber 64
abfahren 139, 184
Abfahrt 135, 139
Abfall 45
abfliegen 140
Abgas 137
abgeben 134
Abgeordneter 161
abhängen 67
abhängig 67
abheben 130
abholen 90, 142
Abitur 113
ablehnen 60
Ablehnung 60
abmachen 59
abmelden 84
abnehmen 28
Abneigung 95
abonnieren 83
abrechnen 129
Abschied 90
abschleppen 138
abschließen 41, 104
Abschnitt 82
Absender 81
Absicht 57
abstimmen 101
Abteilung 103
abtrocknen 13, 25
abwärts 187
abwaschen 25
abwesend 89
abziehen 189
ach 51
acht 189
achten 62
Achtung 52
achtzig 189
addieren 189
Adler 167
Adresse 81, 84
Affe 166
ähnlich 68
Ähnlichkeit 68
Aids 29
aktiv 115
aktuell 178
Alarm 52
albern 50
Alkohol 22
all- 2
allein 89
aller- 2
allerdings 67
allgemein 69
allmählich 175
Alltag 172
Alphabet 80
als 68, 175
als ob 76
also 67
alt 85
Alter 85
Altenheim 85
Altersheim 85
alternativ 57
Ampel 135
Amt 103
amüsieren 50
an 181
analysieren 61
anbieten 15, 116, 125
Anblick 6
ander- 189
ändern 68
anders 68
Anfang 175
anfangen 117, 175
anfangs 175
anfassen 12
Anführungszeichen 80
angeblich 65
Angebot 125
angehen 62
Angehörige 88, 116
Angeklagter 110
Angelegenheit 1
angenehm 91
Angestellte 116
Angler 168
angreifen 107
Angst 53
ängstlich 53
anhaben 35
anhalten 137, 185
Anhalter 143
anklicken 122
ankommen 57, 139, 184
Ankunft 139, 184
Anlage 121
anmachen 124
anmelden 84
Anmeldung 84
annehmen 63, 67, 134
Annonce 125
Anordnung 58
anprobieren 37
Anruf 79
anrufen 79
anschaffen 125
anschauen 6
anscheinend 65
anschnallen 138
ansehen 6
an sein 124
Ansehen 98
Ansicht 63
Anspruch 134
anstrengen 118
anstrengend 118
Antrag 103
Antwort 72
antworten 72
anvertrauen 76
Anwalt 110
Anweisung 58

anwesend 89
Anzeige 109, 125
anziehen 35
Anzug 33
anzünden 27
Apfel 20
Apfelsine 20
Apotheke 32
Apparat 79, 122
Appetit 15
Aprikose 20
April 173
Arbeit 113, 117
arbeiten 117
Arbeiter 116
Arbeitgeber 116
Arbeitnehmer 116
arbeitslos 116
Arbeitsloser 116
Architekt 46
ärgerlich 95
ärgern 95
Argument 64
arm 133
Arm 12
Armband 38
Ärmel 33
Armut 133
Art 1
artig 91
Artikel 83, 125
Arzt 31
Arztpraxis 31
Aschenbecher 27
Ast 169
Aster 170
Asyl 104
Atem 5
Atlas 158
atmen 5
Atmosphäre 162
Atom 124
auch 68
auf 181
Aufenthalt 144
auffällig 62
auffordern 58
Aufforderung 58
Aufführung 150
Aufgabe 112
aufgeben 120
aufheben 187
aufhören 175
aufklären 66
aufmachen 41
aufmerksam 62
Aufmerksamkeit 62
aufnehmen 102
aufpassen 52
aufräumen 45
aufregen 96
Aufsatz 113
aufschreiben 80
auf sein 41
aufstehen 14, 43, 187
Auftrag 125
aufwachen 14
aufwärts 187
Aufzug 40
Auge 6
Augenblick 171
augenblicklich 171
August 173
aus 175, 186
aus sein 124, 175
ausbilden 115
Ausbildung 115
Ausdruck 70
Ausfahrt 135
Ausflug 143
ausführlich 74
ausfüllen 103
Ausgang 41
ausgeben 132
ausgehen 90, 124
ausgezeichnet 23
Auskunft 72, 103
Ausland 104
Ausländer 104
ausländisch 104
ausmachen 124
Ausnahme 69
auspacken 127
ausrechnen 189
Ausrede 76
ausreichen 188
Ausrufezeichen 80
ausruhen 118
Aussage 109
ausschalten 124
ausschließen 57
aussehen 31
außen 181
außer 69
außerdem 188
außerhalb 181
aussprechen 71
aussteigen 139
ausstellen 148
Ausstellung 148
aussuchen 125
Ausweis 84
ausziehen 35, 47
Auszubildende 115
Auto 136
Autobahn 135
Autobus 136
Automat 122
automatisch 122
Autor 149
Autorität 98

B

Baby 85
backen 16
Bäckerei 16
Bad 13
baden 13, 159
Badewanne 13
Badezimmer 13
Bahn 139
Bahnhof 139
Bahnsteig 139
bald 175
Balkon 40
Ball 145
Bank 43, 130

bar 129
Bar 26
Bart 9
Batterie 124
Bau 46
Bauch 10
bauen 46
Bauer 163
Baum 169
Baumwolle 37
beachten 62
Beamte 103
beantragen 103
beauftragen 58
bedanken 134
Bedarf 125
bedauern 51, 97
Bedenken 60
bedeuten 70
bedienen 26, 122, 126
Bedienung 26, 122
Bedingung 67
beeilen 118
beeinflussen 58
Beerdigung 86
Befehl 58
befinden 181
befördern 142
befriedigend 113
begegnen 89
beginnen 117, 175
begleiten 90
Begriff 70
begründen 64
Begründung 64
begrüßen 90
Begrüßung 90
behalten 134, 177
behandeln 31
Behandlung 31
behaupten 63
Behauptung 63
behindern 119
Behörde 103
bei 181
beid- 189
Beileid 86
Bein 12
Beispiel 66
beißen 165
Beitrag 131
bekannt 148
Bekannte 89
bekannt geben 74
Bekanntschaft 89
bekommen 134
beleidigen 96
beliebt 91
bellen 165
bemerken 62
bemühen 118
benachrichtigen 74
Benehmen 91
benehmen 91
beneiden 132
benutzen 122
Benzin 137
beobachten 6
bequem 43
beraten 58
bereit 117
bereuen 54
Berg 161
Bericht 74
berichten 74
berücksichtigen 64
Beruf 115
Berufung 111
berufstätig 115
beruhigen 97
berühmt 148
beschädigen 138
beschäftigen 116, 117
Bescheid 77, 103
bescheiden 91
Bescheinigung 103
beschlagnahmen 109
beschließen 57
beschreiben 74
Beschreibung 74
beschuldigen 109
beschweren 96
Besen 45
besetzt 13, 79
besichtigen 143
Besichtigung 143
Besitz 132
besitzen 132
Besitzer 132
besonder-/besonders 75
besorgen 134
Besprechung 78
besser 54
Besserung 31
bestätigen 72
Besteck 25
bestehen 113, 188
bestellen 26, 125
bestimmen 58
bestimmt 76
bestrafen 111
Besuch 89
besuchen 89
beten 56
Beton 46
Betonung 71
betragen 189
betreuen 85
Betreuer 85
Betreuung 85
Betrieb 121
Betriebsrat 116
betrügen 76
betrunken 22
Bett 14
Bevölkerung 99
bevor 175
bewegen 184
Bewegung 184
Beweis 64
beweisen 64
bewerben 116
Bewerbung 116
Bewohner 47
bewundern 153
bezahlen 129
beziehen 67
Beziehung 93

Bezirk 99
Bibel 55
Bibliothek 82
Biene 168
Bier 22
Biergarten 26
bieten 125
Bild 148
Bildschirm 122
Bildung 112
Billett 139, 150
billig 129
Bindestrich 80
Bindfaden 127
Biologie 112
Birke 169
Birne 20, 124
bis 175
bisher 175
bisschen 188
bitte 134
Bitte 58
bitten 58, 134
bitter 23
blamieren 92
blass 3
Blatt 169
blau 7
Blech 123
bleiben 184
bleich 3
Bleistift 80
Blick 6
blind 6
Blinddarm 11
Blitz 155
blond 9
bloß 73
blühen 170
Blume 170
Bluse 33
Blut 11
bluten 11
Boden 187
Bohne 19
bohren 122
Bombe 106
Bonbon 21
Boot 141
böse 54, 95
Botschaft 104
Brand 48
braten 24
Braten 17
Bratpfanne 24
brauchen 59, 125
braun 7
Braut 87
Bräutigam 87
brechen 30
breit 180
Breite 180
Bremse 137
bremsen 137, 185
brennen 48
Brief 81
Briefkasten 81
Briefmarke 81
Brieftasche 84
Briefträger 81
Briefumschlag 81
Brille 6
bringen 142
Brot 16
Brötchen 16
Brücke 160
Bruder 88
Brust 10
Bub 85
Buch 82
buchen 140
Bücherei 82
Bücherschrank 82
Buchhandlung 82
Büchse 24, 127
Buchstabe 80
buchstabieren 80
Buddhismus 55
Bügeleisen 36
bügeln 36
Bühne 150
Bundeskanzler 101
Bundesland 99
Bundesregierung 101
Bundesstraße 135
Bundeswehr 105
bunt 7
Bürger 99
Bürgermeister 103
Bürgersteig 135
Büro 80
Bürste 36
Bus 136
Busch 169
Butter 16

C

Café 26
Camping 144
Campingplatz 144
CD 147
CD-Player 147
CD-ROM 122
Cent 130
Chance 120
Charakter 49
Chauffeur 137
Chef 116
Chemie 112, 123
chemisch 123
chic 37
Club 89
Cola 22
christlich 55
Christentum 55
Coiffeur 9
Computer 122
Couch 43
Cousin(e) 88
Creme 32

D

da 181
dabei 181
Dach 40
dafür 59

dagegen 60
daher 64
damals 177
Dame 84
damit 57
danach 175
Dank 134
dankbar 134
danke 134
danken 134
dann 175
darauf 175
Darm 11
Darstellung 74
darum 64
das 2, 182
da sein 89
dass 67
Datei 122
Datum 173
Dauer 171
dauern 171
dauernd 176
Daumen 12
Decke 14, 42
dein 132
Demokratie 100
demokratisch 100
Demonstration 60
denken 61
denn 64
derselbe 68
deshalb 64
Dessert 21
deswegen 64
deutlich 66, 71
Deutsch 112
Dezember 173
Diamant 38
Diät 28
dicht 183
Dichter 149
dick 28, 180
Dieb 108
Diebstahl 108
dienen 122
Dienst 117
Dienstag 172
dieser 182
diesmal 176
Diktat 113
Ding 1
direkt 186
Direktor 116
Diskothek 147
Diskussion 78
diskutieren 78
dividieren 189
doch 73
Doktor 31, 114
Dolmetscher 70
Dom 56
donnern 155
Donnerstag 172
doof 96
Doppelpunkt 80
doppelt 189
Dorf 39
dort 181
Dose 24
Draht 123
Drama 150
draußen 41, 181
drehen 137
drei 189
Dreieck 180
dreißig 189
dreizehn 189
dringend 58
drinnen 41
dritte 189
Drittel 189
drohen 52
Droge 27
Drogerie 32
drüben 181
Druck 82
drucken 82
Drucker 122
Drucksache 81
drücken 122
du 2
Duft 5
duften 5
dumm 61
dunkel 7
Dunkelheit 7
dünken 65
dünn 28, 180
durch 186
durcheinander 45
durchfallen 113
Durchsage 151
durchschnittlich 188
dürfen 59
Durst 22
durstig 22
Dusche 13
duschen 13
Düsenjäger 106

E

eben 177
ebenfalls 68
ebenso 68
Ecke 42
edel 54
Edelstein 42
egal 62
Ehe 87
Ehre 98
ehren 98
ehrgeizig 118
ehrlich 76
Ei 17
Eiche 169
Eid 110
Eifersucht 94
eifersüchtig 94
eigen 132
Eigenschaft 49
eigentlich 76
Eigentum 132
Eigentümer 132
Eile 185
ein 189
einander 119

Einbahnstraße 135
Einbrecher 108
Einbruch 108
Eindruck 63
einerseits ... andererseits 68
einfach 63
Einfahrt 41
Einfall 61
einfallen 61
Einfluss 58
Eingang 41
eingebildet 92
einige 189
einkaufen 126
Einkommen 131
einladen 89
Einladung 89
einmal 176
Einnahme 131
einpacken 127
einrichten 42
eins 189
einsam 89
einschalten 151
einschlafen 14
Einschreiben 81
einsetzen 122
einsteigen 139
einstellen 116, 122
Eintritt 150
Eintrittskarte 150
einverstanden 59
Einwand 64
Einwohner 99
einzahlen 130
Einzelheit 74
einzeln 189
einzig- 189
einziehen 47
Eis 21, 156
Eisen 123
Eisenbahn 139
Elefant 166
elegant 37
elektrisch 124
Elektro- 124
elf 189
Eltern 88
E-Mail 81
Empfang 90
Empfänger 81
empfehlen 125
Ende 175
enden 175
endgültig 175
endlich 175
Energie 124
eng 37, 180
Enkel 88
entdecken 182
Ente 165
entfernt 183
Entfernung 183
entgegen 186
enthalten 127
entlang 186
entlassen 116
entscheiden 57
Entscheidung 57
entschließen 57
entschlossen sein 57
Entschluss 57
entschuldigen 97
Entschuldigung 97
entsprechen 68
entstehen 175
enttäuschen 51
entweder ... oder 57
entwickeln 121, 152
er 2
erben 86
Erbse 19
Erdbeere 20
Erde 158
Erdgeschoss 40
Erdkunde 112
Erdteil 158
ereignen 174
Ereignis 174
erfahren 74, 115
Erfahrung 115
erfinden 114
Erfolg 120
erfüllen 134
Ergebnis 120
erhalten 134
erhöhen 188
erholen 31, 118
Erholung 118
erinnern 177
Erinnerung 177
erkälten 30
Erkältung 30
erkennen 6
erklären 66
Erklärung 66
erkundigen 72
erlauben 59
Erlaubnis 59
erleben 174
Erlebnis 174
erledigen 117
ermorden 108
ernähren 15
ernst 51
Ernte 163
ernten 163
eröffnen 126, 130
erreichen 120
erscheinen 63, 82
erschrecken 53
erst 73
erste 189
Erwachsene 85
Erwachsenenbildung 112
erwähnen 74
erwarten 179
erzählen 74
Erzählung 149
Erzeugnis 121
erziehen 112
Erziehung 112
es 2
essen 15
Essen 15
Essig 23

Etage 40
Ethik 54
etwa 190
etwas 2
eu(e)r 132
eure 132
Euro 130
Europa 158
evangelisch 56
eventuell 65
ewig 171
exakt 190
Existenz 1
existieren 1
Explosion 106
Export 125
exportieren 125

F

Fabrik 121
Fach 112
Fachmann 115
Fähre 141
fahren 137
Fahrer 137
Fahrkarte 139
Fahrplan 139
Fahrrad 136
Fahrt 137
fair 111, 146
Fall 109
fallen 187
falsch 64, 113
Familie 88
fangen 145
Farbe 7
farbig 7
Fasching 56
fassen 109
fast 190
faul 115
Februar 173
Fax 81
Feder 167
fegen 45
fehlen 29, 188
Fehler 113
Feier 89
Feierabend 117
feiern 89
Feiertag 56
Feigling 53
fein 23
Feind 95, 107
feindlich 107
Feld 163
Fell 164
Felsen 161
Fenster 41
Ferien 112
fern 183
fernsehen 151
Fernsehen 151
Fernseher 151
fertig 117
fest 75
Fest 89
festhalten 142
Festland 159
Festplatte 122
feststellen 65
festnehmen 109
fett 17
Fett 17
feucht 159
Feuer 48
Feuerwehr 48
Feuerzeug 27
Fichte 169
Fieber 30
Figur 10
Film 151
finanziell 130
Finanzamt 131
finden 63, 182
Finger 12
Firma 121
Fisch 18, 168
Fischer 168
Fisole 19
fit 28
flach 160
Fläche 180
Flachland 162
Flasche 25
Fleck 36
Fleisch 17
Fleischerei 17
fleißig 115
Fliege 168
fliegen 140, 167
fließen 160
Flucht 107
Flüchtling 107
Flug 140
Flügel 167
Flughafen 140
Flugzeug 140
Fluss 160
flüstern 71
folgen 175, 181
Folgerung 67
folglich 67
fordern 134
Forelle 18
Form 1
Formular 103
Forschung 114
fort 184
Fortschritt 114
Foto 152
Fotoapparat 152
fotografieren 152
Fracht 142
Frage 72
fragen 72
Fragezeichen 80
Frau 84
frech 92
frei 100
Freiheit 100
freisprechen 111
Freitag 172
Freizeit 145
fremd 90
Fremdsprache 70, 112
fressen 165

Freude 50
freuen 50
Freund 93
freundlich 91
Freundschaft 93
Frieden 107
Friedhof 86
frieren 44, 156
frisch 156
Friseur 9
froh 50
fröhlich 50
fromm 55
Frosch 168
Frost 156
Frucht 20
früh 172
früher 177
Frühjahr 173
Frühling 173
Frühstück 15
frühstücken 15
Fuchs 166
fühlen 49
führen 116
Führerschein 137
Führung 116, 143
Fundbüro 182
fünf 189
fünfzig 189
funktionieren 122
für 134
furchtbar 53
fürchten 53
Fuß 12
Fußball 146
Fußboden 42
Fußgänger 136
Fußgängerzone 126
füttern 165

G

Gabel 25
Gang 42
Galle 11
Gans 165
ganz 75
Ganze 188
gar 24
Garage 137
Garantie 125
Garderobe 35
Gardine 41
Garten 170
Gas 124
Gast 26, 89
Gastfreundschaft 89
Gasthaus 26
Gaststätte 26
Gebäck 16
Gebäude 40
geben 134
Gebet 56
Gebiet 99
Gebirge 161
geboren werden 85
gebrauchen 122
Gebrauchsanweisung 122
Gebühr 131
Geburt 85
Geburtsort 84
Geburtstag 84
Gedächtnis 177
Gedanke 61
Gedicht 149
Geduld 179
geduldig 179
geeignet 116
Gefahr 52
gefährlich 52
gefallen 93
gefallen lassen 97
Gefallener 107
Gefängnis 111
Geflügel 17
Gefühl 49
gegen 186
Gegend 162
Gegensatz 68
Gegenstand 1
Gegenteil 68
gegenüber 181
Gegenwart 178
Gegner 146
Gehalt 131
geheim 77
Geheimnis 77
gehen 136
gehorchen 59
gehören 132
Gehsteig 135
Geige 147
Geist 61
geizig 132
gelb 7
Geld 130
Geldbörse 130
Gelegenheit 174
gelingen 120
gelten 84
Gemälde 148
Gemeinde 99
gemeinsam 119
Gemeinschaft 104, 119
Gemüse 19
gemütlich 42
genau 190
genauso 68
genehmigen 59
Genehmigung 59
genug 188
Gepäck 139
gerade 177, 180
geradeaus 186
Gerät 122
Geräusch 4
gerecht 111
Gerechtigkeit 111
Gericht 110
gering 188
gern 59
Geruch 5
Gerücht 77
gesamt- 188
Geschäft 126
geschehen 174

Geschenk 134
Geschichte 112, 149, 177
Geschirr 25
geschlossen 41
Geschmack 23, 153
Geschwindigkeit 185
Geschwindigkeitsbeschränkung 137
Geschwister 88
Gesellschaft 98, 121
Gesetz 110
Gesicht 3
Gespräch 78
gestehen 109
gestern 177
gestrig 177
gesund 28
Gesundheit 22, 28
Getränk 22
Getreide 163
Gewalt 108
Gewehr 106
Gewerkschaft 116
Gewicht 128
Gewinn 131
gewinnen 145
gewiss 65
Gewissen 54
gewissenhaft 115
Gewitter 155
gewöhnen 49
Gewohnheit 49
gewöhnlich 176
Gewürz 23
gießen 25, 170
Gift 108
Gitarre 147
Glas 25, 41
glatt 122
glauben 55, 63
gleich 68, 175
gleichberechtigt 100
gleichfalls 68, 176
gleichmäßig 68
gleichzeitig 175
Gleis 139
Glied 12
Glocke 41, 56
Glück 50, 145
glücklich 50, 94
Glückwunsch 87
Glühbirne 124
Gold 38
Gott 55
Gottesdienst 56
Grab 86
graben 170
Grad 154
Gramm 128, 190
Gras 170
gratis 129
Gratulation 87
gratulieren 87
grau 7
Grenze 104
grillen 24
Grippe 30
groß 180
großartig 153
Größe 180
großzügig 132
grün 7
Grund 64
gründen 177
Grundlage 114
Grundriss 46
grundsätzlich 63
Gruppe 119
Gruß 81
grüßen 81
gucken 6
Gulasch 17
gültig 84
günstig 125
Gurke 19
Gürtel 33
gut 54, 113
Gymnasium 112

H

Haar 9
haben 132
Hackfleisch 17
Hafen 141
Hahn 165
Hähnchen 17
Haken 122
halb 189
Hälfte 189
Halle 42
hallo 71
Hals 3
halt 185
haltbar 24
halten 142
Haltestelle 139
Hammer 122
Hand 12
Handarbeit 37
Handel 125
handeln 125
Handschuh 34
Handtasche 33
Handtuch 13
Handwerker 115
Handy 79
hängen 122
hart 122
Hase 166
hassen 95
hässlich 153
häufig 176
Haupt- 62
Hauptstadt 99
Haus 40
Hausfrau 45
Haushalt 45
Hausmeister 40
Haut 10
heben 142
Heer 105
Heft 112
heilig 55
Heim 85
Heimat 99

Heimweh 99
heiraten 87
heiß 24
heißen 84
heiter 154
heizen 44
Heizung 44
helfen 119
hell 7
Hemd 33
Hendel 17
her 184
Herbst 173
Herd 24
hereinkommen 41
Hering 18
Herr 84
herrlich 153
herrschen 1
herstellen 121
Herz 11
herzlich 91
heute 178
heutig 178
hier 181
Hilfe 52, 119
Himmel 55, 157
hin 184
hindern 119
Hinduismus 55
hinlegen 14
hinsetzen 43
hinten 181
hinter 181
hinterher 175
Hinweis 77
hinzufügen 188
Hirsch 166
Hit 147
Hitze 154
Hobby 145
hoch 180, 187
Hoch 154
Hochschule 114
höchstens 188
Hochzeit 87
Hocker 43
Hof 40
hoffen 179
hoffentlich 179
Hoffnung 179
höflich 91
Höhe 161
holen 142
Hölle 55
Holz 169
homosexuell 87
Honig 16
hören 4
Hörer 79
Hörnchen 16
Hose 33
Hotel 144
hübsch 37, 153
Hubschrauber 140
Huhn 17, 165
Humor 50
Hund 165
hundert 189
Hunger 15
hungrig 15
hupen 137
husten 30
Husten 30
Hut 34

I

ich 2
Idee 61
Idiot 96
ihr 2, 132
Illusion 61
Illustrierte 83
immer 171, 176
Impfung 28
Import 125
importieren 125
in 181, 186
Industrie 121
Inflation 130
Information 74
informieren 74
Ingenieur 122
Inhaber 132
Inhalt 82
innen 181
Innenstadt 39
inner- 11
innerhalb 181
Insekt 168
Insel 159
insgesamt 188
Institut 114
Instrument 147
intelligent 61
interessant 62
Interesse 62
interessieren 62
international 104
Internet 122
Interview 83
inzwischen 175
irgend- 2
ironisch 96
irren 65
Irrtum 65
Islam 55

J

ja 73
Jacke 33
Jagd 166
jagen 166
Jäger 166
Jahr 173
Jahreszeit 173
Januar 173
Jazz 147
je 68
Jeans 33
jedenfalls 65
jeder 2
jedesmal 176
je … desto 68
jedoch 67
jemand 2

jener 2
jetzt 178
jeweils 176
Job 117
Jogging 146
Johannisbeere 20
Journalist 83
Judentum 55
Jugend 85
Jugendliche 85
Juli 173
jung 85
Junge 85
Junggeselle 87
Juni 173
Juwelier 38

K

Kabine 141
Käfer 168
Kaffee 22
Kaffeehaus 26
Käfig 166
Kaiser 100
Kalb 165
Kalender 173
kalt 44, 156
Kälte 156
Kamera 152
Kamm 9
kämmen 9
Kampf 107
kämpfen 107
Kanal 160
Kanarienvogel 167
Kandidat 102
Kanne 25
Kantine 26
Kapitän 141
Kapital 130
Kapitel 82
kaputt 122
Karfreitag 56
Karneval 56
Karotte 19
Karpfen 18
Karte 145
Kartoffel 19
Käse 16
Kaserne 105
Kasse 129
Kastanie 169
Kasten 43, 127
Katalog 125
Katastrophe 138
katholisch 56
Katze 165
kaufen 126
Kaufhaus 126
kaum 175
kein 73
Keller 40
Kellner 26
kennen 90
kennen lernen 90
Kenntnisse 72
Kern- 124
Kette 38
Kiefer 169
Kilo(gramm) 128, 190
Kilometer 190
Kind 85, 88
Kindergarten 85
Kindheit 85
Kino 151
Kiosk 126
Kipferl 16
Kirche 56
Kirsche 20
Kissen 43
Kiste 127
klagen 51
Kläger 110
klappen 120
klar 66
klasse 153
Klasse 112
klassisch 147
klatschen 150
Klavier 147
kleben 127
Klebstoff 127
Kleid 33
Kleidung 33
klein 180
Kleinigkeit 188
klettern 187
klicken 122
Klima 154
Klimaanlage 44
Klingel 41
klingeln 41
Klinik 31
Klo 13
Klopapier 13
klopfen 41
Kloß 17
klug 61
knapp 188
Kneipe 26
Knie 12
Knochen 10
Knödel 17
Knopf 33
kochen 24
Kochbuch 24
Kochtopf 24
Koffer 139
Kofferraum 136
Kohl 19
Kohle 124
Kohlensäure 22
Kollege 119
komisch 50
Komma 80
kommen 184
Kommentar 151
kommerziell 125
Kommunikation 74
kompliziert 63
Kompromiss 60
Kondom 29
Konfekt 21
Konferenz 78
Konfession 56
Konfitüre 16
Konflikt 96

König 100
konkret 66
Konkurrenz 125
können 115
Konsequenz 67
konservativ 102
Kontakt 93
Kontinent 158
Konto 130
Kontrolle 65
konzentrieren 61
Konzert 147
Kopf 3
Kopfkissen 14
Kopie 80
kopieren 80
Kopierer 80
Koran 55
Korn 163
Körper 10
korrigieren 113
kosten 129
Kosten 129
kosten (schmecken) 23
Kostüm 33
Kotelett 17
Krach 4
Kraft 28
kräftig 28
Kraftwerk 124
Kragen 33
krank 29
Kranker 29
kränken 96
Krankenhaus 31
Krankenkasse 29
Krankenpfleger 31
Krankenschwester 31
Krankenwagen 31
Krankheit 29
Kraut 19
Krawatte 33
Krebs 168
Kredit 130
Kreditkarte 130
Kreis 99, 180
Kreislauf 11
Kreuzung 135
Krieg 107
kriegen 134
Kriegsgefangener 107
Krimi 151
Kriminal- 109
Krise 100
Kritik 61
kritisch 61
krumm 180
Küche 24
Kuchen 16
Kugel 180
Kugelschreiber 80
Kuh 165
kühl 156
Kühlschrank 24
Kultur 177
kümmern 117
Kunde 126
kündigen 116
Kunst 148
Künstler 148
künstlich 123
Kunststoff 123
Kupfer 123
Kurs 112
Kursbuch 139
Kursleiter 112
Kurve 135
kurz 171, 183
kürzlich 177
kurzsichtig 6
Kuss 94
küssen 94
Küste 159
Kuvert 81

L

lächeln 50
lachen 50
lächerlich 50
laden 106, 142
Laden 126
Ladung 142
Lage 181
Lager 127
Laken 14
Lampe 124
Land 99, 162
landen 140
Landkarte 158
Landschaft 162
Landung 140
Landwirt 163
Landwirtschaft 163
lang 183
lange 171
Länge 183
langsam 115, 185
langweilig 62
Lärm 4
lassen 58, 59
Lastkraftwagen 136
laufen 185
Läufer 146
Laufwerk 122
Laune 49
laut 4
läuten 41
Lautsprecher 15
leben 85
Leben 85
lebendig 85
Lebensgefahr 52
Lebensmittel 15
Leber 11
Leder 34
ledig 87
leer 25
legen 142
Lehre 115
Lehrer 112
Lehrling 115
leicht 63, 128
Leid tun 97
leiden 29, 93
Leidenschaft 94
leider 97
leihen 134

leise 4
leisten 115
Leistung 115
leiten 116
Leiter 187
Leitung 124
lernen 112
lesen 82
Leser 82
letzte 189
leugnen 76, 109
Leute 84
liberal 102
Licht 7
lieb 94
Liebe 94
lieben 94
liebenswürdig 91
Liebling 94
Lied 147
liefern 125
Lieferung 125
liegen 14, 142
Lift 40
Limonade 22
Linde 169
Linie 139, 180
linke 186
links 186
Lippe 8
Lippenstift 13
List 76
Liste 103
Liter 190
Literatur 149
loben 91
Loch 37
Löffel 25
logisch 61
Lohn 131
lohnen 120
Lokal 26
Lokomotive 139
los 184
löschen 48
lösen 63
losgehen 184
Lösung 63
Löwe 166
Luft 5, 154
Luftpost 81
Luftwaffe 105
Lüge 76
lügen 76
Lunge 11
Lust 57
lustig 50

M

machen 117
Macht 101
Mädchen 85
Magen 11
mager 28
Mahlzeit 15
Mai 173
Mais 163
Makler 47
mal 189
Mal 189
malen 148
Maler 148
malnehmen 189
man 2
manch 2
manchmal 176
mangelhaft 113
Mann 84
männlich 84
Mannschaft 146
Mantel 34
Märchen 149
Margarine 16
Marille 20
Marine 105
Marke 125
markieren 135
Markt 126
Marmelade 16
März 173
Marzipan 21
Maschine 122
Maß 190
Masse 188
Material 123
Mathematik 112, 189
Matratze 14
Matura 113
Mauer 46
Maul 164
Maus 122
Maximum 188
Mechaniker 122
Medikament 32
Medizin 31
Meer 159
Mehl 16
mehr 188
Mehrheit 101
mein 132
meinen 63
meinetwegen 59
Meinung 63
meiste 188
meistens 176
Meister 115
melden 112
Melodie 147
Menge 188
Mensch 84
menschlich 54
Menu 15
Merkmal 1
merken 77, 177
merkwürdig 62
Messe 56, 125
messen 190
Messer 25
Metall 123
Meter 190
Methode 121
Metzgerei 17
Miete 47
mieten 47
Mieter 47
Mietvertrag 47
Milch 22

Milliarde 189
Millimeter 190
Million 189
Minderheit 101
minderjährig 85
mindestens 188
Mineralwasser 22
Minister 101
Ministerium 101
Minute 171
mischen 7
Misserfolg 120
misslingen 120
Misstrauen 95
Missverständnis 65
missverstehen 65
mit 119
Mitbestimmung 116
Mitglied 102
Mitleid 54
mitnehmen 142
Mittag 172
Mittagessen 14
mittags 172
Mitte 180
mitteilen 74
Mitteilung 74
Mittel 32, 130
mitten 181
Mitternacht 172
Mittwoch 172
Möbel 43
möbliert 43
Mode 37
Modell 121
modern 178
mögen 93
möglich 59, 65
Möglichkeit 57
möglichst 58
Möhre 19
Mohrrübe 19
Moment 171
momentan 171
Monat 173
Mond 157
Monitor 122
Montag 172
Moral 54
Mord 108
Mörder 108
morgen 179
Morgen 172
Morgenessen 15
morgens 172
morgig 179
Motor 137
Motorrad 136
Möwe 167
Mücke 168
müde 14, 118
Mühe 118
Mühle 163
Müll 45
Mülleimer 45
multiplizieren 189
Mund 8
mündlich 80
Munition 106
Museum 143
Musik 112, 147
Muskel 10
müssen 59
Mut 53
mutig 53
Mutter 88
Muttersprache 70
Mütze 34

N

nach 183, 186
Nachbar 47
nachdem 175
nachdenken 61
Nachfrage 125
nachher 175
nachlässig 115
Nachmittag 172
nachmittags 172
Nachricht 74
Nachrichten 151
nachschlagen 82
Nachspeise 21
nächste 189
Nacht 172
nachts 172
Nachteil 119
Nachthemd 14
Nachtisch 21
nackt 35
Nadel 37
Nagel 12, 122
nah 183
Nähe 183
nähen 37
nähern 183
Nähmaschine 37
Nahrungsmittel 15
Name 84
nämlich 66
Nase 5
nass 159
Natur 162
natürlich 73, 123
Nebel 155
neben 181
nebenan 183
nebenbei 62
neblig 155
Nebensache 62
Neffe 88
negativ 60
nehmen 134
Neid 132
neidisch 132
nein 73
Nelke 170
nennen 84
nervös 96
Nest 167
nett 91
neu 126
neugierig 62
Neujahr 173
neulich 177
neun 189
neunzig 189

nicht 73
nicht wahr 72
Nichte 88
Nichtraucher 27
nichts 2, 188
nicken 59
nie 176
Niederlage 107
niedrig 180
niemals 176
niemand 2
niesen 30
nirgends 181
noch 73
Norden 186
normal 69
normalerweise 69
Not 133
Notausgang 52
Note 113
nötig 119
Notiz 80
Notruf 52
notwendig 119
November 173
nüchtern 22
Nudel 17
Null 189
Nummer 189
nun 175
nur 73
Nuss 20
nützen 119
nützlich 119

O

ob 72
oben 187
Ober 26
Obst 20
obwohl 67
oder 57, 68
Ofen 44
offen 41
öffentlich 98
Öffentlichkeit 98
offiziell 103
Offizier 105
öffnen 41
oft 176
oh 75
ohne 133
Ohr 4
Ohrfeige 96
Oktober 173
Öl 124
Ölsardine 18
Onkel 88
Oper 150
Operation 31
operieren 31
Opfer 52
Opposition 101
orange 7
Orange 20
Orchester 147
ordentlich 45
Ordination 31
ordnen 45
Ordnung 45
Organ 11
Organisation 116
organisieren 116
Original 80
originell 62
Ort 39
Osten 186
Ostern 56
Ozean 159

P

paar 189
Paar 189
Päckchen 127
packen 127
Packung 127
Paket 127
Panne 138
Panzer 106
Papier 80
Paragraph 110
Parfüm 13
Park 170
parken 137
Parkhaus 137
Parkplatz 137
Parkuhr 137
Parlament 101
Partei 102
Partner 119
Party 89
Pass 84
Passagier 141
passen 37
passieren 174
passiv 115
Patient 31
Pause 118
Pech 51
peinlich 92
Pension 131, 144
perfekt 153
Perle 38
Person 84
persönlich 84
Persönlichkeit 98
Pfannkuchen 16
Pfarrer 56
Pfeffer 23
Pfeife 27
Pferd 165
Pfingsten 56
Pfirsich 20
Pflanze 169
pflanzen 170
Pflaster 32
Pflaume 20
pflegen 31
Pflicht 54
pflücken 170
Pfote 164
Pfund 128
Phantasie 61
Philosoph 61
Physik 112
Picknick 143

Pille 32
Pilot 140
Pilz 169
Pistole 106
Plakat 125
Plan 57, 158
planen 57
Planet 157
Plastik 123
Platte 147
Platz 43, 135
plötzlich 175, 179
Pneu 137
Politik 101
Politiker 101
politisch 101
Polizei 109
Polizist 109
Portion 188
Portmonnaie 130
positiv 59
Post 81
Postkarte 81
Poularde 17
Postleitzahl 81
Praktikant 115
Praktikum 115
praktisch 122
Präsident 100
Praxis 31
Preis 129
preiswert 129
Presse 83
pressieren 118
Priester 56
prima 59
privat 84
pro 176
probieren 23
Problem 63
Produkt 121
Produktion 121
produzieren 121
Professor 114
Profi 146
Programm 151
Projekt 57
Prospekt 125
prost 22
Protest 60
protestantisch 56
protestieren 60
Prozent 130
Prozess 110
prüfen 65, 113
Prüfung 113
pst 71
Psychologie 49
Publikum 150
Pudding 21
Pullover 33
Pult 80
Punkt 80
pünktlich 179
Puppe 145
putzen 45

Q

Qualität 125
Quelle 160
quer 186
Quittung 129

R

rächen 97
Rad 136, 137
Rad fahren 136
Radfahrer 136
Radio 151
Rahm 16
Rasen 170
Rasierapparat 9
rasieren 9
Rat 58
raten 77
Rathaus 103
Rätsel 77
Rauch 48
rauchen 27
Raucher 27
Raum 42, 180
reagieren 97
Reaktion 97
realisieren 117
realistisch 61
Recherchen 83
rechnen 189
Rechnung 129
Recht 64, 110
recht- 186
rechts 186
Rechtsanwalt 110
rechtzeitig 179
Rede 71
reden 71
Referat 71
Reform 101
reformiert 56
Regal 43
Regel 69
regelmäßig 69
regeln 69
Regen 155
regieren 101
Regierung 101
regnen 155
Reh 166
reich 132
reif 20
Reifen 137
Reihe 189
Reihenfolge 189
rein 36
reinigen 36
Reinigung 36
Reis 19
Reise 143
Reisebüro 143
reisen 143
reiten 165
Reklame 125
Rekord 146
Religion 55, 112
rennen 185
Rente 131
Reparatur 122

reparieren 122
Reporter 83
Republik 100
reservieren 144
Rest 188
Restaurant 26
Resultat 120
retten 52
Rettung 52
Revolution 100
Rezept 24, 32
Rezeption 144
Richter 110
richtig 64, 113
Richtung 186
riechen 5
Ring 38
Risiko 52
Rock 33, 147
Roggen 163
roh 24
Rohstoff 123
Rolle 150
rollen 180
Rollstuhl 31
Roman 149
Röntgenbild 31
rosa 7
Rose 170
rosten 123
rot 3, 7
Rücken 10
Rückkehr 184
Rücksicht 91
rückwärts 186
rudern 141
rufen 71
Ruhe 4
ruhig 4
rund 180
Rundfahrt 143
Rundfunk 151

S

Sache 1
sachlich 61
Sachverhalt 1
säen 163, 170
Saft 22
sagen 71
Sahne 16
Saison 144
Salat 19
Salbe 32
Salz 23
salzig 23
sammeln 188
Samstag 172
Sänger 147
Sarg 86
satt 15
Satz 70
sauber 36, 45
sauber machen 45
Sauce 17
sauer 23
Schach 145
Schachtel 127
schade 51
schaden 119
Schaden 138
Schaf 165
schaffen 120
Schaffner 139
Schal 34
Schallplatte 147
schalten 122
Schalter 124, 139
Schande 98
scharf 25
Schatten 7
schauen 6
Schaufenster 126
Schauspieler 150
Scheck 130
Scheckkarte 130
scheiden 87
Scheidung 87
Schein 130
scheinen 65, 154
schenken 134
Schere 37
Schi 156
Schicht 117
schick 37
schicken 81
schieben 142
Schiedsrichter 146
schief 180
Schiene 139
schießen 106
Schiff 141
Schild 135
schimpfen 96
Schinken 17
Schirm 155
schlachten 165
Schlaf 14
Schlafanzug 14
schlafen 14
schlagen 96
Schlagzeile 83
schlagfertig 78
Schlange 168
schlank 28
schlecht 54
schließen 41
schließlich 175
schlimm 52
Schloss 41, 100
Schluss 175
Schlüssel 41
Schuster 34
schmal 180
schmecken 23
Schmerz 29
Schmetterling 168
schminken 13
Schmuck 38
Schmuggel 104
schmutzig 36, 45
Schnaps 22
Schnauze 164
Schnecke 168
Schnee 156

schneiden 25
schneien 156
schnell 185
Schnitzel 17
Schnupfen 30
Schokolade 21
schon 175
schön 153
Schönheit 153
Schornstein 44
Schrank 43
Schraube 122
Schreck 53
schrecklich 53
schreiben 80
Schreiben 81
Schreibmaschine 80
Schreibtisch 80
schreien 71
Schrift 80
schriftlich 80
Schriftsteller 149
Schritt 136
Schuh 34
Schuhmacher 34
Schuld 54
Schulden 130
schuldig 111
Schule 112
Schüler 112
Schuljahr 112
Schulter 10
Schuss 106
Schüssel 25
Schuster 34
Schutz 52
schützen 52
schwach 28
Schwager 88
Schwägerin 88
Schwan 167
schwanger 85
Schwanz 164
schwarz 7
schweigen 71
Schwein 165
schwer 128
schwerhörig 4
Schwester 88
Schwiegermutter 88
Schwiegersohn 88
Schwiegertochter 88
Schwiegervater 88
schwierig 63
Schwierigkeit 63
Schwimmbad 159
schwimmen 159
Schwimmer 159
schwitzen 154
schwören 110
sechs 189
sechzig 189
See (die) 159, (der) 160
Seele 55
Seemann 141
Segel 141
sehen 6
Sehenswürdigkeit 143
sehr 75
Seife 13
sein 1
sein 132
seit 177
Seite 82, 180
Sekretärin 80
Sekt 22
Sekunde 171
selbst 84
selbstständig 115
selbstverständlich 73
Selbstvertrauen 53
selten 69, 176
seltsam 62
Semester 114
Semikolon 80
Semmel 16
senden 151
Sender 151
Sendung 151
Senf 23
senkrecht 187
September 173
Serie 121
Sessel 43
setzen 43
sicher 52
Sicherheit 52
Sicherheitsgurt 138
sichern 52
sie/Sie 2
sieben 189
siebzig 189
Sieg 107
Sieger 146
Silbe 70
Silber 38
Silvester 173
singen 147
sinken 187
Sinn 61, 66
Situation 174
Sitz 43
sitzen 43
sitzen bleiben 113
Sitzung 101
Skandal 83
Ski 156
Slip 34
Smog 162
so 68, 75
sobald 175
Socke 34
so dass 67
sofort 175
Software 122
sogar 75
Sohn 88
solange 175
solch 75
Soldat 105
sollen 58
Sommer 173
Sonder- 69
sondern 68
Sonnabend 172
Sonne 154, 157
Sonntag 172
sonst 69

Sorge 51
sorgen 51
sorgfältig 115
Soße 17
Souvenir 143
so viel 188
sowieso 57
sowohl ... als auch 74
sozial 133
Sozialarbeiter 133
sozialistisch 102
Soziologie 112
spannend 151
sparen 132
Sparkasse 130
sparsam 132
Spaß 50
spät 171, 172
Spatz 167
spazieren gehen 143
speichern 122
Speise-/-speise 15
Speisekarte 26
Spezial- 69
Spiegel 13
Spiel 145, 146
spielen 145
Spielzeug 145
Spinne 168
Spital 31
spitz 180
Sport 112, 146
Sportler 146
sportlich 146
Spott 96
Sprache 70
sprechen 71
Sprechstunde 31
Sprichwort 61
springen 146
Spritze 31
Sprung 146
spülen 25, 36
Spur 109
Staat 99
staatlich 99
Staatsangehörigkeit 99
Staatsanwalt 110
Stadion 146
Stadt 39
städtisch 39
Stadtplan 39
Stahl 123
Stamm 169
Standesamt 87
Standpunkt 63
Star 151
stark 28
Start 146
starten 137, 140
Station 139
statt 68
stattfinden 174
Stau 137
Staub 45
staunen 75
Steak 17
Steckdose 124
stecken 41
Stecker 124
stehen 43, 82
stehen bleiben 185
stehlen 108
steigen 187
steil 187
Stein 161
Stelle 116, 181
stellen 142
Stellung 116
Stellungnahme 66
Stempel 80
sterben 86
Stern 157
Steuer 131
Steuermann 141
Stewardess 140
Stiefel 34
Stiege 40
still 4, 71
Stille 4
Stimme 71, 102
stimmen 64
Stimmung 49
Stimmzettel 102
stinken 5
Stirn 3
Stock 40
Stoff 37
stolz 98
stoppen 137
stören 119
strafbar 108
Strafe 111
Strand 159
Straße 135
Straßenbahn 139
Strauch 169
Strauß 170
Strecke 183
Streichholz 27
Streik 116
streiken 116
Streit 96
streiten 96
Stress 118
Strom 124
Strumpf 34
Stück 188
Student 114
studieren 114
Studio 151
Studium 114
Stufe 40, 187
Stuhl 43
stumm 71
stumpf 25
Stunde 112, 171
Sturm 155
stürzen 187
suchen 182
Süden 186
Summe 189
Sünde 55
super 153
Supermarkt 126
Suppe 17
süß 23
Symbol 70

Sympathie 93
sympathisch 93
System 121

T

Tabak 27
Tabelle 83
Tablette 32
Tafel 112
Tag 172
Tageszeit 172
tagsüber 172
täglich 172
taktlos 92
Tal 161
tanken 137
Tanker 141
Tankstelle 137
Tanne 169
Tante 88
Tanz 147
tanzen 147
Tapete 42
tapfer 53
Tarif 131, 139
Tasche 33
Taschenbuch 82
Taschentuch 5
Tasse 25
Tastatur 122
Taste 122
Tat 1
Täter 109
Tätigkeit 117
Tatsache 65
tatsächlich 65
taub 4
Taube 165
tauschen 134
tausend 189
Taxi 136
Team 119
Technik 122
technisch 122
Tee 22
Teil 188
teilen 189
teilnehmen 89
Telefon 79
Telefonbuch 79
telefonieren 79
Telefonkarte 79
Telefonzelle 79
Teller 25
Temperatur 154
Tennis 146
Teppich 42
Termin 171
Terrasse 40
Testament 86
teuer 129
Teufel 55
Text 82
Theater 150
Theaterstück 150
Thema 82
Ticket 140
tief 160
Tief 155
Tier 164
Tiger 166
Tipp 77
tippen 80
Tisch 43
Titel 82, 98
Tochter 88
Tod 86
tödlich 86
Toilette 13
tolerant 54
toll 153
Tomate 19
Topf 24
Tor 146
Torte 16
tot 86
töten 108
Toter 86
Tourist 143
Tradition 177
Trafik 126
tragen 142
trainieren 146
Training 146
Tram 139
Träne 51
Transport 142
transportieren 142
Trauer 86
Traum 14
träumen 14
traurig 51
Trauring 87
treffen 90, 106
treiben 146, 165
Trend 37
trennen 61, 90
Treppe 40, 187
treten 136
treu 94
trinken 22
Trinkgeld 26
trocken 159
trocknen 36
Trompete 147
Tropfen 159
trösten 51
Trottoir 135
trotz 67
trotzdem 67
T-Shirt 33
Tube 127
Tuch 25
tüchtig 115
Tulpe 170
tun 117
Tür 41
Türklinke 41
turnen 146
Tüte 127
typisch 69

U
übel nehmen 97
über 181
überall 181
Übereinstimmung 68
überfahren 138
Überfall 108
überflüssig 188
überhaupt 73
überholen 137, 185
überlegen 61
übermorgen 179
übernachten 144
übernehmen 116
überqueren 186
überraschen 179
Überraschung 179
überreden 58
Überschrift 82
übersetzen 70
Übersetzung 70
Überstunde 117
Übertragung 151
übertreiben 75
Übertreibung 75
überweisen 130
überzeugen 64
Überzeugung 63
üblich 69
U-Boot 106
übrig 188
übrigens 78
Übung 112
Ufer 160
Uhr 171
um 171, 186
um so 68
um zu 57
umarmen 90
umdrehen 186
Umgangsformen 91
Umgebung 39
Umleitung 135
umsonst 120, 129
Umstand 1
umsteigen 139
umtauschen 130
Umwelt 162
Umweltverschmutzung 162
umziehen 35, 47
Umzug 47
unbedeutend 62
unbedingt 75
und 74
Unfall 138
ungefähr 190
ungenügend 113
ungewöhnlich 69
Unglück 51
unheimlich 53
unhöflich 92
Uniform 105
Universität 114
unklar 66
Unkraut 170
unmöglich 60
unschuldig 111
unser 132
unten 187
unter 181
unterbrechen 78
unterdessen 175
unterhalten 78
Unterhaltung 78
Unterhemd 34
Unterhose 34
Unterkunft 47
Unterricht 112
unterrichten 112
unterscheiden 68
Unterrock 34
Unterschied 68
unterschiedlich 68
unterschreiben 81
Unterschrift 81
unterstützen 119
untersuchen 31
Untersuchung 31
Unterwäsche 34
unterwegs 184
unverschämt 92
unverständlich 66
Urkunde 103
Urlaub 117
Ursache 66
Urteil 111

V
Vase 170
Vater 88
vegetarisch 15
verabreden 90
Verabredung 90, 179
verabschieden 90
verachten 95
verändern 68
Veranstaltung 89
verantwortlich 116
Verantwortung 116
Verband 31
verbessern 120
Verbesserung 120
verbieten 60
verbinden 31, 79
Verbindung 79
Verbot 60
verbrauchen 124
Verbraucher 125
Verbrechen 108
Verbrecher 108
verbringen 174
Verdacht 109
verdächtigen 109
verdienen 131
Verein 146
Verfahren 121
Vergangenheit 177
vergeblich 120
Vergehen 108
vergessen 177
Vergleich 68
vergleichen 68
Vergnügen 50
vergrößern 180
verhaften 109
Verhalten 1

verhalten 1
Verhältnis 93
Verhandlung 78
verheiratet 87
verhindern 60
Verhör 109
verkaufen 126
Verkäufer 126
Verkehr 136
Verkehrsmittel 136
Verkehrsverein 143
Verkehrszeichen 135
verkühlen 30
verlangen 58, 134
verlängern 84
verlassen 41, 93
Verlegenheit 92
verletzen 30
Verletzung 30
Verletzter 30
verlieben 94
verlieren 145, 182
verloben 87
Verlobung 87
Verlust 182
vermieten 47
Vermieter 47
Vermittlung 47
Vermögen 132
vermuten 63
Vermutung 63
vernichten 107
Vernunft 61
vernünftig 61, 91
veröffentlichen 82
Verpackung 127
verpassen 139
verraten 77
verreisen 143
verrückt 96
Versammlung 89
versäumen 177
verschieden 68
verschlechtern 31
verschreiben 32
verschweigen 77
versetzt werden 113
versichern 138
Versicherung 138
verspäten 139
Verspätung 139
versprechen 179
Verstand 61
Verständnis 66, 93
verstecken 182
verstehen 66, 77, 93
Versuch 114, 120
versuchen 120
verteidigen 107
verteilen 134
Vertrag 104
Vertrauen 93
vertreten 116
Vertreter 125
verursachen 66
verurteilen 111
Verwaltung 103
verwandt 88
Verwandte 88
verwechseln 65
verwenden 122
verwitwet 86
Verwundeter 107
verzeihen 97
Verzeihung 97
verzollen 104
Verzweiflung 51
Video- 151
Vieh 165
viel 188
vielleicht 65
vier 189
Viertel 189
Viertelstunde 171
vierzehn 189
vierzig 189
Visum 104
Vogel 167
Volk 99
Volkshochschule 112
voll 25
völlig 75
volljährig 85
vollkommen 153
vollständig 188
von 183, 186
vor 175, 177, 181
voraus 179
Voraussetzung 67
vorbei 186
vorbereiten 117
vorder- 181
Vorfahrt 135
vorgestern 177
vorhaben 57
Vorhang 150
vorher 175
vorhin 177
vorig 177
vorkommen 174
vorläufig 175
Vormittag 172
vormittags 172
vorn 181
vornehm 91
Vorort 39
Vorschlag 58
vorschlagen 58
Vorschrift 103
Vorsicht 52
vorsichtig 52
vorstellen 61, 90
Vorstellung 61, 150
Vorteil 119
Vortrag 71
Vorurteil 65
Vorwahl 79
Vorwand
vorwärts 186
Vorwurf 96
vorziehen 57

W

Waage 128
waagerecht 187
wach 14
wachsen 85, 169

Waffe 106
Wagen 136, 139
wagen 53
Wahl 102
wählen 57
Wähler 102
wahnsinnig 96
wahr 72, 76
während 175
Wahrheit 76
wahrscheinlich 65
Währung 130
Wald 169
Wand 42
wandern 143
Wange 3
wann 175
Ware 125
Warenhaus 126
warm 24, 44, 154
Wärme 44
warnen 52
warten 179
Wartezimmer 31
warum 64
was 72
Waschbecken 13
Wäsche 36
waschen 13, 36
Waschmaschine 36
Waschpulver 36
Wasser 13, 159
Wasserhahn 13
WC 13
wechseln 130
Wechselstube 130
wecken 14
Wecker 14
weder ... noch 73
weg 184
Weg 135
wegen 64
wehtun 29
Wehrdienst 105
weiblich 84
weich 14, 24
Weide 165
weigern 60
Weihnachten 56
weil 64
Wein 22
Weinbrand 22
weinen 51
weiß 7
weit 183
weiter 185
Weiterbildung 112
Weizen 163
welch 72
welk 170
Wellensittich 167
Welt 157
wenden 58
wenig 188
wenigstens 188
wenn 67, 176
wer 72
Werbung 125
werden 115
werfen 142, 145
Werk 121, 149
Werkstatt 121
werktags 172
Werkzeug 122
Wert 129
wert-/-wert 129
wesentlich 62
weshalb 64
wessen ...? 132
Westen 186
Wetter 154
Wetterbericht 154
Wettkampf 146
wichtig 62
widerlegen 64
widersprechen 64
Widerstand 60
wie 68, 72
wieder 176
wiederholen 74
Wiederhören 90
Wiedersehen 90
wiegen 128
Wiese 170
wieso 64
wie viel 188
wild 166
Wild 166
Wille 57
willkommen 90
Wind 155
Winkel 180
winken 90
Winter 156, 173
wir 2
wirken 32, 66
wirklich 61
Wirklichkeit 61
Wirkung 66
Wirt 26
Wirtschaft 121
wischen 45
wissen 72, 77, 113
Wissenschaft 114
Witwe 86
Witz 50
wo 181
Woche 172
Wochentag 172
wochentags 172
wöchentlich 172
woher 181
wohin 181
wohl 50, 65
Wohl 50
Wohnblock 40
wohnen 39, 47
Wohnung 42
Wohnwagen 144
Wolke 155
Wolle 37
wollen 57
Wort 70, 78
Wörterbuch 70
Wunde 30
wunderbar 153
wundern 75
Wunsch 134

wünschen 134
Wurst 16
Würstchen 17
Wurzel 169
Wut 96
wütend 96

Z

Zahl 189
zahlen 26, 129
zählen 189
zahlreich 188
Zahn 8
Zahnbürste 13
Zahncreme 13
Zahnpasta 13
Zange 122
Zehe 12
zehn 189
Zeichen 182
zeichnen 148
Zeichnung 148
zeigen 182
Zeile 82
Zeit 171
Zeitschrift 83
Zeitung 83
Zelt 144
Zensur 113
Zentimeter 190
Zentner 128
zentral 39
Zentrum 39, 180
zerstören 107
Zertifikat 113
Zettel 80
Zeuge 110
Zeugnis 113
Ziegel 46
ziehen 142
Ziel 146
zielen 106
ziemlich 190
Zigarette 27
Zigarre 27
Zimmer 42, 144
Zinsen 130
Zitrone 20
zittern 53
zögern 60
Zoll 104
Zone 34
Zoo 166
Zorn 96
zornig 96
zu 57, 186
Zucker 23
zuerst 175
Zufall 66
zufällig 179
zufrieden 50
Zug 139
zugeben 76
Zuhause 42
zuhören 71
Zukunft 179
zuletzt 175
zumachen 41
Zündholz 27
zunehmen 28
Zuneigung 94
Zunge 8
zurück 186
zusammen 89, 119
Zusammenarbeit 119
zusammenfassen 74
Zusammenfassung 74
Zusammenhang 82
zusammenstoßen 138
zusammenzählen 189
zuschauen 150
Zuschauer 150
zu sein 41
zusperren 41
Zustand 1
zustimmen 64
Zustimmung 59
zuverlässig 115
zu viel 188
zu wenig 188
zwanzig 189
zwar 67
Zweck 57, 66
zwei 189
Zweifel 65
zweifeln 65
Zweig 169
zweite 189
Zwetschge 20
Zwiebel 19
zwingen 58
zwischen 181
zwölf 189

A

a 171, 176, 181, 183, 186
a bassa voce 4
a buon mercato 129
a causa di 64
a colori 7
a destra 186
a malapena 175
a mezzogiorno 172
a modo 91
a proposito 78
a seconda di 68
a sinistra 186
a sufficienza 188
a tempo debito 179
a vicenda 119
a volte 176
abbaiare 165
abbandonare 120
abbassare 122
abbastanza 188, 190
abbonarsi 83
abbracciare 90
l'abete bianco 169
l'abete rosso 169
abile 115
l'abitante 47, 99
abitare 39, 47
abituale 69
abitualmente 69
abituarsi 49
l'abitudine 49
l'accademia 114
accadere 174
accanto 181, 183
accendere 27, 124, 151
l'accendino 27
l'accento 71
accettare 59, 97, 134
l'acciaio 123
acciuffare 109
accogliente 42
l'accoglienza 90
accogliere 59
accomiatarsi 90
accompagnare 90, 142
accompagnare in macchina 137
accorgersi 77
accusare 109
l'accusato 110
l'accusatore 110
l'aceto 23
acido 23
l'acqua 13, 159
l'acqua minerale 22
l'acquavite 22
ad alta voce 4
addestrare 115
addirittura 75
addizionare 189
addormentarsi 14
l'adolescente 85
l'adulto 85
l'aereo 140
l'aeronautica militare 105
l'aeroporto 140
l'afa 154
affamato 15
l'affare 126
affaticar(si) 118
affermare 63
l'affermazione 63
afferrare 12, 145
l'affettato 16
l'affetto 94
affidabile 115
affinché 57
l'affitto 47
affondare 187
affrettarsi 118
l'agente immobiliare 47
l'agenzia di cambio 130
l'agenzia viaggi 143
aggiungere 188
aggiustare 122
agire 66
agitarsi 96
l'ago 37
agosto 173
l'agricoltore 163
l'agricoltura 163
agro 23
AIDS 30
aiutare 119
l'aiuto 52, 119
al di fuori di 181
al massimo 188
al posto di 68
l'ala 167
l'albergo 26, 144
l'albero 169
l'albicocca 20
l'alcool 22
alcuni 189
l'alfabeto 80
l'alimento 15
all' 171
all'improvviso 175
all'interno di 181
alla fine 175
alla salute! 22
allacciare la cintura di sicurezza 138
l'allarme 52
alle 171
allegro 50
l'allenamento 146
allenar(si) 146
l'allievo 112
l'alloggio 47
allora 175
allora 177
almeno 188
alternativo 57
l'altezza 161
l'altitudine 161
alto 180, 187
l'altoparlante 151
altrettanto 68, 176
altrimenti 69
altro 68, 189
l'altro giorno 177
l'altro ieri 177
alzare 142
alzare la mano 112

alzarsi 14, 43, 187
amar(si) 94
amaro 23
amato 91, 94
l'ambasciata 104
ambedue 189
l'ambiente 162
ambizioso 118
l'ambulanza 31
l'ambulatorio 31
l'amicizia 93
l'amico 93
ammalato 29
ammettere 67, 76, 102
l'amministrazione 103
ammirare 153
ammontare 189
l'amore 94
analizzare 61
l'anatra 165
anche 68
ancora una volta 176
l'andamento domestico 45
andar bene 37
andare (con un mezzo) 137
andare 136
andare a cavallo 165
andare a passeggio 143
andare a piedi 136
andare a prendere 142
andare a prendere 90
andare ad abitare 47
andare in aereo 140
l'anello 38
l'angolo 42, 180
l'anidride carbonica 22
l'anima 55
l'animale 164
annientare 107
l'anno 173
l'anno scolastico 112
annotarsi 80
annuire 59
annunciare 74
l'annuncio 125
l'anticiclone 154
l'antipatia 95
l'ape 168
aperto 41
l'apparecchio 122
l'apparecchio telefonico 79
apparentemente 65
l'appartamento 42
appartenere 132
appassito 170
l'appello 111
appena 175, 177
appendere 122
l'appendice 11
l'appetito 15
applaudire 150
apprendere 74
l'apprendista 115
l'apprendistato 115
approvare 64
l'appuntamento 90, 171, 179
appuntito 180
l'appunto 80
aprile 173
aprire 41, 126, 130
l'aquila 167
l'arancia 20
l'arancia 20
arancio 7
l'arbitro 146
l'architetto 46
l'area 39
l'argento 38
l'argomento 64, 82
l'aria 5, 154
l'aria condizionata 44
l'aringa 18
l'arma 106
l'armadio 43
arrabbiarsi 95
arrabbiato 95
arrampicarsi 187
arredare 42
arredato 43
arrestare 109
arrestare 109
arrivare 139, 184
arrivare in ritardo 139
l'arrivederci (al telefono) 90
l'arrivederci 90
l'arrivo 139, 146, 184
arrossire 3
l'arrosto 17
arrugginir(si) 123
l'arte 148
l'articolo 83, 125
artificiale 123
l'artigiano 115
l'artista 148
l'ascensore 40
l'asciugamano 13
asciugare 25, 36
asciugarsi 13
asciutto 159
ascoltare 4, 71
l'asilo (politico) 104
l'asilo 85
aspettare 179
aspro 23
assaggiare 23
assalire 107
assassinare 108
l'assassinio 108
l'assassino 108
l'assegno 130
assente 89
assetato 22
assicurare 138
l'assicurazione 138
l'assistente sociale 133
l'assistenza 31
assistere 85
assolutamente 73, 75
assolvere 111
assumere 116
l'astro 170
l'astuzia 76
l'atlante 158

l'atleta che corre 146
l'atmosfera 162
atomico 124
l'atomo 124
attaccare 107
attentamente 62
attento 62
l'attenzione 62
attenzione! 52
l'atterraggio 140
atterrare 140
l'attestato 103
attivare 124
l'attività 117
attivo 115
l'attore 150
attraversare 186
attraverso 186
attuale 171, 178
augurar(si) 134
l'augurio 87, 134
aumentare 180, 187, 188
l'autista 137
l'autobus 136
automaticamente 122
automatico 122
l'automobile 136
autonomo 115
l'autore 149
l'autorità 98
le autorità amministrative 103
l'autorizzazione 59
l'autosilo 137
l'autostoppista 143
l'autostrada 135
l'autunno 173
avanti 184, 185
avaro 132
avente gli stessi diritti 100
aver bisogno di 59, 125
aver freddo 44, 156
aver luogo 174
aver paura 53
aver piacere per 50
aver un buon odore 5
avere 132
avere addosso 35
avere l'aspetto (di) 31
avere cura di 85
avere effetto 66
avere il gusto di 23
avere in programma 57
avere qualcosa 29
l'avvenimento 174
avvenire 174
l'avventura 174
l'avversario 146
l'avversione 95
avvertire 52
avviare 137
avvicinarsi 183
avvisare 74, 77
l'avviso da parte di un ufficio pubblico 103
l'avvocato 110
l'azienda 121
l'azione 1

B

baciar(si) 94
il bacio 94
il bagaglio 139
la bagatella 188
bagnato 159
il bagno (la stanza da ~) 13
il bagno 13
il ballo 147
il balcone 40
ballare 147
il bambino 85, 88
la bambola 145
la banca 130
la banconota 130
il bar 26
la bara 86
il barattolo 24
la barba 9
il barbiere 9
la barca 141
la barzelletta 50
la base 114
basso 160, 180
battere a macchina 80
la batteria 124
bello 153
la bellezza 153
bellissimo 153
il bene 50
bene 50
il benessere 50
bensì 68
benvenuto 90
la benzina 137
bere 22
il berretto 34
il bestiame 165
la betulla 169
la bevanda 22
la biancheria 36
la biancheria intima 34
bianco 7
la Bibbia 55
la bibita 22
la biblioteca 82
il bicchiere 25
la bicicletta 136
il bidone delle immondizie 45
il biglietto 139
il biglietto aereo 140
il biglietto d'ingresso 150
la bilancia 128
la bile 11
il binario 139
biologia 112
biondo 9
la biro 80
la birra 22
il bisogno 133
la bistecca 17
bloccar(si) 137
blu 7

la bocca 8, 164
bollente 24
il bollettino meteorologico 154
bollire 24
la bomba 106
borioso 92
il borsellino 130
la borsetta 33
il bosco 169
la bottega 121
la bottiglia 25
il bottone 33
il braccialetto 38
il braccio 12
la braciola 17
il brandy 22
bravo 115
breve 171, 183
il bricco 25
il brodo 17
bruciare 48
brutto 52, 54, 153
la buca delle lettere 81
bucare 122
il buco 37
il buddismo 55
il budino 21
buono 113
buono/migliore/il migliore 54
il burro 16
bussare 41
la busta 81

C

la cabina 141
la cabina telefonica 79
la caccia 166
il caccia a reazione 106
cacciare 166
il cacciatore 166
cadere 187
il caduto 107
il caffè 22, 26
il calcestruzzo 46
il calcio 146
calcolare 129, 189
caldo 24, 44, 154
il caldo 44
il calendario 173
la calma 4
calmar(si) 97
calmo 4
il calore 44
la calura 154
la calza 34
il calzino 34
il calzolaio 34
cambiar(si) 35, 68
cambiare 68, 130, 134, 139
la camera 144
la cameriera 26
il cameriere 26
la camicetta 33
la camicia da notte 14
la camicia da uomo 33
il camino 44
il camion 136
camminare 136
la campagna 162
la campana 56
il campanello 41
il campeggio 144
il campo 163
il canale 160
il canarino 167
il cancelliere 101
il candidato 102
il cane 165
il canederlo 17
il canone 131
il cantante 147
cantare 147
la cantina 40
la canzone 147
la canzone di successo 147
capace 115
i capelli 9
capire 66, 77
capirsi 93
il capitale 130
la capitale 99
il capitano 141
il capitolo 82
il capo 116
il capodanno 173
il cappello 34
il cappotto 34
il capriolo 166
la caramella 21
il carattere 49
la caratteristica 1
il carbone 124
il carcere 111
la carica 103
caricare 142
il carico 142
carino 37, 153
la carne 17
la carne macinata 17
il carnevale 56
caro 94, 129
la carota 19
la carpa 18
il carro armato 106
la carta 80, 145
la carta d'identità 84
la carta da parati 42
la carta di credito 130
la carta geografica 158
la carta igienica 13
la carta telefonica 79
il cartello 135
il cartello stradale 135
il cartellone pubblicitario 125
la cartolina postale 81
la casa 40, 86
la casa d'affitto 47
la casa di riposo 86
la casalinga 45
la caserma 105
il caso 66, 109
la cassa 127, 129

la cassa di risparmio 130
la cassa malattia 29
la casseruola 24
la cassetta 127
la cassetta delle lettere 81
il cassone 43
il castagno 169
castano 7
il castello 100
il catalogo 125
la catastrofe 138
la catenina 38
cattivo 54, 95
cattolico 56
catturare 109
la causa 66
causare 66
il cavallo 165
il cavo 124
il cavolo 19
il CD 147
il Cd Rom 122
celibe 87
il cellulare 79
la cena 15
il centesimo di euro 130
il centimetro 190
cento 189
la centrale 124
centrale 39
il centro 39, 180
il centro della città 39
cercar(si) 125
cercare 82, 182
il cerchio 180
i cereali 163
il cerotto 32
certamente 65, 76
il certificato 103, 113
certo 65
il cervo 166
il cespuglio 169
il cetriolo 19
chi assiste 85
che 67
che avanza 188
che cosa? 72
che esercita una professione 115
che ha fame 15
che non taglia 25
che si conserva 24
chi? 72
chiamare 71, 84
chiamarsi 84
la chiamata d'emergenza 52
la chiamata telefonica 79
chiaramente 71
chiarire 66
chiaro 7, 66
il chiasso 4
la chiave 41
chic 37
chiedere (per ottenere) 58
chiedere 72, 134
la chiesa 56
lo chifel 16
il chilo 128
il chilo(grammo) 190
il chilometro 190
chimica 112
la chimica 123
chimico 123
il chiodo 122
il chiosco 126
chissà se 72
la chitarra 147
chiudere (a chiave) 41
chiudere 41, 52
chiudere a chiave 41
chiuso 41
chi presta assistenza 85
ciao 71
il cibo 15
il ciclista 136
il cielo 55, 157
cieco 6
il cigno 167
la ciliegia 20
il cimitero 86
cin cin! 22
il cinema 151
cinquanta 189
cinque 189
la cintura 33
la cintura di sicurezza 138
ciò 182
la cioccolata 21
ciononostante 67
la ciotola 25
la cipolla 19
circa 190
la circolazione 136
la circolazione sanguigna 11
il circolo 89
la circoscrizione 99
la circostanza 1
citare 74
la città 39
il cittadino 99
la classe 112
classico 147
il cliente 26, 126
il clima 154
la clinica 31
il club 89, 146
la coca-cola 22
la coda 164
il codice di avviamento postale 81
la cogestione 116
cogliere 170
la cognata 88
il cognato 88
la coincidenza 66, 139
la colla 127
il collo 3, 33
la colazione 15
il coleottero 168
la collaborazione 119
la collana 38

il collega 119
il collegio 86
la collera 96
collezionare 188
il colloquio 78
la colomba 165
il colombo 165
colorato 7
il colore 7
la colpa 54
colpevole 111
il colpevole 109
colpire 106
il coltello 25
il comando 58
combattere 107
il combattimento 107
come 68
come? 72
come mai 64
come se 76
comico 50
cominciare 117, 175
il commento 151
commerciale 125
commerciare 125
il commercio 125
il commesso 126
il commiato 90
la commissione 102
la commissione interna 116
la commissione per la mediazione 47
comodo 43
il compagno 119
la compassione 54
compatire 51
la competizione 146
compilare 103
compitare 80
il compito 112, 113
il compito in classe 113
il compleanno 84
nel complesso 188
completamente 75
completo 75, 188
complicato 63
il comportamento 1, 91
comportarsi 1, 91
comprar(si) 126
comprarsi 125
comprendere 66
la comprensione 66, 93
la compressa 32
il compromesso 60
il computer 122
comunale 39
il comune 99
comunicare 74
il comunicato 151
la comunicazione (telefonica) 79
la comunicazione 74
la comunità 104, 119
con la battuta pronta 78
con ciò 57
con questo 57
concentrarsi 61
il concerto 147
il concetto 70
la concordanza 68
concordare 59
la concorrenza 125
concreto 66
condannare 111
la condizione 1, 67
le condoglianze 86
la conferenza 71, 78
confermare 72
confessare 109
la confettura 16
confezionare 127
la confezione 127
confidare 77
la confidenza 93
il confine 104
confiscare 109
il conflitto 96
confondere 65
la conformità 68
confrontare 68
nei confronti di 181
il confronto 68
confutare 64
congedarsi 90
il congedo 90
congelarsi 156
la congestione 137
congratularsi 87
congratulazioni 87
il conoscente 89
la conoscenza 89
le conoscenze 72
conoscer(si) 90
conoscere 90
conosciuto 148
la consegna 125
consegnare 125, 134
conseguentemente 67
la conseguenza 66, 67
il consenso 59
conservatore 102
consigliare 58, 125
il consiglio 58, 77
consolare 51
constatare 65
consultare 82
consumare 124
il consumatore 125
il contadino 163
il container 127
contare 189
il contatto 93
contemporaneamente 175
contenere 127
contento 50
il contenuto 82
il contesto 82
il continente 158
continuamente 176
il conto 129, 130
il contrabbando 104
contraddir(si) 64
contrario 60
il contrario 68
il contrasto 68

il contratto d'affitto 47
il contributo 131
contro 186
controbattere 64
controllare 65
il controllo 65
il controllore 139
conveniente 129
conversare 78
la conversazione 78
convincere 58, 64
la convinzione 63
la coperta 14
la copia 80
la coppia 189
il coraggio 53
coraggioso 53
il Corano 55
cordiale 91
cordialmente 91
coricarsi 14
la cornetta 79
il cornetto 16
il corpo 10
corregger(si) 120
correggere 113
la corrente 124
correre 185
correttamente 146
corretto 111, 113, 146
il corridoio 42
corrispondere a 68
il corso 112
nel corso della mattinata 172
cortese 91
il cortile 40
corto 183
la cosa 1
la cosa irrilevante 62
la coscienza 54
coscienzioso 115
le cose da vedersi 143
la cosetta 188
così 68, 75
così che 67
così come 68
la costa 159
costare 129
i costi 129
costringere 58
costruire 46
la costruzione 46
il cotone 37
cotto 24
la cravatta 33
credere 55, 63
il credito 130
la crema (del latte) 16
la crema 32
crescere 85, 169, 188
il criminale 108
il crimine 108
la crisi 100
il cristianesimo 55
cristiano 55
la critica 61
critico 61
crudo 24
il cucchiaio 25
la cucina 24
la cucina elettrica/a gas 24
cucinare (al forno, in padella) 24
cucinare (al forno) 16
cucinare 24
cucire 37
la cugina 88
il cugino 88
la cultura 112, 177
cuocere 24
il cuoio 34
il cuore 11
la cura 31
curare 31
curioso 62
la curva 135
il cuscino 14, 43

D

d'accordo 59
da 177, 183, 186
da dove 181
da nessuna parte 181
da quando 177
da una parte .... dall'altra 68
dall'altra parte 181
danneggiare 119, 138
il danno 138
dappertutto 181
dapprima 175
dar da mangiare (agli animali) 165
dare 134
dare l'avviso di licenziamento 116
dare in affitto 47
darsi appuntamento 90
darsi da fare 118
la data 171, 173
il datore di lavoro 116
davanti (avv.) 181
davanti 181, 186
davanti a (prep.) 181
i debiti 130
debole 28
decidere 57, 58
decidersi 57
la decisione 57
decollare 140
definitivamente 175
definitivo 175
il defunto 86
del tutto 75
il delitto 108
deludere 51
democratico 100
la democrazia 100
il denaro 130
il dente 8
il dentifricio 13
dentro 41, 181
la denuncia 109
il dépliant 125

depositare 134
il deposito 127
la deposizione 109
la depressione 155
il deputato 101
descrivere 74
la descrizione 74
desiderare 134
il desiderio 58, 134
il dessert 21
il destinatario 81
il detersivo 36
dettagliatamente 74
il dettaglio 74
il dettato 113
la deviazione 135
di/che (comparativo) 68
di chi ... ? 132
di cuore 91
di domani 179
di dove 181
di fronte 181
di ieri 177
di mattina 172
di notte 172
di nuovo 176
di persona 84
di più 188
di pomeriggio 172
di rado 176
di ritorno 186
di sera 172
di solito 69
di traverso 180
il diamante 38
il diavolo 55
dicembre 173
la diceria 77
dichiarare 104
dieci 189
la dieta 28
dietro 181
dietro a (prep.) 181
difendere 107
differente 68
la differenza 68
difficile 63
la difficoltà 63
diligente 115
diligentemente 115
dimagrire 28
dimenticare 177
diminuire 188
dimostrare 64
la dimostrazione 64
i dintorni 39
Dio 55
il dipendente 116
dipendente 67
il dipendente di un'azienda 116
dipendere 67
dipendere da 57
dipingere 148
il dipinto 148
dire 63, 71, 84
direttamente 186
diretto 186
il direttore 116
la direzione 116, 186
dirigere 116
il diritto 110, 134
diritto 180
disattivare 124
il disco 147
il disco rigido 122
il discorso 71
la discoteca 147
la discussione 78
discutere 78, 96
disegnare 148
il disegno 148
disfare 127
il disoccupato 116
disoccupato 116
la disperazione 51
dispiacere 97
la disposizione 58
disposto 117
disprezzare 95
la distanza 183
distinguere 61, 68
distintamente 71
distinto 113
il distretto 99
distribuire 134
il distributore (di benzina) 137
il distributore automatico 122
distruggere 107
disturbare 119
il dito (del piede) 12
il dito (della mano) 12
la ditta 121
il divano 43
diventare 115
diverso 68
divertente 50
il divertimento 50
divertirsi 50
dividere 189
il divieto 60
la divisa 105, 130
divorziare 87
il divorzio 87
il dizionario 70
la doccia 13
il docente 112
dodici 189
la dogana 104
il dolce 16, 21, 23
il dolore 29
domani 179
la domanda 72, 103, 125
la domanda d'assunzione 116
domandare 134
la domenica 172
la donna 84
dopo 175
dopo che 175
dopo tutto 73
dopodomani 179
doppiamente 189
doppio 189
dormire 14

il dottore 31, 114
dove (moto a luogo) 181
dove (stato in luogo) 181
il dovere 54
dovere 58, 59
il dramma 150
il drive 122
la droga 27
la drogheria 32
il dubbio 65
dubitare 65
due 189
due miliardi 189
due milioni 189
i due punti 80
duecento 189
duecentodieci 189
duemila 189
dunque 67
il duomo 56
durante 175
durante il giorno 172
durante la settimana 172
durare 171
la durata 171
duro 122
duro d'orecchi 4

E

e 74
l'ebraismo 55
eccellente 23
eccetto 69
eccezionale 153
l'eccezione 69
l'economia 121
economico 132
l'edicola 126
l'edificio 40
educare 112
l'educazione 112
educazione fisica 112
l'effetto 66
l'effrazione 108
l'elefante 166
elegante 37
l'elenco telefonico 79
l'elettore 102
elettrico 124
elettronico 124
le elezioni 102
l'elicottero 140
l'e-mail 81
l'emittente 151
emozionante 151
l'energia 124
l'ente per il turismo 143
l'ente radiofonico 151
entrare 41, 136
l'entrata (automezzi) 41
l'entrata (persone) 41
l'entrata (automezzi) 135
le entrate 131
l'équipe 119
l'erba 170
l'erbaccia 170
ereditare 86
eroico 53
l'errore 65, 113
esagerare 75
l'esagerazione 75
l'esame 113
esaminare 113
esattamente 190
esattamente come 68
esatto 113, 190
escludere 57
l'escursione 143
eseguire 117
l'esempio 66
l'esercito 105
l'esercizio 112
l'esistenza 1
esistere 1
esitare 60
l'esito 120
l'esperienza 115
l'esperienza vissuta 174
l'esperimento 114
esperto 115
l'esplosione 106
esporre 148
esportare 125
l'esportazione 125
l'espressione 70
esprimere 71
essenziale 62
esserci 1, 89
essere 1, 142
essere acceso 124
essere adatto 116
essere al corrente 77
essere aperto 41
essere appeso 122
essere bocciato 113
essere chiuso 41
essere composto di 188
essere contento di 50
essere coricato 14
essere d'accordo 64
essere decisi 57
essere dell'opinione 63
essere efficace 32
essere finito 175
essere giusto 64
essere in grado di 115
essere nato 85
essere presente 89
essere promosso 113
essere scritto 82
essere seduto 43
essere spento 124
essere spiacente 51
essere steso 14
essere stupefatto 75
essere sufficiente 188
l'essere umano 84
essere utile 119
essere valido 84
esso/essa (neutro) 2
l'est 186
l'estate 173
esteriormente 181
l'estero 104

estraneo 90
l'età 85
eterno 171
l'euro 130
l'Europa 158
evangelico 56
l'evento 174
eventuale 65
eventualmente 65
extra 62

F

fa 177
il fabbisogno 125
la fabbrica 121
la faccenda 1
facile 63
il fagiolo 19
il fagiolino 19
fallire 120
falso 64
la fame 15
la famiglia 88
famoso 148
la fantasia 61
fantastico 59
far benzina 137
far le compere 126
far male 29
far sapere 74
far sì 51
far la spesa 126
far visita a 89
fare 58, 59, 117, 146
fare attenzione 52, 62
fare il bagno 13, 159
fare cenno 59
fare clic 122
fare colazione 15
fare i conti 129
fare la doccia 13
fare l'esperienza di 174
fare ginnastica 146
fare luce su 66
fare pena 97
fare la raccolta 188
fare un versamento 130
fare una camminata 143
fare una figuraccia 92
la farfalla 168
la farina 16
la farmacia 32
il farmaco 32
farsi la barba 9
fasciare 31
la fasciatura 31
la fatica 118
faticoso 118
i fatti 1
il fatto 65
la favola 149
il fax 81
il fazzoletto 5
il fil di ferro 123
febbraio 173
la febbre 30
la fede 87
fedele 94
il fegato 11
felice 50, 94
la felicità 50
felicitarsi 87
la felicitazione 87
la femmina 85
femminile 84
le ferie 117
ferir(si) 30
ferire (moralmente) 96
la ferita 30
il ferito 30, 107
fermamente 75
fermar(si) 137, 185
fermarsi 137, 195
la fermata 139
il ferro 123
il ferro da stiro 36
la ferrovia 139
la festa 89
festeggiare 89
la fettina 17
la fiaba 149
il fiammifero 27
il fiasco 120
il fiato 5
il fidanzamento 87
fidanzarsi 87
fidarsi 93
fidato 115
la fiducia 93
la fiducia in se stessi 53
la fiera 125
fiero 98
la figlia 88
il figlio 85, 88
la fila 189
il file 122
il film 151
il film poliziesco 151
il filosofo 61
il filo metallico 123
finalmente 175
finanziariamente 130
finanziario 130
finché 175
la fine 175
fine 23, 91
il fine settimana 172
la finestra 41
finire 175
finito 117
fino 23
fino a 175
finora 175
il fiore 170
fiorire 170
la firma 81
firmare 81
fisica 112
fissare 58
il fiume 160
la foglia 169
il foglietto 80
il foglio stampato 81
fondamentale 63
fondamentalmente 63
il fondamento 114
fondare 177

il footing 146
le forbici 37
la forchetta 25
la forma 1
il formaggio 16
formare 115
la formazione 112, 115
formidabile 153
forse 65
forte 4, 28, 53
la fortuna 50, 132, 145
la forza 28
forza (esclam.) 184
le forze armate 105
la foto 152
fotocopiare 80
la fotocopiatrice 80
fotografare 152
fra 181
fra l'altro 62
fra poco 175
la fragola 20
fraintendere 65
il francobollo 81
la frase 70
il fratello 88
fratelli e sorelle 88
nel frattempo 175
il freddo 156
freddo 44, 156
frenare 137, 185
il freno 137
frequentare l'università 114
fresco 156
la fretta 185
il frigorifero 24
la frittella 16
la fronte 3
la frontiera 104
il frumento 163
la frutta 20
il frutto 20
il fucile 106
la fuga 107
il fulmine 155
fumare 27
il fumatore 27
il fumo 48
il funerale 86
il fungo 169
funzionare 122
il funzionario statale 103
la funzione religiosa 56
il fuoco 48
fuori 41, 69, 181
fuori dall'ordinario 69
furioso 96
il furto 108
il futuro 179

G

la gabbia 166
il gabbiano 167
il gabinetto 13
il gallo 165
il galletto 17
la gallina 17, 165
la gamba 12
il gambero 168
il gancio 122
la gara 146
il garage 137
la garanzia 125
il garofano 170
il gas 124
i gas di scarico 137
la gassosa 22
il gatto 165
il gelo 156
il gelato 21
la gelosia 94
geloso 94
generale 69
generalmente 176
i generi alimentari 15
il genero 88
generoso 132
i genitori 88
gennaio 173
la gente 84
gentile 91
geografia 112
gettare 142
il ghiaccio 156
già 175
la giacca 33
giacere 14
giallo 7
il giardino 170
giardino dove si beve birra all'aperto 26
il ginocchio 12
giocare 145
il giocattolo 145
il gioco 145, 146
la gioia 50
il gioiello 38
il gioielliere 38
il giornale 83
il giornale radio 151
il giornalista 83
la giornata 172
nei giorni feriali 172
il giorno 172
il giorno della settimana 172
il giorno festivo 56
giovane 85
il giovedì 172
la gioventù 85
girar(si) 137
girare 180, 186
il giro turistico 143
la gita 143
il giudaismo 55
il giudice 110
il giudizio 111
giugno 173
il giuramento 110
giurare 110
giustificare 64
la giustificazione 64
la giustizia 111
giusto 64, 111, 113
lo gnocco 17

la goccia 159
il goal 146
la gomma 137
la gonna 33
governare 101
il governo 101
il governo della casa 45
il governo federale 101
gracile 28
il gradino 40, 187
il grado 154
il grammo 128, 190
grande 180
il grande magazzino 126
la grandezza 180
grandioso 153
il grano 163
la grappa 22
il grasso 17
grasso 17, 28
gratis 129
grave 52
gravemente insufficiente 113
grazie 134
gridare 71
grigio 7
grigliare 24
grosso 28, 180
il gruppo 119
guadagnare 131
il guadagno 131
la guancia 3
il guanciale 14
il guanto 34
guardare 6
guardare la TV 151
il guardaroba 35
guasto 122
il guasto 138
la guerra 107
il gulasch 17
il gusto 23, 153

H

l'hardware 122
l'hobby 145
l'hostess 140
l'hotel 144

I

l'idea 61, 70
l'idiota 96
ieri 177
l'illusione 61
imballare 127
imbarazzante 92
l'imbarazzo 92
imbrogliare 76
immaginar(si) 61
immediatamente 175
le immondizie 45
imparare 112
imparentato 88
impedire 60, 119
l'imperatore 100
impertinente 92
l'impianto 121, 124
impiegare 122
l'impiegato 103, 116
l'impiego 116, 117
importante 62
importare 125
l'importazione 125
impossibile 60
le imposte 131
imprecare 96
l'impresa 121
l'impressione 63
improvvisamente 175, 179
in 181, 186
in alto 187
in anticipo 179
in avanti 186
in basso 187
in buona salute 28
in contanti 129
in disordine 45
in effetti 65, 67
in favore 59
in fondo 181
in forma 28
in linea di massima 63
in media 188
in mezzo 181
in ogni caso 57
in ogni modo 65
in ordine 45
in più 62
in proprio 115
in seguito 175
in tempo 179
in tutto 188
in viaggio 184
inalterabile 24
incaricare 58
l'incarico 125
incartare 127
gli incassi 131
l'incendio 48
l'incidente 51, 138
incinta 85
inclinato 180
incollare 127
incollerito 96
incomprensibile 66
incontrar(si) 90
incontrare 89
incontro 186
l'incrocio 135
le indagini 83
l'indicazione 77
indietro 186
indifferente 62, 68
l'indirizzo 81, 84
indispensabile 119
l'indole 49
indossare 35
indovinare 77
l'induismo 55
l'industria 121
l'inezia 188
l'infanzia 85
infatti 66

l'infermiera 31
l'infermiere 31
l'inferno 55
infilare 41
l'inflazione 130
l'influenza 30
influenzare 58
l'influsso 58
informare 74, 77
informarsi 72
l'informazione 72, 74, 103
l'informazione ufficiale 103
ingannare 76
l'ingegnere 122
l'ingorgo 137
ingrandir(si) 180
ingrassare 28
l'ingresso 41, 150
l'iniezione 31
inizialmente 175
l'iniziativa civica 102
l'inizio 175
innaffiare 170
innamorarsi 94
innervosir(si) 96
innocente 111
inoltre 188
inquietante 53
l'inquilino 47
l'inquinamento ambientale 162
l'insalata 19
l'insegnamento 112
l'insegnante 112
insegnare 112
l'inserzione 125
l'insetto 168
insieme 89, 119
insolente 92
insomma 73
l'insuccesso 120
insufficiente 113
intanto 175
l'intelletto 61
intelligente 61
l'intelligenza 61
l'intenzione 57
interessante 62
interessare 62
l'interesse 62
gli interessi (bancari) 130
internazionale 104
Internet 122
interno 11
l'interprete 70
l'interrogatorio 109
interrompere 78
interrogare 113
l'interruttore 124
l'intervista 83
l'intestino 11
intimare 58
l'intimazione 58
intorno 186
intralciare 119
intrattenersi 78
introdurre 41
inutile 120
inutilmente 120
invano 120
invece di 68
inventare 114
l'inverno 156, 173
investire 138
l'invidia 132
invidiare 132
invidioso 132
invitare 89
l'invito 89
io 2
l'ironia 96
ironico 96
irrilevante 62
iscriversi 84
l'iscrizione 84
l'Islam 55
l'isola 159
l'isolato 40
l'ispirazione 61
l'istante 171
l'istituto 114
l'istituto superiore 114
istruire 115
l'istruzione 112
l'istruzione per adulti 112
le istruzioni 58, 103
le istruzioni per l'uso 122

J

il jazz 147
i jeans 33

L

là 181, 184
il labbro 8
il laboratorio 121
la lacrima 51
il ladro 108
il lago 160
lamentar(si) 51
lamentarsi 96
la lampada 124
la lampadina 124
il lampo 155
la lana 37
lanciare 142, 145
il Land 99
la larghezza 180
largo 180
lasciare 41, 58, 59, 134
lasciare l'appartamento 47
lasciarsi sfuggire 177
il lato 180
la latta 123
il latte 22
la lattina 24, 127
la lavagna 112
la lavanderia 36
il lavandino 13
lavare 25, 36
lavarsi 13

la lavatrice 36
lavorare 117
lavorare bene 115
il lavoratore 116
il lavoro 113, 115, 117
il lavoro d'ago 37
la legge 110
leggere 82
leggero 128
la legna 169
il legno 169
lei 2
Lei 2
lentamente 115, 185
lento 115, 185
il lenzuolo 14
il leone 166
la lepre 166
la lettera 81
la lettera dell'alfabeto 80
la letteratura 149
il letto 14
il lettore 82
il lettore CD 147
levarsi 35
la lezione 112
lì 181
liberale 102
libero 100, 184
la libertà 100
la libreria 82
il libro 82
il libro di cucina 24
licenziare 116
il liceo 112
il limite di velocità 137
la limonata 22
il limone 20
la linea 10, 139, 180
la lineetta 80
la lingua 8, 70
la lingua straniera 70, 112
liscio 122
la lista 103
la lista delle vivande 26
litigare 96
il litigio 96
il litro 190
il locale 26, 42
il locale notturno 26
il locatario 47
il locatore 47
la locomotiva 139
lodare 91
logicamente 73
logico 61
lontano 183
il loro 132
la loro 132
i loro 132
le loro 132
loro 2
Loro 2
lui 2
la luce 7
luglio 173
la lumaca 168
la luna 157
il lunedì 172
la lunghezza 183
lungo 171, 183, 186
il luogo 39, 181
il luogo di nascita 84
il lutto 86

M

ma 64, 68
la macchia 36
la macchina 122, 136
la macchina da scrivere 80
la macchina fotografica 152
la macchina per cucire 37
macellare 165
la macelleria 17
la madre 88
la madrelingua 70
il maestro 112
il magazzino 127
maggio 173
la maggior parte di 188
la maggioranza 101
maggiorenne 85
la maglia intima 34
la maglietta intima 34
magnifico 153
magro 28
mai 176
il maiale 165
il mais 163
la malata 29
il malato 29
la malattia 29
malgrado (prep.) 67
il malinteso 65
malvagio 54
mancare 188
la mancia 26
mangiare (animali) 165
mangiare 15
il mangiare 15
la manica 33
le maniere 91
la manifestazione 60, 89
il manifesto 125
la maniglia (della porta) 41
la mano 12
mantenere 15
la marca 125
la marcia (della macchina) 137
il marciapiede (stazione) 139
il marciapiede 135
il mare 159
la margarina 16
la marina 105
il marinaio 141
la marmellata 16
marrone 7
il martedì 172
il martello 122

il marzapane 21
marzo 173
maschile 84
il maschio 85
la massa 188
il massimo 188
il mastro 115
matematica 112
la matematica 189
il materasso 14
la materia 112
la materia prima 123
il materiale 123
la matita 80
il matrimonio 87
la mattina 172
il mattino 172
il mattone 46
maturità (l'esame di) 113
la maturità 113
maturo 20
il mazzo 170
il meccanico 122
medesimo 68
la medicina 31, 32
il medico 31
medio 188
mediocre 188
meditare 61
la mela 20
la melodia 147
il membro 12, 102
il membro della famiglia 88
la memoria 177
la mensa 26
la mente 61
mentire 76
mentre 175
il menu 15, 26
menzionare 74
la menzogna 76
meravigliar(si) 75
meraviglioso 153
il mercato 126
la merce 125, 142
il mercoledì 172
mescolare 7
il mese 173
la messa 56
il mestiere 115
la metà 189
il metallo 123
il metodo 121
il metro 190
il metro quadrato 190
mettere (orizzontalmente) 142
mettere (verticalmente) 142
mettere 35
mettere a punto 122
mettere al sicuro 52
mettere in comunicazione 79
mettere in moto 122
mettere in ordine 45
la mezzanotte 172
i mezzi 130
mezzo 189
il mezzo chilo 128
il mezzo di trasporto 136
il mezzo quintale 128
il mezzogiorno 172
la mia 132
le mie 132
i miei 132
il miele 16
la mietitura 163
il miglioramento 31, 120
migliorar(si) 120
un miliardo 189
un milione 189
mille 189
il millimetro 190
minacciare 52
la minestra 17
minimo 188
il ministero 101
il ministro 101
la minoranza 101
minorenne 85
il minuto 171
il mio 132
miope 6
mirare 106
la miseria 133
il mistero 77
la misura 180, 190
misurare 190
il mittente 81
il mobile 43
la moda 37
il modello 121
moderno 178
modesto 91
il modo di fare 1
il modulo 103
moltiplicare 189
molto / di più / al massimo 75, 188
momentaneamente 171
momentaneo 171
il momento 171
il momento della giornata 172
il mondo 157
il monitor 122
le montagne 161
il monte 161
la morale 54
morbido 14
mordere 165
morire 86
mortale 86
la morte 86
morto 86
il morto 86
la mosca 168
la mostra 148
mostrare 182
motivare 64
il motivo 64
la moto 136
il motore 137

il mouse 122
il movimento 184
la mucca 165
il mulino 163
la multa 111
il municipio 103
le munizioni 106
muoversi 184
il muro 46
il muscolo 10
il museo 143
musica 112
la musica 147
il muso 164
le mutande 34
mutare 68
muto 71

N

nascere 175
la nascita 85
nascondere 182
il naso 5
il Natale 56
la natura 162
naturale 123
naturalmente 73
la nave 141
nazionale 99
la nazionalità 99
né ... né 73
la nebbia 155
nebbioso 155
necessario 119
negare 76, 109
negativo 60
negligente 115
negligentemente 115
il negozio 126
nemico 107
il nemico 95, 107
il neonato 85
nero 7
nervoso 96
nessuno 2, 73
la neve 156
nevicare 156
il nido 167
niente 2, 188
il nipote (di nonno) 88
il nipote (di zio) 88
la nipote (di zio) 88
no 73
nobile 54
nobile d'animo 54
la noce 20
noi 2
noioso 62
il nome 84
nominare 84
non 73
il non fumatore 27
non superare 113
nonostante 67
nonostante ciò 73
il nord 186
normale 69
normalmente 69, 176
le norme 103
la nostalgia 99
la nostra 132
le nostre 132
i nostri 132
il nostro 132
notare 62
la notizia 74, 80
noto 148
la notte 172
novanta 189
nove 189
novembre 173
le nozze 87
nubile 87
nudo 35
il numero 189
numeroso 188
la nuora 88
nuotare 159
il nuotatore 159
nuovo/ più nuovo/ il più nuovo 126
nutrir(si) 15
la nuvola 155

O

o ... o ... 57
obbedire 59
obbligare 58
obiettivo 61
l'obiezione 64
l'oca 165
l'occasione 174
gli occhiali 6
l'occhio 6
occupar(si) 117
occuparsi 117
occupato 13, 79
l'oceano 159
odiare 95
odierno 178
odorare 5
l'odore 5
offendere 96
l'offerta 125
l'officina 121
offrire 15, 116, 125
l'oggetto 1
oggi 2, 178
ogni volta 176
oh 51, 75
l'olio 124
l'ombra 7
l'ombrello 155
omosessuale 87
onorare 98
l'onore 98
l'opera 149, 150
l'operaio 116
operare 31
l'operazione 31
l'opinione 63
l'opinione pubblica 98
l'opposizione 68, 101
oppure 68
l'opuscolo 125
l'ora 112, 171

ora 175, 178
orale 80
l'orario 139
l'orario di visita 31
l'orario ferroviario 139
orbo 6
l'orchestra 147
ordinare 26, 45, 58, 125
ordinato 45
l'ordine 45, 58
l'orecchio 4
organizzare 116
l'organizzazione 116
l'organo 11
orgoglioso 98
originale 62
l'originale 80
orizzontale 187
orizzontalmente 187
l'oro 38
l'orologio 171
osare 53
l'oscurità 7
l'ospedale 31
l'ospitalità 89
l'ospite 89
l'ospizio 85
osservare 6, 62, 77
l'osso 10
l'osteria 26
ottanta 189
ottenere 120, 134
ottimo 113
otto 189
ottobre 173
l'ovest 186

P

il pacchetto 127
il pacco 127
la pace 4, 107
la padella 24
il padre 88
il paesaggio 162
il paese 39, 99
il paese natale 99
pagare 26, 129
la pagella 113
la pagina 82
il paio 189
un paio di 189
la palla 145
pallido 3
la panca 43
la pancia 10
il pane 16
il panificio 16
il panino 16
la panna 16
il panno 25
il panorama 6
i pantaloni 33
il pappagallino 167
il paradiso 55
il paragone 68
il paragrafo 110
parcheggiare 137
parcheggio 137
il parchimetro 137
il parco 170
il parente 88
il parere 63, 65
la parete 42
il parlamento 101
parlare 71
la parola 70, 78
il parroco 56
il parrucchiere 9
parsimonioso 132
la parte 82, 150, 188
la partecipazione 116
la partenza 139, 146
particolare 75
particolarmente 75
partire (con un mezzo) 184
partire 137, 139, 140
partire per un viaggio 143
la partita 146
il partito 102
il partner 119
il party 89
il pascolo 165
la Pasqua 56
il passaporto 84
passare 180
passare qualcuno al telefono 79
il passato 177
nel passato 177
il passeggero 141
la passeggiata 143
il passero 167
passibile di pena 108
la passione 94
passivamente 115
passivo 115
il passo 136
la pasta (dolce) 16
la pasta 17
il pasticcino 21
la pastiglia 32
il pasto 15
la patata 19
la patente 137
la patria 99
il patrimonio 132
la paura 53
pauroso 53
la pausa 118
il pavimento 42, 187
paziente 179
il paziente 31
pazientemente 179
la pazienza 179
pazzo 96
peccato 51
il peccato 54
la pecora 165
il pedone 136
peggiorare 31
la pelle 10, 34
la pelliccia 164
il pelo 164
la pena 111
la penna 167

penoso 92
pensarci su 61
pensare 51, 61
il pensiero 61
la pensione 131, 144
la Pentecoste 56
pentirsi 54
la pentola 24
il pepe 23
per (+ infinito) 57
per 134, 189
per adesso 175
per breve tempo 171
per caso 179
per favore 134
per inciso 62
per lo meno 188
per lungo tempo 171
per niente 73
per ogni 68
per quanto mi riguarda 59
per strada 184
la pera 20
la percentuale 130
perché (causale) 64
perché (interr.) 64
perciò 64
perdere 139, 145, 177, 182
la perdita 182
perdonare 97
il perdono 97
perfetto 153
il perfezionamento 112
perforare 122
il pericolo 52
il pericolo di morte 52
pericoloso 52
la perla 38
il permesso 59
permettere 59
permettersi 115
pernottare 144
però 64
la perplessità 60
la persona 84
personale 84
la personalità 98
personalmente 84
pesante 128
pesare 128
la pesca 20
il pescatore 168
il pescatore con la canna 168
il pesce 18, 168
il peso 128
la petroliera 141
pettinare 9
il pettine 9
il petto 10
il pezzo 188
il pezzo teatrale 150
piacere 23, 50, 93
piacevole 50, 91
la piaga 30
il pianeta 157
piangere 51
pianificare 57
piano 4
il piano 40, 57
il pianoforte 147
la pianta (disegno) 46
la pianta 158, 169
la pianta della città 39
piantare 170
il pianterreno 40
la pianura 162
il piatto 15, 25
la piazza 135
picchiare 96
il piccione 165
piccolo 180
il picnic 143
il piede 12
pieno 25
la pietra 161
la pietra preziosa 38
il pigiama 14
pigro 115
la pila 124
la pillola 32
il pilota 140
il pino 169
la pinza 122
pio 55
la pioggia 155
piovere 155
la pipa 27
la piscina 159
il pisello 19
la pistola 106
il pittore 148
il più ... 2
più lontano 185
il più ... possibile 58
più tardi 175
la piuma 167
la plastica 123
lo pneumatico 137
un po' 188
un po' alla volta 175
poco 188
poco chiaro 66
poco fa 177
la poesia 149
il poeta 149
poi 175
la politica 101
il politico 101
politico 101
la polizia 109
il poliziotto 109
il pollame 17
il pollice 12
il pollo 17
il polmone 11
la polpetta 17
la poltrona 43
la polvere 45
la pomata 32
il pomeriggio 172
il pomodoro 19
i pompieri 48
il ponte 160
la popolazione 99

il popolo 99
la porta 41
il portabagagli 136
il portacenere 27
il portafoglio 84
il portamonete 130
portare 35, 142
portare al pascolo 165
il portinaio 40
il porto 141
la porzione 188
le posate 25
positivo 59
la posizione 181
possedere 132
possibile 59, 65
la possibilità 57, 120
la posta 81
la posta aerea 81
il poster 125
il postino 81
il posto 43, 181
il posto di lavoro 116
la potenza 101
potere (chiedere il permesso) 59
il potere 101
povero 133
la povertà 133
il pranzo 15
il praticante 115
praticare 146
pratico 122
il prato (non coltivato) 170
il prato (tagliato) 170
precedente 177
la precedenza 135
precisamente 67, 190
preciso 190
il prediletto 94
preferire 57
il prefisso 79
pregare 56, 58
la preghiera 56
il pregiudizio 65
prelevare 130
premere 122, 136
la premessa 67
prender male 97
prender posto 43
prendere 109, 134, 142
prendere in affitto 47
prendere parte a 89
prendere il raffreddore 30
prendersi un raffreddore 30
prenotare 140, 144
preoccuparsi 51
la preoccupazione 51
preparar(si) 117
preparare 127
la presa di corrente 124
la presa di posizione 66
prescrivere 32
presentar(si) 90
presentare domanda 103
presentare domanda d'assunzione 116
la presentazione 74
il presente 178
presente 89
la presenza 178
il preservativo 29
il presidente 100
prestare 134
presto (di mattina) 172
presto 175
pretendere 58, 134
la pretesa 134
il pretesto 76
il prezzo 129
la prigione 111
il prigioniero di guerra 107
prima 175, 177
prima di (cong.) 175
prima di (prep.) 175
la primavera 173
il primo 189
principale 62
privatamente 84
privato 84
privo di tatto 92
probabilmente 65
il problema 63
il procedimento 121
il processo 110
procurar(si) 134
procurarsi 125
il prodotto 121
produrre 115, 121
la produzione 121
la professione 115
il professionista 146
il professore 112
il professore universitario 114
profondo 160
il profugo 107
profumare 5
il profumo 5, 13
il progetto 57
il programma 151
programmare 57
il progresso 114
proibire 60
promettere 179
pronto (tel.) 71
pronto 117
il pronto intervento 52
pronunciare 71
proporre 58
la proposta 58
la propria casa 42
la proprietà 132
il proprietario 132
il proprietario/gestore del locale 26
proprio 132, 177
proprio adesso 177
il prosciutto 17
il prospetto 83
il prossimo 189
proteggere 52
la protesta 60
protestante 56

protestare 60, 96
la protezione 52
la prova 64
provare 23, 37, 49, 64, 120, 174
provare dei sentimenti 93
il proverbio 61
provvisorio 175
prudente 52
la prudenza 52
la prugna 20
la psicologia 49
pss! 71
pubblicare 82
la pubblicità 125
pubblico 98
il pubblico 98, 150
il pubblico ministero 110
pulire (con un panno) 45
pulire 45
pulito 36, 45
il pullover 33
punibile 108
punire 111
il punto 80
il punto di vista 63
il punto e virgola 80
il punto esclamativo 80
il punto interrogativo 80
puntuale 179
puntualmente 179
purtroppo 97
puzzare 5

Q

qua 184
il quaderno 112
il quadro 83, 148
qualche 2
qualcosa 2
qualcuno 2
quale? 72
la qualità 49, 125
qualsiasi 2
quando 175, 176
la quantità 188
quanto 68, 188
quanto più ... tanto più 68
quaranta 189
il quarto d'ora 171
un quarto di 189
quasi 190
quattordici 189
quattro 189
quello 2
la quercia 169
il querelante 110
questa volta 176
la questione 1
la questione marginale 62
questo 182
qui 181
la quota 131
quotidiano 172

R

la rabbia 95
raccattare 187
raccogliere 163, 187
il raccolto 163
raccomandare 125
la raccomandata 81
raccontare 74
il racconto 149
radere 9
la radice 169
la radio 151
la radiografia 31
il raffreddore 30
la ragazza 85
il ragazzo 85
raggiungere 120
la ragione 61, 64
ragionevole 61, 91
il ragno 168
il rame 123
rammaricarsi 97
il ramo 169
la rana 168
rapidamente 185
la rapina 108
il rapporto 74, 93
il rappresentante 125
la rappresentanza del personale 116
la rappresentazione 150
raro 69
il rasoio elettrico 9
il re 100
reale 61
reagire 97
realistico 61
realizzar(si) 134
realizzare 117
la realtà 61
la reazione 97
recentemente 177
la reception 144
la recita 150
il record 146
il reddito 131
il regalo 134
regalare 134
la regione 99, 162
la regione federale 99
la regola 69
regolare 69, 122
regolarmente 69
la relazione 71, 74, 93
religione 112
la religione 55, 56
religioso 55
remare 141
rendere noto 74
il rendimento 115
reo 109
il reparto 103
il reporter 83
la repubblica 100
la reputazione 98

la resistenza 60
respirare 5
il respiro 5
responsabile 116
la responsabilità 116
restante 188
restare 184
il resto 188
la rete 146
riassumere 74
il riassunto 74
il ribes 20
ricco 132
la ricerca 114
le ricerche 83
la ricetta 24
la ricetta medica 32
il ricettario 24
ricevere 134
la ricevuta 129
richiedere 134
la richiesta 58
riconoscente 134
riconoscere 6
ricordar(si) 177
ricordare 177
il ricordo 177
ridere 50
ridicolo 50
riferire 74
riferirsi a 67
rifiutare 60
rifiutarsi 60
i rifiuti 45
il rifiuto 60
riflettere 61
la riforma 101
riformato 56
il rifugiato politico 107
la riga 82
riguardare 62
il riguardo 91
rilasciare 84
il rilassamento 118
rimanente 188
rimanere 184
il rimedio 32
rimettersi 31
rimpiangere 54
il rimprovero 96
il ringraziamento 134
ringraziare 134
rinnovare 84
rinunciare 120
riparare 122
la riparazione 122
ripetere 74
ripido 187
riposarsi 118
il riposo 118
il riposo serale dopo il lavoro 117
riprendersi dalla fatica 118
il riscaldamento 44
riscaldare 44
rischiare 53
il rischio 52
il riso 19
risolvere 63
le risorse 130
risparmiare 132
rispettare 62
il rispetto 98
rispondere 72
la risposta 72
il ristorante 26
risultare 175
il risultato 120
il ritardo 139
ritirare 142
ritirarsi (per es. da un corso) 84
il ritorno 184
la riunione 89
riuscire 120
la riva 160
rivelare 77
la rivista 83
rivolgersi 58
la rivoluzione 100
robusto 28
la roccia 161
il rock 147
il romanzo 149
romper(si) 30
la rosa 170
rosa 7
il rossetto 13
rosso 7
la rotaia 139
rotolare 180
rotondo 180
rotto 122
la roulotte 144
rubare 108
il rubinetto 13
il rumore 4
rumoroso 4
il ruolo 150
la ruota 137

S

si (impersonale) 2
S. Silvestro 173
il sabato 172
il sacchetto 127
il sacerdote 56
la sala 42
la sala d'attesa 31
il salario 131
salato 23
il sale 23
salire 139, 187
il salone 42
la salsa 17
saltare 146
il salto 146
i salumi 16
salutare 81, 90
salutare con un cenno della mano 90
la salute 28, 50
salute! 22
il saluto 81, 90
salvare 52, 122
il salvataggio 52

il sangue 11
sanguinare 11, 30
sano 28
santo 55
sapere 72, 113, 115
sapere di 23
il sapone 13
la saponetta 13
la sardina sott'olio 18
il sasso 161
sazio 15
sbagliarsi 65
sbagliato 64, 113
sballare 127
sbrigare 117
gli scacchi 145
la scadenza 171
lo scaffale 43
lo sci 156
la scala 40
la scala a pioli 187
le scale 40, 187
la scaloppina 17
scambiare 65, 134
lo scandalo 83
lo scapolo 87
scarno 28
la scarpa 34
scarso 188
scartare 127
lo scassinatore 108
lo scasso 108
la scatola 127
scavare 170
scegliere 57
scendere 139
la scheda elettorale 102
lo schermo 122
lo scherzo 50
lo schiaffo 96
la schiena 10
sciacquare 25, 36
la sciarpa 34
la scienza 114
la scimmia 166
sciocco 50
sciolto 184
scioperare 116
lo sciopero 116
la scodella 25
lo scolaro 112
la sconfitta 107
scontrarsi 138
la scopa 45
scopare 45
lo scopo 57, 66
scoprire 182
scorrere 160
scorso 177
scortese 92
scovare 182
scritto 80
lo scrittoio 80
lo scrittore 149
la scrittura 80
la scrivania 80
scrivere 80
scrivere a macchina 80
scrupolosamente 115
scrupoloso 115
la scuola 112
la scuola materna 85
scuro 7
scusi 134
la scusa 76, 97
scusar(si) 97
scusare 97
se (condizionale) 67
se (interr. ind.) 72
sebbene 67
il secchio delle immondizie 45
secco 159
il secondo 171, 189
secondo 68
secondo quel che si dice 65
sedersi 43
il sedile 43
la sedia 43
la sedia a rotelle 31
la seduta 101
la segale 163
segnalare 135
segnarsi 80
il segno 182
la segretaria 80
la segreteria telefonica 79
il segreto 77
segreto 77
seguire 175, 181
seguire lo spettacolo 150
sei 189
la selvaggina 166
selvatico 166
il semaforo 135
sembrare 31, 63, 65, 174
il semestre 114
seminare 163, 170
semplice 63
semplicemente 73
sempre 171, 176
sempre dritto 186
la senape 23
la sensazione 49
il senso 61, 66
la sentenza 111
il sentiero 135
il sentimento 49
sentirci 4
sentire (con l'olfatto) 5
sentire 49
sentire 4
senza 133
senza dubbio 67
senza filo 25
separar(si) 90
separare 61
la sera 172
sereno 154
la serie 121, 189
serio 51
il serpente 168
la serratura 41
servire 26, 126
servire a 122
i servizi igienici 13

il servizio 117
il servizio militare 105
sessanta 189
la sete 22
settanta 189
sette 189
settembre 173
la settimana 172
settimanalmente 172
la sezione 82
la sfera 180
la sfiducia 95
la sfortuna 51
sforzarsi 118
lo sgabello 43
sgridare 96
lo sguardo 6
sì 73
sia ... sia 74
la sicurezza 52
sicuro 52
la sigaretta 27
il sigaro 27
significare 70
il significato 61, 66
la signora 84
il signore 84
il silenzio 4
silenzioso 4
la sillaba 70
il simbolo 70, 182
simile 68
un simile 75
la simpatia 93, 94
simpatico 93
sinceramente 76
sincero 76
il sindacato 116
il sindaco 103
singolare 62
singolarmente 189
singolo 189
il sipario 150
il sistema 121
sistemare 45
la situazione 1, 174
lo slip 34
smacchiare 36
smettere 175
lo smog 162
snello 28
il sobborgo 39
sobrio 22
il soccorso 52
sociale 133
socialista 102
la società 98, 121
il socio 119
sociologia 112
soddisfatto 50
il soffitto 42
soffrire 29
il software 122
il soggetto 82
il soggiorno 144
sognare 14
il sogno 14
solamente 73
il soldato 105
il sole 154, 157
solitario 89
sollecitare 118
sollevare 142
(da) solo 89
soltanto 73
la soluzione 63
somigliante 68
la somiglianza 68
la somma 189
sommare 189
il sommergibile 106
il sonno 14
sopra 181
sordo 4
la sorella 88
la sorgente 160
sorgere 175
sorprendere 179
la sorpresa 179
sorridere 50
sospettare 109
il sospetto 53, 109
sostenere 119
sostituire 116
la sottana 34
sottile 28, 180
sotto 181
sottostante 181
la sottoveste 34
sottrarre 189
il souvenir 143
lo spago 127
la spalla 10
sparare 106
lo sparo 106
spaventare 53
lo spavento 53
lo spazio 180
la spazzola 36
lo spazzolino da denti 13
lo specchio 13
speciale 69
lo specialista 115
spedire 81
spegnere 48, 124
spegnersi 124
spendere 132
la speranza 179
sperare 179
speriamo che 179
spesso/ più spesso 176
spesso 176, 180
lo spettacolo 150
lo spettatore 150
la spezia 23
lo spezzatino 17
la spiaggia 159
spiegare 66
la spiegazione 66
la spina elettrica 124
spingere 142
lo spirito 61
splendere 154
sporco 36, 45
lo sport 146
lo sportello 139
sportivo 146

lo sportivo 146
la sposa 87
sposar(si) 87
sposato 87
lo sposo 87
sprofondare 187
lo spumante 22
la squadra 146
lo stabilimento 121
staccato 184
lo stadio 146
lo stage 115
la stagione (turistica) 144
la stagione 173
lo stagista 115
la stampa 82, 83
la stampante 122
stampare 82
stanco 14, 118
la stanza 42
la star 151
stare (in piedi) 43
stare 142
stare in silenzio 71
starnutire 30
statale 99
lo stato 1
lo Stato 99
lo stato d'animo 49
la statura 180
la stazione 139
la stazione radio 151
la stella 157
la stessa 68
la stessa cosa 68
lo stesso 68
stesso 84
la stima 98
stimare 98
lo stipendio 131
stipulare 104
stirare 36
lo stivale 34
la stoffa 37
lo stomaco 11
stop! 185
storia 112
la storia 149, 177
storto 180
le stoviglie 25
la strada 135
la strada a senso unico 135
la strada nazionale 135
lo straniero 104
straniero 90, 104
strano 50, 62
lo straordinario 117
straordinario 69
lo stratagemma 76
lo stress 118
stressante 118
stretto 37, 180
lo strumento 147
lo studente 112
lo studente universitario 114
studiare all'università 114
lo studio 151
lo studio medico 31
lo studio universitario 114
la stufa 44
lo stupefacente 27
stupido 61, 96
su 181
la sua 132
la Sua 132
subito 175
succedere 174
la successione 189
il successo 120
il succo 22
il sud 186
sudare 154
le sue (con possessore femminile) 132
le sue (con possessore maschile) 132
le Sue (forma di cortesia) 132
sufficiente 113
il suggerimento 77
il suo 132
il Suo 132
la suocera 88
il suocero 88
i suoi 132
i Suoi 132
suonare 41
suonare il clacson 137
la superficie 180
superare 113, 137, 185
superfluo 188
il superiore 116
il supermercato 126
supporre 63
la supposizione 63
la susina 20
sussurrare 71
lo svantaggio 119
la sveglia 14
svegliare 14
svegliarsi 14
sveglio 14
svestirsi 35
sviluppare 121, 152

T

la tabaccheria 126
il tabacco 27
tacere 71, 77
tagliar(si) 25
tagliente 25
il tailleur 33
tale 68
un tale 75
talvolta 176
tanto 188
il tappeto 42
tardi 171
tardi/ più tardi/ al più tardi 172
la tariffa 131, 139
la tasca 33
il (libro) tascabile 82

la tassa 131
le tasse 131
il tassì 136
la tastiera 122
il tasto 122
la taverna 26
il tavolo 43
la tazza 25
il tè 22
il teatro 150
la tecnica 122
tecnico 122
tedesco 112
telefonare 79
la telefonata 79
il telefono 79
il telegiornale 151
il telegramma 81
la televisione 151
il televisore 151
il tema 82, 113
temere 53
la temperatura 154
la tempesta 155
il tempo 154, 171
il tempo libero 145
il temporale 155
la tenaglia 122
la tenda 144
la tendenza 37
la tendina 41
tener conto di 64
tener(si) 142
tenere 134
tenero 24
il tennis 146
tentare 120
il tentativo 120
la terra 158
la terraferma 159
la terrazza 40
il terreno 187
terribile 53
il territorio 99
il terzo 189
un terzo di 189
la tessera (magnetica) bancaria 130
la testa 3
il testamento 86
il testimone 110
il testo 82
il tetto 40
il tiglio 169
la tigre 166
il timbro 80
il timoniere 141
tipico 69
il tipo 1
tirare 142
il tirocinante 115
il tirocinio 115
il titolo 82, 98
il titolo a caratteri cubitali 83
toccare 12
togliere 35
la toilette 13
tollerante 54
tollerare 97
la tomba 86
la torta (alla crema) 16
la torta 16
la tosse 30
tossire 30
totale 188
la traccia 109
tradire 77
la tradizione 177
tradurre 70
la traduzione 70
il traffico 136
il traghetto 141
il tragitto 137, 183
il traguardo 146
trainare 138
il tram 139
la tranquillità 4
tranquillo 4
trascorrere 174
traslocare 47
il trasloco 47
trasmettere 151
la trasmissione 151
trasportare 142
il trasporto 142
il trattamento 31
trattare 31
la trattativa 78
il trattato 104
trattenere 134
tre 189
tredici 189
tremare 53
il treno 139
trenta 189
il triangolo 180
il tribunale 110
triste 51
la tromba 147
il tronco 169
troppo 188
troppo poco 188
la trota 18
trovare 63, 153, 182
trovarsi 181
truccare 13
la t-shirt 33
tu 2
la tua 132
il tubetto 127
le tue 132
il tulipano 170
il tuo 132
i tuoi 132
tuonare 155
il turista 143
il turno di lavoro 117
tuttavia 67, 73
il tutto 188
tutto 2, 188

U

ubriaco 22
l'uccello 167
uccidere 108
ufficiale 103

l'ufficiale 105
l'ufficio 80, 103
l'ufficio di stato civile 87
l'ufficio imposte 131
l'ufficio oggetti smarriti 182
l'ufficio postale 81
ugualmente 68, 176
l'ultimo 189
l'ultimo dell'anno 173
umano 54
umido 159
l'umore 49, 50
un 189
l'un l'altro 119
una 189
undici 189
l'unghia 12
unico 189
l'uniforme 105
uniformemente 68
l'università 114
l'università popolare 112
uno 189
l'uomo 84
l'uovo 17
urgente 58
urtare 96
usare 122
uscire 82, 90
l'uscita (automezzi) 135
l'uscita 41
l'uscita di sicurezza 52
l'uso 122
l'utensile 122
utile 119
l'utile 131
utilizzare 122

V

le vacanze 112
la vaccinazione 29
il vagone 139
la valle 161
valere 129
valere la pena 120
valido 84
la valigia 139
il valore 129
valoroso 53
la valuta 130
il vano 42
il vantaggio 119
vantaggioso 125
variopinto 7
la vasca da bagno 13
il vaso 170
vecchio 85
vedere 6
la vedova 86
vedovo 86
la veduta 6
vegetariano 15
la vela 141
il veleno 108
veloce 185
la velocità 185
vendere 126
vendicarsi 97
il venditore 126
il venerdì 172
il venerdì santo 56
venire 184
venire a sapere 74
venire in mente 61
venti 189
ventidue 189
il vento 155
il ventre 10
ventuno 189
la vera 87
veramente 65, 76
verde 7
la verdura 19
la vergogna 98
vergognoso 92
verificare 65
la verità 76
vero 72, 76
vero e proprio 76
versare (liquidi) 25
versare 130
verso 183, 186
verso l'alto 187
verso il basso 187
verticale 187
verticalmente 187
il vestiario 33, 35
vestir(si) 35
il vestito da donna 33
il vestito da uomo 33
la vetrina 126
il vetro 41
la via 135
via 184
viaggiare 143
il viaggio 137, 143
la vicinanza 183
vicinissimo 183
il vicino 47
vicino a 181
vicino/ più vicino / il più vicino 183
il video 151
il videoregistratore 151
il vigliacco 53
vincere 145
il vincitore 146
il vino 22
la violenza 108
il violino 147
la virgola 80
le virgolette 80
la visita 89, 143
la visita guidata 143
la visita medica 31
visitare 31, 143
il viso 3
il visto 104
vistoso 62
la vita 85
la vita quotidiana 172

la vite 122
il vitello 165
la vittima 52
la vittoria 107
vivente 85
vivere 85
vivo 85
il vocabolo 70
la voce 71, 77
la voglia 57
voi 2
volare 140, 167
volentieri/ più volentieri/ più di tutto 59
voler dire 63
volere 57
il volo 140
la volontà 57
la volpe 166
la volta 189
una volta 176, 177
una buona volta 175
voltarsi 186
la vostra 132
le vostre 132
i vostri 132
il vostro 132
votare 101
il voto 102, 113
vuoto 25

W

il WC 13
il würstel 17

Z

la zampa 164
la zanzara 168
zero 189
la zia 88
lo zio 88
la zona 39, 162
la zona pedonale 126
lo zoo 166
lo zucchero 23

Lösungsschlüssel

Test nach Abschnitt 14

❶ 1. der Hals 2. die Haut 3. der Rücken 4. der Bart 5. das Blut 6. das Badezimmer 7. das Handtuch 8. das Taschentuch 9. die Zahnbürste, die Zahnpasta 10. der Traum 11. blind 12. taub
❷ 1. der Mund 2. das Ohr 3. die Augen 4. die Nase 5. das Bein
❸ 1. grün 2. rot 3. gelb 4. blau 5. orange 6. schwarz / braun
❹ 1. die Dunkelheit 2. schwarz 3. leise 4. stinken/riechen 5. schlafen 6. aufstehen 7. blass 8. die gute/frische Luft
❺ Daumen, Zeigefinger, Mittelfinger, Ringfinger, kleiner Finger
❻ 1. die 2. die 3. die 4. der 5. der 6. der

Test nach Abschnitt 27

❶ 1. das Frühstück, das Mittagessen, das Abendbrot/Abendessen 2. die Apfelsine/Orange, die Zitrone 3. der Teller, die Tasse, das Glas 4. der Herd, der Ofen, der Kühlschrank
❷ 1. die Sahne 2. die Soße 3. bestellen 4. das Trinkgeld 5. der Tabak
❸ 1. Hunger 2. Appetit 3. Marmelade 4. Durst
❹ 1. Kaffee, Tee 2. süß, sauer 3. Löffel, Messer, Gabel, kleinen Löffel 4. Feuerzeug, Streichholz
❺ Honig, Torte, Marmelade, Marzipan, Pudding – Wurst, Brühe, Kotelett, Hähnchen, Forelle

Test nach Abschnitt 32

❶ 1. der Arzt 2. der Patient 3. das Warte zimmer 4. das Rezept 5. die Apotheke 6. das Krankenhaus / die Klinik 7. die Krankenschwester 8. sich erholen
❷ 1. krank 2. schwach 3. dick 4. abnehmen
❸ 1. Krankenhaus 2. untersuchen 3. Zahnarzt 4. Gesundheit 5. Medikament 6. krank
❹ 1. dünn 2. sich verkühlen 3. der Doktor 4. die Klinik / das Spital

Test nach Abschnitt 38

❶ 1. Schere 2. Wolle 3. Garderobe 4. Juwelier 5. Gold
❷ 1. schmutzig 2. ausziehen 3. passt
❸ waschen – spülen – trocknen – bügeln

Test nach Abschnitt 48

❶ 1. Großstadt; Dorf 2. Lift; Rolltreppe 3. Fußboden; Decke; Wand 4. Schornstein 5. warm 6. frieren
❷ 1. das Mietshaus 2. die Miete 3. die Gardine 4. die Tapete 5. einziehen 6. umziehen 7. Nachbarn
❸ 1. Ausgang 2. aufstehen 3. kalt 4. sauber machen/putzen 5. zumachen/ schließen 5. drinnen 7. ausziehen
❹ Städte, Dörfer, Häuser, Höfe, Räume, Stühle, Schränke, Öfen

Test nach Abschnitt 53

❶ 1. sich freuen 2. vorsichtig 3. weinen 4. ängstlich
❷ 1. schlechte Laune 2. das Unglück / das Pech 3. unzufrieden 4. weinen 5. unglücklich 6. mutig 7. unvorsichtig 8. die Sicherheit 9. Feigling
❸ 1. albern 2. zu viel wagen 3. totlachen 4. lächeln 5. der Witz 6. amüsieren 7. die Lebensgefahr

Test nach Abschnitt 56

❶ 1. Religionen 2. die Sünde 3. die Kirche 4. der Dom 5. die Messe 6. die Hölle 7. tolerant 8. fromm 9. gut/edel
❷ 1. Weihnachten 2. Karfreitag 3. Ostern 4. Pfingsten
❸ 1. schlecht/böse 2. unmenschlich 3. intolerant 4. Sünde 5. katholisch
❹ 1. gut 2. Gott 3. Gebet 4. Glocke 5. glauben 6. Gewissen

Test nach Abschnitt 60

❶ 1. Rat, Vorschlag, Bitte, Aufforderung, Befehl 2. Bedenken, Ablehnung, Protest, Widerstand

❷ 1. dagegen 2. die Zustimmung 3. ablehnen 4. die Erlaubnis 5. erlauben
❸ 1. Wille 2. Plan 3. Beratung 4. Befehl 5. Bitte 6. Aufforderung 7. Beeinflussung 8. Erlaubnis 9. Ablehnung 10. Protest 11. Verbot 12. Entscheidung 13. Vorschlag 14. Genehmigung

Test nach Abschnitt 69
❶ 1. denken 2. annehmen 3. begründen 4. verwechseln 5. prüfen
❷ 1. Nebensache 2. unwichtig 3. schwierig/ kompliziert 4. dumm 5. unsachlich 6. Gemeinsamkeit 7. langweilig/uninteressant 8. Unrecht
❸ 1. Philosoph 2. überlegen 3. annehmen 4. überzeugt 5. vertrete 6. zweifeln 7. geirrt 8. Tatsache 9. Ausnahme
≈ 1. Beispiel 2. Verstand 3. jedoch 4. Meinung 5. seltsam 6. ähneln 7. Philosoph 8. Ausnahme 9. denn

Test nach Abschnitt 83
❶ 1. sprechen 2. definieren 3. anrufen 4. lesen 5. übersetzen 6. schreiben
❷ 1. nein 2. Lüge/Unwahrheit. 3. antworten 4. zugeben 5. schreien/ rufen 6. schriftlich 7. Original
❸ 1. Wörterbuch 2. Übersetzer/Dolmetscher 3. flüstern 4. schweigen 5. schlagfertig 6. Unterschrift 7. Briefträger 8. Zeitung 9. Telefonzelle 10. Presse

Test nach Abschnitt 98
❶ lieben, sich verstehen, herzlich, freundlich – hassen, beleidigen, rücksichtslos, frech
❷ 1. Tod 2. tot 3. alt 4. ledig / geschieden / verwitwet 5. verabschieden 6. unhöflich 7. verzeihen 8. minderjährig 9. Misstrauen 10. Abneigung 11. Liebe
❸ 1. Geburtstag 2. Junge 3. Sarg 4. Testament 5. Junggeselle 6. Eltern 7. Geschwister 8. Benehmen 9. Ohrfeige 10. räche 11. entschuldige
❹ 1. die 2. die 3. der 4. der 5. der 6. die
❺ 1. Vater 2. Eltern 3. Mutter 4. Tante 5. Tochter 6. Nichte 7. Schwester 8. Verwandte 9. Geschwister

Test nach Abschnitt 111
❶ 1. schießen 2. ausfüllen 3. regieren 4. kämpfen 5. stehlen 6. schwören
❷ 1. die Mehrheit 2. der Friede 3. die Niederlage 4. zugeben/ eingestehen 5. verurteilen 6. unschuldig 7. ungerecht
❸ 1. die Hauptstadt 2. das Heimweh 3. das Königreich / die Monarchie 4. der Abgeordnete 5. die Grenze 6. der Krieg 7. der Einbrecher 8. der Mörder 9. das Gift 10. das Gericht 11. der Rechtsanwalt 12. der Düsenjäger 13. das U-Boot

Test nach Abschnitt 114
❶ 1. Schüler 2. Lehrer 3. Professor/Dozent 4. Student 5. Zeugnis 6. Abitur 7. Universität 8. Wissenschaft 9. Forschung
❷ 1. Prüfung 2. Studium 3. korrigieren 4. Klasse 5. Abitur 6. Diktat 7. Übung 8. Arbeit 9. Universität

Test nach Abschnitt 120
❶ fleißig, zuverlässig, sich anstrengen, fähig – langsam, nachlässig, faul
❷ Direktor, Chef, entlassen – Angestellter, Arbeiter, streiken
❸ 1. Meister 2. fleißig 3. entlassen 4. sorgfältig 5. aufhören 6. schaden 7. Nachteil 8. Misserfolg
❹ 1. der Fachmann 2. sich bewerben 3. streiken 4. arbeitslos 5. die Gewerkschaft / der Betriebsrat 6. die Pause 7. der Feierabend 8. der Urlaub
❺ 1. arbeiten 2. Arbeiter 3. arbeitslos 4. Arbeitsamt 5. Arbeitgeber 6. Arbeitszeit 7. Arbeitnehmer

Test nach Abschnitt 134

❶ 1. unverbindlich 2. arm 3. reich 4. billig 5. schwer

❷ 1. Import 2. kaufen 3. teuer 4. arm 5. nehmen

❸ 1. produzieren 2. Werbung 3. Laden 4. Vermögen

❹ 1. Werkzeuge 2. Metalle 3. Elektrizitätswerk /Kraftwerk 4. eine Mark 5. Garantie 6. Rechnung 7. Quittung 8. reich 9. Kredit/Schulden

Test nach Abschnitt 144

❶ 1. Ampel 2. Bürgersteig 3. Benzin 4. Reifen 5. Pilot 6. Segel 7. Tourist

❷ 1. Einbahnstraße 2. Fußgänger 3. Führerschein 4. Tanker 5. Anhalter

❸ 1. Ankunft 2. aussteigen 3. landet

❹ 1. Ampel 2. Tankstelle 3. Sicherheitsgurt 4. Lokomotive 5. Kapitän 6. Hotel 7. Campingplatz

Test nach Abschnitt 153

❶ 1. Theater 2. Kino, Fernsehen 3. Radio

❷ 1. Freizeit 2. verlieren 3. hässlich

❸ 1. Schauspieler 2. Oper 3. Orchester 4. Star 5. Zuschauer/ Publikum 6. Geschmack

❹ 1. Dichter 2. Melodie 3. hässlich 4. Gedicht 5. klatschen 6. Theater 7. spannend 8. Gitarre

Test nach Abschnitt 156

❶ 1. schwitzen 2. donnern 3. regnen 4. frieren 5. schneien

❷ 1. Es ist heiter. Die Sonne scheint. Es ist warm. Sonnenschein, Hoch 2. Es regnet. Regen, Blitz und Donner, Gewitter

❸ 1. Sonne 2. Frost 3. Schnee 4. Regnen 5. Nebel

❹ 1. Schlechtes 2. Tief 3. frieren 4. kalt 5. Kälte

Test nach Abschnitt 163

❶ 1. Quelle 2. Brücke 3. Küste 4. Atlas 5. Planeten 6. Ozean 7. Strand 8. Insel 9. Kanal 10. Gebirge 11. Getreide

❷ 1. trocken 2. steil 3. Tal 4. ernten

❸ 1. Ernte 2. Ufer 3. Roggen 4. Ozean 5. Planet 6. Atlas (Senkrechtes Wort: Europa)

Test nach Abschnitt 170

❶ 1. Haustiere 2. wilde Tiere/Wild 3. Vögel 4. Insekten 5. füttern 6. schlachten 7. reiten 8. Wurzel 9. Park 10. Rasen 11. Vase

❷ 1. die 2. die 3. der 4. die 5. die 6. die

❸ Haustiere: Pferd, Kuh, Schwein, Huhn – Wilde Tiere: Elefant, Löwe, Tiger, Fuchs

Test nach Abschnitt 179

❶ 1. Sekunde 2. Minute 3. Stunde 4. Tag 5. Woche 6. Monat 7. Jahr 8. Jahrhundert

❷ 1. Morgen 2. Vormittag 3. Mittag 4. Nachmittag 5. Abend 6. Nacht

❸ 1. eine Stunde 2. eine Woche 3. ein Jahr 4. Neujahr 5. Silvester 6. das Gedächtnis 7. die Geduld 8. Frühjahr/Frühling, Sommer, Herbst, Winter

❹ 1. spät 2. abends 3. Nacht 4. Winter 5. Ende 6. zuletzt 7. nachher 8. nie 9. sich erinnern 10. Zukunft

Test nach Abschnitt 187

❶ Norden, Westen, Süden, Osten

❷ 1. niedrig 2. schmal/ eng 3. dort 4. nirgends 5. kurz/eng 6. langsam 7. ankommen 8. links 9. rückwärts 10. unten 11. außen 12. fern 13. abwärts 14. finden 15. waagerecht

Test nach Abschnitt 190

❶ 1. der Rest 2. übrig 3. zählen 4. addieren/ zusammenzählen 5. Paar 6. Mathematik 7. Maße

❷ 1. hundert 2. acht 3. neun 4. zehn 5. beide 6. drei 7. vier 8. Erste